Knaur.

Über die Autoren:

Sissi Traenkner, Jahrgang 1955, Journalistin, arbeitet als freie Autorin. Sie hat über zwanzig Jahre als Redakteurin, Journalistin und Chefredakteurin gearbeitet und befasst sich nun mit den Themen ihrer Generation »50+«.

Harro Graf von Luxburg hat eine Rechtsanwalts-Kanzlei in München mit Tätigkeitsschwerpunkt Familienrecht. Außerdem ist er Vorsitzender des Vereins *Humane Trennung & Scheidung*.

Sissi Traenkner
Harro Graf von Luxburg

Es lief doch gut, was ging denn schief?

Paare berichten über ihre
langjährige Beziehung

Knaur Taschenbuch Verlag

Besuchen Sie uns im Internet:
www.knaur.de

Originalausgabe Februar 2008
Copyright © 2007 by Knaur Taschenbuch
Ein Unternehmen der Droemerschen Verlagsanstalt
Th. Knaur Nachf. GmbH & Co. KG, München.
Alle Rechte vorbehalten. Das Werk darf – auch teilweise – nur
mit Genehmigung des Verlags wiedergegeben werden.
Redaktion: Elvira Mittheis
Umschlaggestaltung: ZERO Werbeagentur, München
Umschlagabbildung: FinePic, München
Satz: Adobe InDesign im Verlag
Druck und Bindung: Nørhaven Paperback A/S
Printed in Denmark
ISBN 978-3-426-78056-5

2   4   5   3   1

Inhaltsverzeichnis

Vorwort von Sissi Traenkner

Am Anfang dieses Buches stand ein Gefühl: Plötzlich – ja wirklich plötzlich! – gerieten in meinem Freundes- und Bekanntenkreis langjährige Ehen in eine Krise, die zur Trennung oder Scheidung führte. Ehen, die 20, 25 Jahre oder länger dauerten.

Wirkliche Partnerschaften, die viel überstanden hatten – Affären, zahllose Probleme mit pubertierenden Kindern, die sogenannte »Midlife-Crisis« –, lauter Paare (einschließlich meiner eigenen 28 Jahre währenden Ehe), von denen man dachte: Die haut so schnell nichts um!

Aber gerade sie … warum bloß?

Ich bin Journalistin und recherchiere, bevor ich etwas einfach so hinnehme. Also: Gibt es Statistiken zu diesem Thema?

Gibt es wohl. Kalte Zahlen. Nackte Tatsachen. Die sprechen für sich: 1993 wurden rund fünf Prozent der Ehen nach 20 Jahren geschieden, bei Scheidungen nach 25 Jahren und mehr lag die Ziffer sogar deutlich darunter. Aber zehn Jahre später verdoppelte sich die Zahl bei den zwanzig Jahre verheirateten Paaren auf über zehn Prozent! Und auch Paare, die die Silberhochzeit bereits hinter sich hatten, schafften noch sieben Prozent, Tendenz steigend. Während die allgemeine Scheidungsrate – jedes dritte Paar in Deutschland landet irgendwann vor dem Familiengericht – stagniert oder zurückgeht, legen die »Silberhochzeiter« immer noch deutlich zu.

Woran liegt das? Die Menschen, die mir für dieses Buch ihre Ehe- und Lebensgeschichten erzählt haben, unterliegen keinem »Trend«. Es sind Frauen und Männer, meist weit über 50. Die einen hatten eine lange Jahre während relativ glückliche Beziehung, und plötzlich kam das Aus, unerwartet, unbegreiflich, zerstörend. Die anderen wussten wohl um ihre längst kaputte Beziehung, haben sich aber aus Bequemlichkeit, aus finanziellen Gründen oder weil »die Familie doch über alles geht« viele Jahre durch eine marode Partnerschaft gequält. Bis dann – oft schlagartig, durch einen äußeren Anlass – die Erkenntnis kam: Nein, so will ich nicht mehr leben! Ich will einen Neubeginn, die Chance auf ein anderes Leben – ohne Langeweile, Nörgelei, Gleichgültigkeit und Kälte.

Alle hatten bittere Jahre hinter sich. Mit »50+«, wie man unsere Generation so treffend bezeichnet, trennt man sich nicht mehr wegen eines Flirts, wegen Banalitäten. Ein neuer Partner, eine neue Liebe war nur selten der Grund für die Scheidung oder Trennung bei meinen Interviewpartnern.

Nein, meist stand am Ende der Ehe die Erkenntnis: So nicht mehr! Ich will endlich frei sein und mich loslösen von dem inzwischen ungeliebten Partner. Viele Jahre ohne oder mit sehr wenig Sex und Zärtlichkeit gingen dem voran, Enttäuschungen, Verletzungen, Existenzängste.

»Das kann es doch nicht gewesen sein!?« Diese Allerweltsfloskel war das Ergebnis langjähriger Überlegungen, Abwägungen, Kämpfe um Lebensziele und Ideale.

Nein, eine Scheidung nach 25 oder 30 Ehejahren ist nicht vergleichbar mit einer nach dem berühmten »siebten Jahr«, das statistisch nachgewiesen tatsächlich immer noch das gefährlichste ist in einer Ehe.

Wer ein Vierteljahrhundert zusammengelebt hat, Kinder großgezogen, ein Haus gebaut, Hypotheken abbezahlt, berufliche Hochs und Tiefs miteinander durchgestanden hat, der trennt sich nicht wegen »Peanuts«. Schließlich sind die Zukunftsaussichten auch nicht so glänzend: Eine 55-jährige Frau, womöglich noch seit vielen Jahren Hausfrau! Ein 60-Jähriger, dem nach Unterhaltszahlungen gerade noch 500 Euro zum Leben bleiben!

Das überlegt man sich gut. Das Haus, endlich abbezahlt, zur Hälfte an den/die »Ex« geben und damit neue Schulden machen? Gemeinsame Familienfeiern wie Weihnachten und runde Geburtstage – wird es die noch geben? Auf welche Seite schlagen sich die Kinder und damit die Enkelkinder? Eine neue Beziehung? In diesem Alter mit einem neuen Partner, der reichlich sogenannte »Altlasten« mitbringt?

Das überlegt man sich nicht zweimal, eher dreimal, viermal und öfter. Und doch wagen es immer mehr.

Die Erfahrungen dieser Menschen, die rückblickend von ihrer Scheidung/Trennung erzählen, können denen, die sich noch in der Phase des Abwägens und Überlegens befinden, eine große Hilfe sein.

Das ist der Zweck dieses Buches. Es bietet die Möglichkeit, von den Erfahrungen anderer zu profitieren, die eigene Situation aus einem neuen Blickwinkel zu sehen und dadurch zu erkennen, wie der persönliche Weg verlaufen kann. Im Anhang finden Sie außerdem wertvolle Tipps, Literaturhinweise, Adressen und Anlaufstellen.

Alle Namen und Orte, die in den Interviews genannt werden, wurden geändert oder sind frei erfunden. Berufe und Altersangaben sind aber ebenso authentisch wie die Geschichten selbst. Allerdings muss bedacht werden, dass diese wahren Begebenheiten aus der Sicht des Erzählenden sind. Der geschiedene Partner würde die Geschichte seiner Ehe wohl oft ganz anders erzählen, weil er eine andere Wahrnehmung hat.

Und weil Mann und Frau dazu neigen, ihre Sicht der Dinge als die einzig richtige zu betrachten und sie nicht anzuzweifeln, weil zu selten über Gefühle, Wünsche, Enttäuschungen oder am Ende einer Ehe meist gar nicht mehr miteinander gesprochen wird, gehen diese langjährigen Partnerschaften auseinander.

»Ohne Dialog funktioniert keine Ehe. Auch wer lange verheiratet ist und meint, den anderen zu kennen, sollte nie aufhören nachzufragen, das Gespräch zu suchen. Am besten außerhalb des Alltags, bei einem Kurzurlaub, bei einem schönen Essen. Sich Zeit füreinander nehmen, den anderen ernst nehmen, seine Sorgen und Ängste kennen und mit ihm teilen, das ist der Schlüssel für eine gute Beziehung. Auch nach 25 Jahren noch«, sagt eine Münchner Eheberaterin. Und diesen Rat haben wohl alle, die in diesem Buch die Geschichte ihrer Ehe erzählen, nicht oder zumindest in den letzten gemeinsamen Jahren nicht befolgt.

Sissi Traenkner

Vorwort von Harro Graf von Luxburg

Am 1.7.1977, vor 30 Jahren, trat ein geändertes Scheidungsrecht in Kraft. Das Schuldprinzip wurde abgelöst durch das sogenannte Zerrüttungsprinzip. Als Rechtsanwalt habe ich noch einige Scheidungen nach dem alten Recht erlebt. Bereits damals gab es Eheleute und Rechtsanwälte, denen es gelungen ist, eine »Konventionalscheidung« zuwege zu bringen, also eine Scheidung mit einer Scheidungsvereinbarung, in der die wesentlichen Fragen geregelt waren. Seit 30 Jahren ist auch das gesetzliche Leitbild das einer einvernehmlichen Scheidung.

Zur einvernehmlichen Scheidung gehört die Einigung der Ehegatten über die wesentlichen Scheidungsfolgen. Dieses Leitbild der Scheidung ist leider in den Medien und in der Öffentlichkeit immer noch zu wenig präsent. Noch immer glauben viele, eine Scheidung würde lange dauern und gerichtliche Auseinandersetzungen mit sich bringen, ganz zu schweigen von einem Rosenkrieg.

Jeder von uns hat im Laufe der Zeit in seinem sozialen Umfeld erlebt, dass Ehescheidungen »gelingen« können. In solchen Fällen kann die Familie auch nach Trennung und Scheidung miteinander klarkommen. Bei Familienfesten wie Hochzeiten usw. können sich die geschiedenen Ehegatten ohne Streit begegnen. Manche Geschiedene sind auch freundschaftlich verbunden und unterstützen einander ein Leben lang.

Jeder von uns hat aber auch von abschreckenden Beispielen von Ehescheidungen gehört, bei denen das Verhältnis der Ehegatten zueinander und häufig auch zu Verwandten und Kindern sowie dem

Freundeskreis gespannt ist. Man braucht nicht die psychologische Scheidungsforschung zu bemühen und braucht nicht die Philosophie der psychologischen Scheidungsberatung zu kennen. Meine persönliche Erfahrung sowie die Erfahrung mit Tausenden von Ehescheidungen – all dies führt zu der Erkenntnis: Probleme, Konflikte und Interessengegensätze sollen bei Trennung und Scheidung zwar erkannt, aber auch fair und einvernehmlich gelöst werden.

Um zu einvernehmlichen Lösungen zu kommen, sind mehrere Schritte notwendig:

- Wenn der Entschluss zur Trennung und Scheidung gefasst ist, ist eine zukunftsorientierte Sichtweise nötig. Wie soll das eigene Leben nach der Scheidung gestaltet werden?

- Juristische Basisinformationen.

- Auftrag an den eigenen Anwalt, alles zu tun, damit eine einvernehmliche Lösung gefunden werden kann.

- Aktive Mitwirkung und Kreativität, um zu Lösungen zu kommen, die für die jeweilige Situation und die jeweilige Familie am besten geeignet sind.

- Gegebenenfalls Unterstützung durch Ehe-, Trennungs- bzw. Scheidungsberatung.

Das Konzept dieses Buches, durch Interviews mit langjährig verheirateten Paaren Erfahrungen zu vermitteln, wie Scheidungen ablaufen bzw. wie sie nicht ablaufen sollten, um daraus Anregungen für den eigenen Fall zu erhalten, hat mich angesprochen, und ich habe sofort meine Unterstützung zugesagt.

Seit 1992 bin ich Vorsitzender des *Vereins Humane* [cut off] *Scheidung*, der nicht nur monatlich mehrere Vortra[ge und Dis]kussionsveranstaltungen durchführt, sondern bei [denen sich] Betroffenen auch untereinander austauschen können.

Die einzelnen Interviews sprechen für sich selbst. Ich habe mich darauf beschränkt, jeweils kurze juristische Anmerkungen anzubringen.

Mein Anliegen ist es, Ihnen im zweiten Teil dieses Buches die rechtlichen Informationen zu geben, die nach meiner Erfahrung in der Praxis besonders wichtig sind.

Vertiefende Informationen finden Sie in dem Buch: »Trennung und Scheidung einvernehmlich gestalten – Rechtslage und Vereinbarungen« von Harro Graf von Luxburg und Bettina von Koenig, 3. überarbeitete Auflage, Bundesanzeiger Verlag 2008.

Außerdem können beim Verein Humane Trennung und Scheidung VHTS, Postfach 15 21 03, 80052 München (info@vhts-muenchen.de, www.vhts-muenchen.de), eine Vielzahl von Broschüren bezogen werden. Darin werden alle in der Praxis wichtigen Scheidungsthemen abgehandelt.

In einer Reihe von Interviews wird deutlich, dass mangelnde Kenntnis der rechtlichen Konsequenzen und fehlende rechtliche Beratung zum richtigen Zeitpunkt manche Betroffenen davon abgehalten haben, den Entschluss zur Trennung umzusetzen, obwohl die Ehe längst am Ende war.

Vielfach sind es unbegründete Ängste über die finanziellen und materiellen Konsequenzen von Trennung und Scheidung, die die Betroffenen blockieren. Ich habe schon manche Betroffenen erlebt, die lieber ein jahrelanges Martyrium auf sich genommen und ihre Gesundheit ruiniert haben, als rechtzeitig den Entschluss zur Trennung zu fassen.

Die Kenntnis der rechtlichen Situation ist aber auch hilfreich, an es darum geht, während der Ehe vertragliche Regelungen zu erarbeiten.

Unklarheit über die Vermögensverhältnisse, mangelnder Informationsaustausch zwischen den Ehegatten und unfaire Aufteilung des Einkommens belasten viele Ehen. Wenn es gelingt, im Rahmen eines Ehevertrages auf der rechtlichen Ebene einen Ausgleich zu schaffen, verbessern sich häufig auch die persönlichen Beziehungen erheblich, und es wird in manchen Fällen möglich, die Ehe zu stabilisieren.

Vertragliche Vereinbarungen können vor der Eheschließung, während der Ehe, anlässlich der Trennung und im Hinblick auf die Scheidung getroffen werden. In unserem Recht gilt der Grundsatz der Vertragsfreiheit. Auch wenn zwischendurch gestritten wird, für eine Einigung ist es nie zu spät.

Vor der Trennung, in jedem Stadium des Trennungsprozesses und auf jedem Gebiet sollten immer einvernehmliche Regelungen angestrebt und bearbeitet werden.

Wenn ein Richter eine Entscheidung trifft, dann ist er an das Gesetz gebunden. Er kann nur die Rechtsfolge anordnen, die das Gesetz vorsieht. Demgegenüber kann im Rahmen vertraglicher Vereinbarungen die Lösung gefunden werden, die für die jeweilige Familie in der konkreten Situation passend ist. Dies kann eine Paketlösung sein, in der eine Vielzahl von einzelnen Punkten aufeinander abgestimmt und geregelt werden. Es kann sich auch um Übergangsregelungen oder Teillösungen handeln. Dadurch kann eine Regelung gefunden werden, bei der es keine Gewinner und Verlierer gibt.

Die Rechtsprechung der Gerichte und die Gesetze können sich ändern. Um hier künftige Streitigkeiten zu vermeiden, sind Vereinbarungen sinnvoll, die auch nach einer Rechts- und Gesetzesänderung weiter Gültigkeit haben.

Bei Trennung und Scheidung können Sie es Rechtsanwälten

und Richtern überlassen, die anstehenden Fragen für Sie zu regeln. Sie können aber auch aktiv mitdenken und mitwirken und Ihre ganze Kreativität einsetzen, um diejenige Lösung zu finden, die für Ihre Familie geeignet ist. Ihnen dabei Anregungen, Informationen und Tipps zu geben, dazu dienen die nachstehenden Kapitel.

Scheidung gehört heute zur Normalität. Die Nachscheidungsfamilie ist eine Form der Familie, die genauso Förderung verdient wie jede andere familiäre Gestaltung. Trennung und Scheidung können aber auch zu einer Lebenskrise führen.

Ziel ist es, diese Krise als Chance zu nutzen, als Chance für einen neuen Anfang und für ein glückliches Leben nach der Scheidung. Dies ist einem Teil der Interviewpartner gelungen. Und es sollte auch Ihnen Mut machen, aktiv an die Lösung Ihrer persönlichen Probleme heranzugehen und Ihr Leben im Fall einer Trennung und die Zeit nach einer Scheidung zu gestalten.

Harro Graf von Luxburg

Scheidung nach der Silberhochzeit: Erfahrungsberichte

Antonie (51) ist Hausfrau und lebt nach 27 Ehejahren von ihrem Mann Albert (54), Elektro-Ingenieur, seit einem Jahr getrennt und wohnt wieder in ihrem alten Mädchenzimmer im Haus ihrer Mutter in Bayern. Eine Scheidung will sie vorläufig aus finanziellen Gründen nicht. Die beiden haben einen Sohn (25) und eine Tochter (23).

Wenn ich manchmal hier aus dem Fenster sehe, dann denke ich, ich sitze in einer Zeitmaschine, und die hat mich einfach 28 Jahre zurückgebeamt … Der gleiche Blick auf grüne Wiesen und weit hinten die Bergkette der Alpen, ein schöner Blick! Ja, damals war ich ein junges Ding, 22 Jahre alt, hatte gerade meine Ausbildung als Schnitt-Direktrice beendet und interessierte mich sehr für Mode. Albert stammt aus demselben Ort, wir kannten uns auch aus der katholischen Jugendbewegung, aber er ging dann für längere Zeit weg, weil er studiert hat, und wir haben uns aus den Augen verloren.

Er kam aber ab und zu nach Hause zu seinen Eltern, und eines Tages bei einem Dorffest – da haben wir uns sofort ineinander verliebt! Er sagte immer – auch während unserer ganzen Ehe – »Toni, du warst und bist meine Traumfrau! Meine ganz große Liebe!« Und das habe ich ihm auch geglaubt – bis vor zwei Jahren!

Aber der Reihe nach: Albert hat mir bereits ein paar Monate nach unserem Kennenlernen einen Heiratsantrag gemacht, und ich war überglücklich! 1978 haben wir geheiratet, Albert hatte gerade seine erste Stelle als Ingenieur angetreten, wir mieteten eine hübsche Wohnung, und als ich nach zwei Jahren schwanger wurde, war unser Glück nicht mehr zu toppen. 1982 wurde unser Sohn geboren, und ich hörte auf zu arbeiten.

Das war für mich selbstverständlich, ich komme aus ländlichen Verhältnissen, da ist das ganz normal. Die Frau ist für die Familie da, der Mann muss das Geld verdienen. So lief es auch bei uns, und als zwei Jahre später unser kleines Mädchen zur Welt kam, war ich vollauf ausgelastet mit Haushalt und Kindern.

Aber als die Kinder älter wurden und in die Schule kamen, fing ich an, mich nach einem passenden Job umzusehen. Gerade in der Modebranche kann man ja leicht eine Teilzeitstelle oder eine Stelle auf Zeit finden, und ich streckte meine Fühler aus. Aber jeden Versuch erstickte mein Mann im Keim, und es gab immer ganz gewichtige Gründe, weshalb das gerade jetzt überhaupt nicht ging. Mal hatte eins der Kinder eine Fünf geschrieben, mal war eins krank – und ich habe mich jedes Mal kleinkriegen lassen und den Job wieder gekündigt oder gar nicht erst angenommen.

Warum mein Mann eigentlich so scharf darauf war, eine »Nur-Hausfrau« zu haben, war mir zwar schleierhaft, aber ich habe mich ihm gebeugt, wie in so vielen anderen Dingen. Er dagegen hat eifrig an seiner Karriere gebastelt, er hatte ja den Rücken frei … ich kümmerte mich wirklich um alles, von der Steuer bis zu Familienfeiern, und der Haushalt lief sowieso perfekt. Ich war mit Sicherheit das, was man eine Musterhausfrau nennt.

Trotzdem versuchte ich mich auch außerhalb der Familie zu engagieren, wurde Elternbeirats-Vorsitzende an der Schule meiner Kinder und habe mich auch für soziale Projekte engagiert. Aber sobald ich meinem Mann zu »flügge« wurde, hat er mich sofort zurückgepfiffen. Dann wurde seine Mutter krank, und ich habe sie fast zwei Jahre lang gepflegt, danach seinen Vater, der eine äußerst intensive Betreuung benötigte. Das hat mich ein halbes Jahr lang komplett in Anspruch genommen, und zwar so, dass ich wirklich keine freie Minute mehr für mich hatte. Selbst ein Friseurbesuch war kaum noch drin, geschweige denn mal Ausgehen, ins Kino oder zum Essen.

Ich war fix und fertig, zumal ich ja auch nachts x-mal aufstehen musste, und ich gebe zu, dass der Tod meines Schwiegervaters für mich eine Erlösung war. Ein Pflegeheim, in das er eigentlich gehört hätte, kam für meinen Mann nämlich nicht in Frage – viel zu teuer! Das machte ich doch alles gratis! Also wozu so viel Geld ausgeben?

Albert erbte das Haus seines Vaters, und das war doch ein erfreulicher Aspekt. Es ist ein sehr hübsches Haus, wir haben es renoviert und zogen dort ein. Ich freute mich sehr – es war gemütlich geworden, ein schöner Garten, alles wunderbar! Nun mussten wir keine Miete mehr zahlen, und mein Mann verdiente außerdem sehr gut. Er hatte auch noch etwas Geld geerbt von seinem Vater, und ich dachte: »So, nun können wir die Früchte unserer Arbeit genießen! Die Kinder waren aus dem Haus und selbständig, und ich dachte, endlich können wir reisen, öfter mal ausgehen, ins Theater, und uns einfach mehr gönnen. Und vor allem war ich frei! Endlich kein Opa mehr im Rücken, keine Kinder, kaum noch Hausarbeit …

Aber Albert fing nun plötzlich an, eigene Wege zu gehen. Als Erstes kaufte er sich ein teures Motorrad, obwohl er sich nie, nicht mal in seiner Jugend, für Motorräder interessiert hatte. Und fuhr nun oft – allein natürlich – seine Touren. Ein bisschen geärgert habe ich mich schon, wir hätten ja auch einen gemeinsamen Sport anfangen können, Golf oder Tennis, oder meinetwegen auch bloß Fahrradtouren unternehmen, aber ich war natürlich wieder die verständnisvolle Ehefrau, die ihrem Mann den Ausgleich zum harten Job gönnt und nicht meckert. Und auf den Gedanken, dass ich dieses neue Hobby vielleicht mit ihm teilen könnte, kam Albert sowieso nicht. Er brauche eben ein paar Stunden für sich allein, war seine Antwort auf eine entsprechende Frage.

Dass ich mir dieses Privileg – ein paar Stunden für mich allein – niemals hätte gönnen dürfen, war für mich selbstverständlich. Was war ich bloß für eine dumme Gans! Dieser Mann hat mich nur benutzt und ausgenutzt und war maßlos egoistisch. Aber weiter – die Geschichte ist ja noch lange nicht zu Ende …

Albert fuhr also jedes Wochenende mit dem Motorrad weg, und ich saß zu Hause vor dem Fernseher. Eines Abends kam er von einem solchen Trip nach Hause, war verdreckt und mürrisch, verzog sich sofort ins Bad und ging anschließend ins Bett. Das ist ganz untypisch für ihn, denn er ist ein Nachtmensch. Ich bin dann hoch zu ihm – das Schlafzimmer ist oben – und habe gefragt, ob ich ihm irgendwie helfen könne, ob er krank sei. Nein, nein, alles in Ordnung, er sei nur hundemüde.

Den Rest des Abends habe ich vor der Glotze verbracht und bin dann ganz leise ins Bad, damit er ja nicht aufwacht.

Da ging die Schlafzimmertür auf, und Albert stand da, in einer ganz seltsamen Haltung, er füllte den ganzen Türrahmen aus, breitbeinig, beide Arme gegen den Türrahmen gestemmt. Es ging etwas Fremdes, Bedrohliches von ihm aus, das hab ich instinktiv gespürt und bin einen Schritt zurückgetreten. Er hatte einen ganz verzerrten Gesichtsausdruck, brüllte mich an und machte eine unglaubliche Szene! »Ich halte dieses Leben nicht mehr aus! Ich ertrage das nicht mehr!«, schrie er und machte ein paar Schritte auf mich zu.

Und in diesem Augenblick wusste ich, was er wollte. Ich erkannte die Gefahr schlagartig, in der ich mich befand – denn ich stand nur ein, zwei Meter von der Treppe entfernt. Und diese Treppe hatte kein Geländer, denn das Haus war noch nicht fertig renoviert. Unter anderem fehlte das Treppengeländer, für das aufwendige Schmiedearbeiten notwendig waren, weshalb sich die Lieferung verzögerte.

Wenn ich die Treppen runtergestürzt wäre – hätte ich mir wahrscheinlich das Genick gebrochen! Die Treppe und der Fußboden waren aus Stein, und es ging einige Meter in die Tiefe. Noch ein paar Schritte zurück, und ich wäre runtergefallen.

Mein Mann wollte mich einfach loswerden! Ein Unfall. Keiner könnte ihm etwas nachweisen, die Ehe galt als gut, es gab keine Zeugen, er hätte keinen finanziellen Vorteil von meinem Tod, es gab keine Lebensversicherung, und ich hatte auch kein Vermögen. Sein Vorteil wäre nur gewesen, dass es mich einfach nicht mehr gab!

Ich kann natürlich nicht beweisen, dass er wirklich diesen mörderischen Plan hatte, aber ich weiß es, ich weiß es ganz genau. Und in diesen Minuten, in denen er mir drohend gegenüberstand, ist mein ganzes Leben in tausend Scherben zerbrochen. Denn Albert sagte auch noch, dass unsere Ehe ein riesiger Irrtum gewesen sei und dass er nun endlich einen Schlussstrich ziehen und noch mal von vorn anfangen wolle.

Ich hatte mich inzwischen im Bad in Sicherheit gebracht und habe dann, als er wieder im Bett war, unten auf dem Sofa geschlafen.

Am nächsten Tag bin ich zu meiner Mutter, ich wollte keine Sekunde länger mit diesem Mann unter einem Dach leben. Wer weiß, auf welche Ideen er noch gekommen wäre! Dann habe ich mir eine kleine Wohnung gemietet, aber die musste ich inzwischen wieder aufgeben, weil ich sie mir einfach nicht leisten konnte.

Ich bin bei einem Psychologen in Behandlung, habe schwere Depressionen und bin traumatisiert von dieser Nacht. Ich kann nicht mehr schlafen, schreckliche Träume plagen mich, und im Moment sehe ich kein Licht am Ende des Tunnels.

Übrigens ging dieser makabren Szene weder ein nennens-
werter Streit noch ein andauerndes Eheproblem voraus. Wir hatten auch regelmäßig Sex, und der war gar nicht schlecht. Finanziell und auch mit den Kindern war alles in bester Ordnung. Und
noch ein paar Wochen vor diesem Tag X hatte mir Albert mal
wieder versichert, dass ich seine »absolute Traumfrau« sei.

Ein paar Wochen nach meinem Auszug habe ich erfahren, dass
mein Mann seit einiger Zeit eine Freundin hat. Eine Arbeitskolle-
gin, 45 Jahre alt und unverheiratet. Und: eine passionierte Motor-
radfahrerin. Dann war ja alles klar!

Wissen Sie, wenn er wenigstens offen gewesen wäre. Wenn er
gesagt hätte, du, ich habe mich verliebt, ich weiß nicht, wie es
weitergeht. Das hätte mich natürlich auch sehr getroffen, aber das
kommt vor in einer Ehe. Aber ein Mordversuch und ein derartiger
Ausbruch – das werde ich nie vergessen, so etwas ist nicht zu
verzeihen.

Zu unserer Tochter sagte er, er würde vielleicht in einigen Jahren wieder mit mir zusammenleben wollen. Und neuerdings
schreibt er mir Briefe – getroffen habe ich ihn schon lange nicht
mehr –, in denen steht, dass er »erst spät das Drama unserer Ehe«
erkannt habe. Aber um welches Drama es sich handelt, das
schreibt er nicht!

Nein, ich werde gewiss nie wieder mit diesem Mann zusammenleben. So ein Unfall ist ja schnell passiert, ich hätte keine
ruhige Minute mehr.

Ich klinge ziemlich verbittert im Moment, ich weiß, aber ich
kann diese Szene auf der Treppe einfach nicht vergessen. Ich
habe das Gefühl, dass mein ganzes Leben verpfuscht ist, dass ich
jahrzehntelang belogen und betrogen wurde.

Natürlich habe ich auch Existenzängste. Ich bekomme derzeit
1600 Euro Unterhalt von ihm (dann bleiben ihm immer noch
über 5000 Euro für sich), und ich besitze keinerlei Vermögen.

Die aufwändige psychologische Behandlung könnte ich mir gar nicht leisten. Die zahlt seine Krankenkasse, ich bin ja noch mitversichert. Und für einen guten Anwalt fehlt mir auch das Geld momentan – und einen wirklich guten werde ich brauchen bei diesem Gegner …

Die Nerven für einen Scheidungskrieg habe ich einfach nicht. Ich muss erst wieder Fuß fassen und zur Ruhe kommen. Und mein Selbstbewusstsein aufbauen. Immerhin habe ich einen Job in einer Boutique gefunden, ein paar Tage pro Woche nur und für wenig Geld, aber ich brauche eine Beschäftigung.

Einen neuen Mann gibt es natürlich nicht, da ist gar nicht dran zu denken. Ich hab panische Angst, dass ich wieder an so einen Sch…typen geraten könnte.

Nein, es geht mir nicht gut. Und ihm offenbar auch nicht. Seine Freundin lebt jedenfalls nicht mit ihm in unserem Haus, das hat man mir erzählt, aber ob sie noch zusammen sind, weiß ich nicht. Und will es auch gar nicht wissen. Ich muss nach vorn schauen und nicht zurück. Sonst werde ich noch verrückt.

Die Scheidung ist natürlich unumgänglich, und irgendwann wird sie über die Bühne gehen. Aber ich glaube nicht, dass Albert sie einreichen wird. Für ihn ist die Lösung jetzt gewiss billiger. Und das war ihm ja immer schon wichtig. Durch mich hat er eine Haushaltshilfe gespart, ein Pflegeheim und teure Reisen. Ich war billig und praktisch. So ist es.

Antonie bekommt in der Trennungsphase nur 1600 Euro Unterhalt, obwohl dem Ehemann 5000 Euro verbleiben. Hier müsste die Unterhaltsberechnung überprüft werden. Allerdings ist Antonie ab einem Jahr nach der Trennung grundsätzlich verpflichtet, eine Ganztagstätigkeit aufzunehmen, es sei denn, dies ist ihr aus gesundheitlichen Gründen nicht möglich.

Zu prüfen wäre auch, ob Antonie eventuell Unterhalt wegen ihres Alters verlangen kann. Sie ist zwar erst 51 Jahre alt, war aber seit 1980 nicht berufstätig, und der Ehemann hat ein sehr hohes Einkommen. Vielleicht kann sie nur noch im Rahmen einer Nebenbeschäftigung für 400 Euro arbeiten.

Anzunehmen ist auch, dass ihr Zugewinnausgleichsansprüche zustehen und dass sie im Rahmen der Scheidung durch den Versorgungsausgleich erhebliche Anwartschaften übertragen erhält. Für Antonie dürfte es das Beste sein, die Scheidung bald hinter sich zu bringen.

Arndt, 48, Allgemeinarzt mit eigener Praxis in einer nord-
deutschen Großstadt, ist nach 24 Jahren Ehe 2005 von sei-
ner gleichaltrigen Frau geschieden worden.
Er hat zwei Töchter, 18 und 19 Jahre alt.

Meine Frau habe ich mit 17 kennengelernt – wir stammen beide
aus Hamburg und haben im Chor meines Vaters gesungen. Das
war 1976 – aber eigentlich kannten wir uns schon viel länger,
denn wir sind in die gleiche Grundschule gegangen, allerdings
haben wir uns dann aus den Augen verloren.

Wir waren frisch verliebt, aber schon nach ein paar Monaten
»großer Liebe« mussten wir Abschied nehmen – ich ging für ein
Jahr in die USA, das war seit längerem geplant. Eine Teenie-Lie-
be überlebt eine solche Trennung ja wohl meist nicht, ein Jahr ist
eine lange Zeit, wenn man 17 ist. Aber Marion hat auf mich gewartet, und als ich zurückkam, waren wir wieder zusammen. Sie
hatte inzwischen eine Ausbildung zur Reisekauffrau beendet, ich
fing an zu studieren, und nach einiger Zeit zogen wir in eine gemeinsame Wohnung.

Eigentlich hat sie das Geld verdient, aber ich habe auch gejobbt,
im Krankenhaus, neben dem Studium. So kamen wir ganz gut über
die Runden, und Geld war sowieso nicht das Thema bei uns. Wir
waren bescheiden, aber ehrgeizig, und wollten vorankommen.

1981 haben wir geheiratet, wir waren beide 24 und fanden,
dass wir reif genug waren für die Ehe. Schließlich lebten wir
schon drei Jahre zusammen und kannten uns gut.

Marion hatte inzwischen angefangen, ebenfalls Medizin zu
studieren, aber sie konnte das Studium nicht abschließen, weil
1986 unsere erste Tochter zur Welt kam und ein Jahr später die
zweite. Da war sie voll beschäftigt, mit zwei kleinen Kindern. Ich
habe im Krankenhaus viele Nachtdienste und Wochenenddienste
gemacht, trotzdem hatten wir sehr wenig Geld damals. Ich war

noch nicht mal Assistenzarzt, weil es zu der Zeit noch die Vorschrift gab, nach dem Studium 15 Monate als »Arzt im Praktikum« für einen Hungerlohn, ehrlich gesagt, zu arbeiten, und das war finanziell ein großer Rückschritt. Da hatte ich ja als Pflegehelfer – Arzt durfte ich mich noch nicht nennen – wesentlich mehr verdient.

Aber meine Frau hat einfach was Neues angefangen, sie ist da sehr flexibel. Sie suchte sich eine Möglichkeit, freiberuflich Geld zu verdienen, und wurde Immobilienmaklerin. Das hat zeitweise richtig gut funktioniert, wir konnten uns auch die Kindererziehung teilen, denn ich war nach langen Schichten auch wieder mal für ein paar Tage zu Hause.

Es war eine glückliche Zeit, und ich bin heute noch froh, dass ich die Möglichkeit hatte, für meine Kinder genauso da zu sein wie meine Frau, wir hatten keine strikte Rollenverteilung, und ich glaube, das kam uns allen vieren zugute.

1990 wurde ich dann Assistenzarzt, musste allerdings Hamburg verlassen, weil ich dort keine guten Jobangebote bekam. So zogen wir in eine norddeutsche Kleinstadt, und ich habe endlich gut verdient. Wir mieteten ein Haus, das wir kurz darauf kauften, und kamen gut zurecht, weil meine Frau weiterhin als Maklerin tätig war.

Damals hat alles gestimmt – ich war beruflich zufrieden, wir kamen in der neuen Umgebung bestens zurecht und fanden viele Freunde und gute Nachbarn. Es war ein anderes Leben als in der Großstadt, aber es gefiel uns.

1998 kam bei mir eine berufliche Veränderung – ich hatte meinen Facharzt gemacht und mich entschlossen, eine eigene Praxis in einer Großstadt zu eröffnen. Das bot sich damals an, und ich nahm in Kauf, dass ich dafür wesentlich weniger Freizeit hatte, denn erstens pendelte ich täglich eine Dreiviertelstunde hin und wieder zurück, und zweitens ist eine eigene Praxis natürlich zeitintensiver. Vor 20 Uhr war ich selten zu Hause, die Kinder bekam ich kaum noch zu Gesicht, denn selbst an Samstagen habe ich gearbeitet oder Buchhaltung gemacht.

In dieser Zeit fingen wir an, eine Distanz zwischen uns aufzubauen. Ich war gestresst und auch unruhig, denn mit der Praxis war ich finanziell ein Risiko eingegangen. Gleichzeitig hatte meine Frau kaum noch Einnahmen aus ihrer Maklertätigkeit, warum auch immer. Ich hatte zu wenig Zeit, mich darum zu kümmern, und fragte auch nicht viel nach. Ich merkte nur, dass sie frustriert war und sich irgendwie veränderte.

Zuerst habe ich gar nicht gecheckt, was eigentlich vorgeht, ich war wohl zu viel mit mir selbst beschäftigt. Mir fiel aber auf, dass sie in Gesellschaft sehr viel trank und manchmal richtig »dicht« war, was mir total unangenehm war.

Wir haben darüber geredet, sie sagte, das sei ein Ausrutscher gewesen, und ich glaubte es oder wollte es glauben.

Aber Tatsache war – Marion griff immer öfter zur Flasche. Und rauchte gleichzeitig wie ein Schlot. Obwohl sie in der Zwischenzeit wieder zu studieren begonnen hatte – Pädagogik –, war sie frustriert und ließ sich gehen.

Unendliche Diskussionen folgten. Ich habe ihr die medizinischen Folgen ihres Suchtverhaltens aufgezeigt, sie versprach, sich zu ändern, aber sie hielt nicht Wort.

Sie machte auch keinen ernsthaften Versuch aufzuhören. Tagsüber war sie wohl teilweise abstinent, aber abends betrank sie sich.

Ich konnte das irgendwann nicht mehr ertragen. Es gab Situationen, in denen sie ausfällig wurde, auch bei Festen mit Freunden. Es war bald nicht mehr zu verheimlichen, dass sie trank. Das fand ich unglaublich abstoßend.

Ich versuchte, sie zu einem Aufenthalt in einer Entzugsklinik zu überreden, aber da war nichts zu machen. Sie wollte einfach nicht. Selbst als sie körperliche Probleme bekam – Durchblutungsstörungen etc. –, machte sie weiter, ohne Rücksicht auf die Kinder oder mich.

Unsere Mädels waren mitten in der Pubertät und hätten sie gebraucht, aber Marions Welt drehte sich nur noch um Alkohol und Zigaretten. An einen Job war natürlich gar nicht mehr zu denken, und so ging dieser verhängnisvolle Kreislauf aus Frust und Sucht immer weiter.

In Gesprächen war sie hilflos, ihr fehlten die Argumente.

Ich kam allein auch nicht mehr weiter und suchte eine Familienberatungsstelle auf. Dort haben sie mir schon nach kurzer Zeit die Frage gestellt: »Geht es Ihnen eigentlich darum, Ihre Ehe zu retten oder diese möglichst friedlich zu beenden?«

Ja, da wurde mir schlagartig klar: Ich wollte eigentlich gar nicht mehr. Ich wollte ein Ende, sonst nichts.

Die Mitarbeiter dieser Familienberatung waren sehr kompetent und haben uns dann an einen Mediator verwiesen, der mit uns gemeinsam die Formalitäten einer Trennung besprach. Ich war zu allen möglichen Zugeständnissen bereit, wenn ich nur endlich reinen Tisch machen und mich aus dieser für mich absolut unerträglichen Lage befreien konnte.

Es war dann schnell gelöst: Sie blieb mit den Kindern im Haus, ich nahm mir ein kleines Zimmer in der Nähe der Praxis. Reichtümer gab es sowieso nicht zu verteilen.

Sie war mit allem einverstanden, die Töchter hatten wir schon vorher informiert, ich habe ihnen lange und ausführlich erklärt, warum ich mich trennen will. Sie haben es verstanden.

So war es uns sogar möglich, mit nur *einem* gemeinsamen Anwalt die formale Scheidung durchzuziehen, so dass sich die Kosten in Grenzen hielten.

Mir war wichtig, dass ich der Mutter meiner Kinder auch in Zukunft in die Augen schauen kann, und eine Scheidungsschlacht hätten wir sowieso nicht bezahlen können. Das Haus war mit einer

Hypothek belastet, die Praxis kostete Geld, und dann noch die zweite Wohnung …

Anfangs schlief ich auf einer Luftmatratze in der leeren Wohnung, aber das war mir egal. Hauptsache, ich war allein. Nach und nach kaufte ich mir ein paar IKEA-Möbel, ich habe wirklich sehr bescheiden gelebt. Die Einrichtung blieb weitgehend im Haus.

Das konnten wir allerdings auf Dauer nicht halten und haben es verkauft. Schade, ich hätte meinen Töchtern gern die Umgebung ihrer Kindheit erhalten, aber es ging eben nicht. Ich habe das allerdings nicht allzu schwer genommen, weil mir, wie gesagt, materielle Werte nicht so viel bedeuten. Viel wichtiger war mir, dass das Verhältnis zu meinen Kindern weiterhin gut war, wir uns häufig sahen und sie meinen Entschluss akzeptierten.

Mit Marion telefonierte ich noch ab und zu, aber es ging meist nur um Entscheidungen wegen der Kinder. Sie ist gleich nach der Trennung eine neue Beziehung eingegangen, die allerdings nur von kurzer Dauer war. Jetzt lebt sie allein und hat immer häufiger gesundheitliche Probleme, wie ich mitbekomme.

Es tut mir leid für sie, aber ich bin froh, dass das nicht mehr mein Problem ist. Wenn ein Mensch sich selbst zerstören will, kann ihn wohl niemand aufhalten.

Ich brauchte einige Zeit, um wieder zu mir selbst zu finden und mein inneres Gleichgewicht wiederherzustellen. Klar hatte ich auch Ängste! Wie sollte mein Leben weitergehen? Würde ich es finanziell schaffen?

Monatlich zahle ich für die Töchter knapp 1000 Euro, für meine Exfrau 650 Euro. Nach Abzug meiner Unkosten für Wohnung und Praxis bleiben mir rund 1000 Euro zum Leben.

Nicht allzu üppig, große Sprünge sind nicht drin. Aber ich kann mir jedes Jahr einen Urlaub leisten, ich habe einen Beruf, der mir Spaß macht und mich erfüllt, und ich habe seit zwei Jahren eine Freundin.

Sie ist 40, ich habe sie über das Internet kennengelernt, und sie gibt mir sehr viel. Wir leben in getrennten Wohnungen, sehen uns aber häufig, und ich bin im Moment ausgesprochen glücklich. Die Scheidung habe ich nicht bereut, keine Sekunde. Ich sehe, wie sich meine Frau entwickelt, und ich weiß, die Situation wäre immer schlimmer geworden für mich.

Dann lieber ein anständiger Schnitt. Ich habe mit offenen Karten gespielt, ich habe Marion keine Vorwürfe gemacht und versucht, sie finanziell nach meinen Möglichkeiten zu unterstützen. Mehr kann ich nicht tun.

Allerdings kann ich mir keine neue Familie leisten. Eine Frau, die versorgt werden will und vielleicht noch ein Baby möchte – das ist undenkbar. Aber ich habe eine wundervolle, selbständige neue Lebenspartnerin, und darüber bin ich wirklich sehr froh. Es kommt schon, wie es kommen muss – aber man muss eine klare Entscheidung treffen. Wenn man sicher ist, dass die Ehe nicht zu retten ist, dann sollte man keinen Tag länger zögern. Das kann ich nur jedem raten.

Leider ist in sehr vielen Fällen Alkoholmissbrauch eines Ehegatten ein Grund für Trennung oder Scheidung. Für die Ehegatten von Alkoholabhängigen, sogenannte Co-Abhängige, ist das Leben auf Dauer in der Ehe nicht zu ertragen. Arndt ist es gelungen, sich relativ früh aus der Ehe zu lösen und mit Hilfe einer Familienberatung sowie eines Mediators die finanziellen Fragen einvernehmlich zu regeln. Dabei wurde auch das Modell Scheidung mit einem gemeinsamen Anwalt gewählt. Dadurch konnten die Kosten der Scheidung begrenzt werden. Arndt ist erst 48 Jahre alt und hat eine neue Freundin, mit der er sehr glücklich ist. Eine neue Familie kann er sich allerdings nicht mehr leisten.

Bernd (65), selbständiger Werbekaufmann, lebt heute in einer Stadt in den neuen Bundesländern. Seine Ehe mit Inge, 60, dauerte 33 Jahre. 2000 wurden die beiden geschieden. Sie lebten die meiste Zeit ihrer Ehe in einer Stadt im Raum Köln, wo sie beide herstammen.

Ich habe Inge mit 27 kennengelernt. Bei Bekannten, wir waren beide zum Essen eingeladen, und vielleicht hatten sich die Gastgeber ja auch was dabei gedacht, denn sie war meine Tischnachbarin. 22 Jahre jung, hübsch, Auslandskorrespondentin.

Sie gefiel mir sehr gut und ich ihr wohl auch, denn es dauerte nicht lange, und Inge landete in meinem Bett. Ich hatte eine kleine Wohnung, sie lebte noch bei ihren Eltern. Nach ein paar Monaten eröffnete sie mir, dass sie schwanger sei. So schnell hätte es meinetwegen nun auch nicht gehen müssen. Aber wir schrieben das Jahr 1967, und mit der Verhütung nahm man es nicht so genau. Aber ich mochte sie ja und habe um ihre Hand angehalten. So war das damals noch – ein Zusammenleben mit Baby ohne Trauschein wäre undenkbar gewesen. Ihre Eltern waren einverstanden, und so wurde eine große Hochzeit vorbereitet.

Inge ganz in Weiß, Kirche, viele Gäste – alles wie im Bilderbuch. Später sollte ich noch zur Genüge darauf hingewiesen werden, dass diese Äußerlichkeiten für meine Frau immens wichtig waren. Der Schein musste immer gewahrt werden, das war oberstes Gebot in unserer Ehe. Die Leute sollten einen beneiden, wie es hinter den Kulissen aussah, ging niemand etwas an.

Aber ich greife vor. Zunächst verlief alles ganz normal – wir zogen in eine größere Wohnung, um in der Nähe ihrer Eltern zu sein, damit sie ihre Mutter zum Kinderhüten einspannen konnte. Als das Kind kam – ein Sohn –, erwies sich das auch als durchaus praktisch. Inge wollte auf keinen Fall nur Hausfrau sein und arbeitete halbtags, sie verdiente so ihr eigenes Geld, und mir sollte es recht sein. Der Junge war ja bestens versorgt.

Allerdings gab es bald ein Problem zwischen uns – nach der Geburt hatte Inge überhaupt keine Lust mehr auf Sex.

Eine Weile nahm ich das hin, dann stellte ich sie zur Rede. Sie druckste herum – ja, der Stress mit dem Job und dem Baby … »Dann hör halt auf zu arbeiten. Ich verdiene genug!« Das wollte sie auch nicht.

Offenbar hatte sie mit ihrer Mutter darüber geredet, denn die versuchte mich nun zu beschwichtigen: »Hör mal, Bernd, das ist oft so bei jungen Frauen. Die Hormonumstellung, hab ein wenig Geduld, das wird schon wieder!«

Es wurde überhaupt nicht. Wenn wir alle paar Monate mal miteinander schliefen, dann merkte ich mehr als deutlich, dass das für sie nicht mehr war als eine »eheliche Pflicht«, Spaß hat es ihr ganz offensichtlich nicht gemacht. Das ist für einen Mann natürlich sehr frustrierend.

Wir hatten noch zig Gespräche zu diesem Thema, aber sie wiegelte immer ab. »Ach, das ist bei anderen auch so. Die erste Verliebtheit ist halt vorbei, es gibt Wichtigeres als Sex.«

Ich war nicht mehr gewillt, das hinzunehmen. Sollte ich ins Puff gehen? Eine Affäre anfangen? Ich konnte nämlich sonst nicht klagen – Inge hatte den Haushalt im Griff, war eine prima Köchin, eine gute Mutter, hielt mir in allem den Rücken frei. Ich konnte mich voll auf meinen Beruf konzentrieren, und es ging auch stets bergauf. Aber es fehlte eben etwas!

Heute denke ich, dass ich Inge niemals geheiratet hätte, wenn sie damals nicht so schnell schwanger geworden wäre. Wir kannten uns ja kaum – ein paar Mal im Bett, zum Tanzen, im Kino. Ich hatte keine Ahnung, wie sie wirklich war. Und sie kannte mich auch nicht und war offenbar irgendwie enttäuscht. Wie sonst sollte ich ihr Verhalten deuten?

Ich befasse mich ein wenig mit Astrologie – Inge ist Widder, ich bin Waage, das passt schon von den Sternzeichen her nicht zusammen. Es stimmt schon, was man so sagt: Sie war dominant und ging wegen jeder Kleinigkeit hoch, ich war auf Harmonie bedacht und wollte meine Ruhe haben.

Bald hatte ich das Gefühl, völlig untergebuttert zu werden. Ich fühlte mich sehr unzufrieden und dachte an Scheidung. Aber damals galt noch das Schuldprinzip, und Inge ließ sich ja nichts zuschulden kommen. Das hätte mich finanziell ruiniert, eine Scheidung konnte ich mir gar nicht leisten. Und außerdem wollte ich, dass unser Sohn in einer »heilen« Familie aufwächst. Ich legte mir also eine Freundin zu. Die war auch verheiratet, wir haben uns heimlich getroffen, aber immerhin war nun mein Sexualleben wieder in Ordnung und meine Laune etwas besser.

Ich kam beruflich sehr gut voran, aber auch das passte Inge offenbar nicht. Vor Bekannten machte sie mich runter, wenn das Gespräch auf meine florierende Werbeagentur kam. Und intern gab es auch ständig eins aufs Dach: »Bild dir bloß nicht so viel ein, was ist das schon, was du da machst.«

Okay. Ich sagte nichts mehr, ging ihr aus dem Weg. Wir lebten nebeneinanderher, ich hatte wechselnde Affären, nie was Ernstes. Und Inge meldete sich im Tennisclub an und war fortan nur noch dort. Turniere, Wochenenden, Freundinnen – der Club ging ihr über alles. Einerseits hat mich das schon gestört, andererseits war ich froh, wenn sie nicht zu Hause war, sie hat sowieso bloß rumgekeift.

Unsere Beziehung bestand inzwischen nur noch auf dem Papier, aber wenn im Club was Wichtiges war, musste ich mit und wurde als erfolgreicher Ehemann präsentiert. Wir haben das harmonische Paar mit glücklichem Familienleben gespielt, und die Leute haben es uns offenbar abgenommen. Und das war das Einzige, was für Inge zählte – der Schein!

1978 zogen wir dann in ein eigenes Haus, ich konnte es mir leisten. Das hat ihr offenbar imponiert, denn ein paar Monate lang war sie nett zu mir. Große Einweihungsfete mit allen Bekannten, nun konnte sie angeben. Aber sonst – nichts! Manchmal dachte ich, sie hat einen Lover in ihrem Tennisclub, sie war ja ständig dort. Ich hörte mich mal ein bisschen um, aber offensichtlich war da niemand. Im Gegenteil, ich merkte, dass die Männer in ihrem Verein sie links liegen ließen – bei Bällen wurde sie nie zum Tanzen aufgefordert, obwohl sie in der Clique integriert war.

Komisch, dachte ich. Hat sie wirklich überhaupt kein Interesse an Sex? Bei uns lief ja schon lange nichts mehr.

Es gab allerdings inzwischen noch ein anderes Problem: Inge fing an zu trinken. Ständig standen Cognacgläser im Bad, sie taumelte herum, man merkte deutlich, dass sie alkoholisiert war. Auch in Gesellschaft – kaum angekommen, schon war sie dicht. Und Inge trank nicht etwa Wein oder Sekt, sondern nur harte Sachen – Cognac, Whiskey, Schnäpse. Mir war das total peinlich.

Einmal, bei einem Fest im Tennisclub, war sie schon am frühen Abend sturzbetrunken. Sie fiel dauernd ihren Tennisfreundinnen in die Arme und schmuste mit ihnen herum. Ich fand das derart widerlich, dass ich sie nach Hause brachte. Sie ließ es sogar zu, und ich wunderte mich darüber, denn normalerweise ließ sich Inge von mir überhaupt nichts sagen.

In der Küche fing sie plötzlich an zu heulen. Und in ihrem Rausch ließ sie dann die Katze aus dem Sack: Sie war lesbisch und unglücklich in eine Frau verliebt, die offenbar nichts von ihr wissen wollte.

Jetzt ging mir ein Kronleuchter auf! Kein Wunder, dass sie nichts von mir wissen wollte und auch die Männer im Club sie mieden. Die wussten längst alle, was gespielt wurde.

Wir schrieben das Jahr 1991, Maueröffnung, ein Freund von mir, der in den neuen Bundesländern ein Unternehmen aufgezogen hatte, sagte: »Mensch Bernd, komm doch rüber. Hier kannst du dir noch eine goldene Nase verdienen. Es gibt keine Werbeagentur weit und breit, und ich kann dir jede Menge Aufträge verschaffen!«

Das reizte mich. Zu Hause hielt mich sowieso nichts mehr, es gab auch trotz meiner zahlreichen Freundinnen keine Einzige, an der mir was lag. Also zog ich nach Ostdeutschland und baute mir dort eine neue Firma auf. Machte Spaß. Neue Leute, neue Ideen, alle waren enthusiastisch, es herrschte Aufbruchstimmung. Ich kam nur noch alle paar Wochen nach Hause, Inge lebte inzwischen allein in unserem Haus, unser Sohn war längst ausgezogen. Nun wollte sie, dass wir das Haus verkaufen, sie fühle sich einsam, es sei viel zu groß, sie wolle lieber in eine hübsche Wohnung in der Stadtmitte.

Ich war dagegen, aber sie nahm die Sache in die Hand und verkaufte das Haus zu einem guten Preis. In ihre neue Wohnung bin ich erst gar nicht mehr mit eingezogen, ich habe ihr alles überlassen – die Möbel, alles. Ich hatte plötzlich das Bedürfnis, endlich einen Schlussstrich zu ziehen und reinen Tisch zu machen.

Das war ihr gar nicht recht – eine geschiedene Frau wollte sie nicht sein, was sagen da die Leute! Aber mir war es egal, ich habe 1997 die Trennung durchgesetzt. Sie wehrte sich gegen eine Scheidung, machte allerhand Mätzchen. Das gesamte Geld vom Hausverkauf behielt sie auch, ich habe nicht einen Cent gesehen!

Aber ich hatte inzwischen eine feste Freundin in meiner neuen Heimat, wir sind zusammengezogen, und zum ersten Mal in meinem Leben erlebe ich ein harmonisches Zuhause mit einer Frau, die mich liebt und sich auf mich freut.

Das hätte ich schon lange haben können – ich bereue es sehr, dass ich dieses blöde Theater so lange mitgemacht habe. Aber nun ist es zu spät zum Jammern, ich schau nach vorn und auf die Jahre, die mir noch bleiben.

Die Scheidung ging 2000 über die Bühne, Unterhalt zahle ich keinen, denn Inge hat ja ein Leben lang gearbeitet und bekommt daher eine gute Rente. Ich kam also relativ glimpflich davon, und da ich mit meiner Firma hier in den neuen Bundesländern ein gutes finanzielles Polster erarbeiten konnte, drückt mich im Gegensatz zu vielen anderen Männern, die nach der Scheidung ruiniert sind, keine finanzielle Last. Trotzdem hadere ich mit einigen Dingen. Zum Beispiel damit, dass Inge unseren Sohn völlig auf ihre Seite gezogen hat. Wir haben keinen Kontakt mehr, für ihn bin ich der Buhmann, der seine Mutter ständig betrogen und sie im Alter – vor einiger Zeit erlitt sie auch noch einen Gehirnschlag – im Stich gelassen hat. Meine Enkelkinder darf ich nicht sehen, Inge unterbindet jede Annäherung. Sie ist unversöhnlich über das, »was mir dieser Mann angetan hat«.

Und sie mir? Fast dreißig Jahre in einer unglücklichen Ehe zu leben, ist kein Pappenstiel. Ich hatte die anderen Frauen nur, weil sie mich so behandelt hat. Ich kann jedem nur raten, Schluss zu machen, wenn die Beziehung so kaputt ist wie in unserem Fall. Aussitzen bringt gar nichts. Nehmen Sie sich ein Beispiel an mir!

Bernd ist jetzt 67 und glücklich geschieden. Auffallend ist, dass er bei der Scheidung, als das gemeinsame Haus verkauft wurde, vom Erlös aus dem Hausverkauf nichts bekommen hat. Aber wenigstens muss er keinen Unterhalt zahlen. Vermutlich gab es eine Verrechnung Hauserlös gegen Unterhaltsabfindung. Wie anderen Betroffenen tut es ihm leid, dass er sich nicht schon viel früher getrennt hat. Es gab nicht einmal erkennbare wirtschaftliche Gründe, warum er so lange durchhielt.

Georg (63) war 41 Jahre mit Elfriede (62) verheiratet. Die Scheidung läuft gerade, in wenigen Wochen ist der Termin vor dem Familienrichter. Sie haben zwei Kinder, einen Sohn (30), der in Südafrika lebt, und eine Tochter (20). Sie wohnt bei ihrem Vater.

Ich habe Elfriede in der Tanzschule kennengelernt. Ich war 18, sie 17. Eigentlich hab ich mich in ihre Beine verliebt – sie hatte Beine, mein Gott! Ein Traum! Sie war ein hübsches Mädchen, kam aus einem wohlhabenden Geschäftshaus. Ich war der Sohn einer Flüchtlingsfamilie aus dem Sudetenland. Nach dem Krieg hat es uns über viele Umwege letztendlich hierher in eine Stadt im Rheinland verschlagen, und so kreuzten sich unsere Wege.

Ich war von Anfang an verliebt in Elfriede, bei ihr dauerte es ein bisschen, bis sie Feuer fing. Aber dann ging alles seinen »normalen« Gang – Treffen im Café und im Restaurant, bald stellte sie mich ihren Eltern vor. Die waren nicht begeistert – »Flüchtling aus der DDR« –, ich machte eine Lehre als Feinmechaniker, meine Familie hatte kein Geld. Sie dagegen arbeitete im Büro des elterlichen Geschäfts, Elektrobranche, ein größerer Handwerksbetrieb mit mehreren Mitarbeitern und einem renommierten Einzelhandel. Der Vater hatte sich für seine Tochter wohl eine bessere Partie vorgestellt, aber wir hielten zusammen, und so musste er die Kröte schlucken.

1965 haben wir geheiratet. Eigentlich war der Grund finanzieller Natur, denn ich hatte bereits meinen Einberufungsbefehl bekommen – und als Lediger wäre ich mit 35 Mark Sold abgefunden worden. Als Verheirateter aber gab es 350 Mark – das war damals schon ein gravierender Unterschied!

Aber wir hätten auch ohne diesen Vorteil geheiratet, ganz sicher. Das war nur der Auslöser. Es entwickelte sich dann sowieso alles anders, da mein Vater einen tödlichen Autounfall hatte und ich aus diesem Grund gar keinen Wehrdienst leisten musste, weil mein Einkommen für meine Familie lebensnotwendig war, also auch für meine Mutter.

Zu ihr zogen wir auch nach der Hochzeit, sie hatte eine große Wohnung, das ging gut für uns alle, denn meine Mutter erledigte den Haushalt, kochte und machte die Wäsche, Elfriede konnte voll arbeiten, und wir sparten das Geld für die Miete.

Übrigens noch eine lustige Begebenheit am Rande, die ich neuerdings aber mit anderen Augen sehe: Bei unserer Trauung gab es nämlich einen seltsamen Zwischenfall … ein schlechtes Omen? Also, wir haben in einer evangelischen Kirche geheiratet, standen vor dem Traualtar, der Gottesdienst war in vollem Gange – als der Pfarrer plötzlich blass wurde, eine Entschuldigung murmelte und in der Sakristei verschwand.

Was war los? Wir standen da und warteten endlose Minuten! Die Hochzeitsgäste fingen an zu hüsteln, alle wurden unruhig, der Pfarrer kam nicht zurück.

Irgendwann habe ich dann Elfriede den Ring an den Finger gesteckt, die Trauungsformel war nämlich noch nicht gesprochen, und wir sind aufgestanden und sehr irritiert aus der Kirche gegangen.

Die Auflösung war: Der Pfarrer hatte ein Kriegsleiden, eine Kopfverletzung, bekam immer wieder aus heiterem Himmel rasende Kopfschmerzen. Als wir zur Hochzeitsfeier kamen, die bei meinen Schwiegereltern im Haus stattfand, saßen Pfarrer und Schwiegervater einträchtig beim »Schnapseln« beieinander.

Die Trauungsformel wurde nachträglich am gedeckten Hochzeitstisch gesprochen. Kein gewöhnlicher Einstieg in eine Ehe also. Was für ein Start!

Unser Leben ging aber ganz passabel weiter: Ich bewarb mich bei einem großen Konzern in einer süddeutschen Großstadt und bekam den Job. Wir waren gerade mal ein halbes Jahr verheiratet, zogen nun um in eine schöne Wohnung, Elfriede bekam ebenfalls eine Stelle in dieser Firma als Bürokauffrau, und alles war wunderbar. Wir haben gut verdient, genossen die kulturelle Seite der Stadt, Theater, Konzerte, schicke Restaurants, an den Wochenenden ging's in die Berge, und wir waren richtig glücklich.

Wir haben auch schnell Freunde gefunden, konnten uns Reisen leisten, es war einfach eine unbeschwerte, wunderbare Zeit.

Wir haben nicht verhütet, ein Kind wäre uns willkommen gewesen, aber andererseits war es nicht so, dass wir uns unbedingt ein Kind wünschten. Wir waren ja noch jung.

Elfriede wurde aber jahrelang nicht schwanger, und irgendwann sind wir dann zum Arzt und haben uns beide untersuchen lassen. Aber wir waren beide gesund.

Es klappte halt einfach nicht, und wir haben uns keine großen Sorgen gemacht deswegen. Wir hatten es nicht eilig damit, das Leben war auch ohne Kinder schön!

1976 machten wir dann unsere erste große Reise – nach Südafrika. Dort lebte ein Teil von Elfriedes Familie, und wir waren begeistert von ihrer Gastfreundschaft und von diesem wunderschönen Land.

Als wir zurückkamen, war Elfriede schwanger. Wir haben uns gefreut, obwohl wir damit gar nicht mehr gerechnet hatten. 1977 kam unser Sohn zur Welt.

Zuerst arbeitete Elfriede weiter wie bisher, aber dann wurde das Kind immer häufiger krank, und es stellte sich heraus, dass der Junge an der Luftverschmutzung litt; in der Nähe unserer Wohnung war nämlich ein Chemiewerk. Er hatte ständig Bronchitis, deshalb beschlossen wir, eine Doppelhaushälfte im Grünen etwas außerhalb der Stadt zu kaufen. Elfriede gab ihren Job auf.

Finanziell ging das gut, wir hatten einiges erspart, und ich war inzwischen Verkaufsleiter und verdiente sehr ordentlich.

Wir reisten jedes zweite Jahr nach Südafrika, nahmen auch an einem Schüleraustausch-Programm teil, und für unseren Sohn wurde dieses Land zur zweiten Heimat.

Als wir 1987 wieder einmal dort unsere Ferien verbracht hatten, kamen wir zurück, und Elfriede war zum zweiten Mal schwanger. Scheint eine »fruchtbare« Ecke zu sein …

Unsere Tochter kam zur Welt, und nun wäre unser Glück eigentlich perfekt gewesen, wenn, ja, wenn sich meine Frau nicht ab diesem Zeitpunkt völlig verändert hätte.

Seit der Geburt der Kleinen fand Sex nur noch selten statt. Zuerst habe ich das akzeptiert, nun gut, sie musste mehrmals in der Nacht aufstehen, das Kind war unruhig und schrie viel. Aber die Monate vergingen, und Elfriede war ständig gereizt, überfordert, genervt.

Allmählich verstand ich das nicht mehr – das Kind schlief inzwischen durch, der Sohn war schon zehn und sehr selbständig. Was also überforderte sie denn so?

Ich nahm ihr im Haushalt einiges ab, aber es änderte sich nichts. No Sex.

Die Stimmung wurde immer gereizter zu Hause, ich fing an, meiner Frau aus dem Weg zu gehen, und begann, sexuell frustriert, wie ich war, eine Affäre.

Nun, ich bin ein Krebs-Mann, ohne Gefühl geht gar nichts bei mir. Das war schon schwierig für mich, ich hing an meiner Freundin. Aber andererseits war mir meine Familie auch sehr wichtig, und ich wollte meine kleine Tochter nicht verlieren. Da ich mir nicht sicher war, ob Elfriede etwas bemerkt hatte, und ich sie immer noch liebte, habe ich mich für die Familie entschieden und beendete die Beziehung.

Aber ich hatte mich verändert. Plötzlich fiel mir immer mehr auf, wie lieblos und gleichgültig meine Frau mir gegenüber war. Ich stellte sie zur Rede: »Was geht dir denn so auf die Nerven? Warum schläfst du nicht mehr mit mir?« Aber es kam keine richtige Antwort, nur Vorwürfe, lauter banale Dinge, das konnte doch kein Grund sein für so ein Verhalten.

Ich dachte, vielleicht liegt es daran, dass sie mit ihrem Hausfrauendasein nicht zufrieden ist, vielleicht sollte sie einfach mal wieder unter Leute und gefordert werden und eigenes Geld verdienen. Ich drängte sie also, einen Teilzeitjob anzunehmen, es fand sich auch etwas, am Samstag in einem Kaufhaus in der Elektro-Abteilung, das war ja ihr Metier. Ich konnte für die Kinder da sein, das klappte reibungslos. Aber es half bei der Lösung unserer Eheprobleme überhaupt nicht, ganz im Gegenteil, nun gab es noch mehr Gemecker! »Ich habe ja nicht mal mehr ein Wochenende, ich bin völlig überlastet« und so weiter.

Sex war inzwischen ein absolutes Fremdwort in unserer Ehe. Wenn es im Jahr ein- oder zweimal dazu kam, das war viel. »Lass mich bitte!«, war Elfriedes Standardsatz, wenn ich nur den kleinsten Annäherungsversuch machte, und so hat sie mich in die nächste Affäre regelrecht reingetrieben. Diesmal kam sie allerdings dahinter und machte eine Riesenszene. Ich brach die Beziehung ab, aber nun war zu Hause nur noch miese Stimmung. Ein einziger stummer Vorwurf.

Unser Sohn, inzwischen erwachsen und sehr erfolgreich, hat studiert und Karriere gemacht, hat die Situation seiner Eltern erkannt und versucht, unsere Ehe zu retten. Er hat uns ein paar Mal eine Reise geschenkt, wir sollten ein wenig Zeit für uns alleine haben, etwas gemeinsam unternehmen. Er hat mir auch geraten, noch mal was Neues anzufangen, zum Beispiel ein Haus mit einem großen Garten zu kaufen, eine neue Umgebung, das würde Mutter vielleicht guttun.

Das habe ich gemacht, ein hübsches Einfamilienhaus gekauft, wir lebten nun wesentlich komfortabler und schöner als vorher. Aber die Freude bei meiner Frau währte nur kurz. Kaum war das Haus eingerichtet, der Garten nach ihren Vorstellungen angelegt, ging das Gemecker und Gezeter von vorn los. Und immer häufiger fiel der Satz: »Ich lass mich scheiden!«

Wir stritten wegen jeder Kleinigkeit, manchmal redete sie tagelang nicht mit mir, und die Stimmung war restlos im Keller.

Verrückterweise teilten wir aber immer noch das Schlafzimmer miteinander, obwohl ja Platz genug gewesen wäre. Aber keiner von uns wollte nachgeben und ausziehen und dem anderen das bequeme neue Bett überlassen. So schliefen wir verbittert und stumm nebeneinander ein, achteten darauf, dass wir ja nicht gleichzeitig zu Bett gingen, sondern der eine immer erst dann, wenn der andere schon eingeschlafen war oder sich schlafend stellte.

Was für ein schreckliches Leben! Unsere Tochter, mitten in der Pubertät, hat das alles hautnah mitgekriegt und uns viele Sorgen gemacht, weil sie total rebellierte. Aber schuld waren wir ja selbst, das war nur eine Reaktion auf unsere miese Beziehung.

Ich bin dann mal zu einem Anwalt, um mir Klarheit zu verschaffen, wie es bei einer Scheidung für mich finanziell aussehen würde, und ich sah resigniert ein, dass ich bleiben musste. Zumindest bis unsere Tochter aus dem Haus wäre …

Aber es kam anders. Ein paar Tage vor meinem Geburtstag eröffnete mir meine Frau plötzlich: »Am Samstag ziehe ich aus!« Da sie schon so oft mit Trennung und Scheidung gedroht hatte, nahm ich das nicht ernst. Fragte aber schon: »Und wohin willst du dann ziehen?« – »Das erfährst du schon noch rechtzeitig!«, blaffte sie mich an, und tatsächlich, an meinem Geburtstag klingelte es frühmorgens, ein Lkw stand vor der Tür, und Möbel, Kleidung, Geschirr wurden eingeladen. Elfriede hatte einiges schon am Abend vorher gepackt, das habe ich irgendwie nicht mitbekommen.

Meine Tochter stand genauso sprachlos da wie ich. Auch mit ihr hatte ihre Mutter kein Wort gesprochen, hatte sie nicht gefragt, ob sie bei ihr oder bei mir leben wolle. Elfriede ist einfach gegangen. »Was soll denn aus unserer Tochter werden?«, rief ich ihr noch nach, als sie schon aus der Tür war. »Ich denke jetzt einmal im Leben nur an mich!«, schrie meine Frau zurück, knallte die Haustür zu und drehte sich nicht mehr um.

Ein paar Tage später kam ein Brief von ihrer Anwältin, sie reichte die Scheidung ein.

Ich habe schlechte Karten: Alleinverdiener seit 40 Jahren, Gütergemeinschaft natürlich. Sie wollte die Hälfte vom Haus, das hätte ich bar auszahlen müssen. So viel habe ich aber nicht. Also musste ich es verkaufen, acht Monate lang Besichtigungstermine, Inserate etc. Nun ist es weg, unter Preis verscherbelt. Elfriede wartet nun auf die Auszahlung ihrer Hälfte der Summe, den Stress mit dem Verkauf hat sie mir überlassen. Auch die Kosten für unsere Tochter – nicht ihr Problem!

Ich bin schon auf Altersteilzeit, verdiene derzeit 2800 Euro netto, davor war es natürlich deutlich mehr. 1000 Euro muss ich an meine Frau zahlen.

Aber es wird noch schlimmer kommen: In zwei Jahren gehe ich in Rente, bekomme dann nur noch 1600 Euro. Da Elfriede nur 350 Euro Rente zustehen, sie hat ja ewig nicht mehr gearbeitet, muss ich die Hälfte des Geldes an sie abgeben, also 800 Euro.

Sie erbt ein Vier-Familien-Haus, schuldenfrei, kassiert also Mieten, aber das wird nicht berücksichtigt. Gehört ja nicht zum ehelichen Zugewinn.

Ich bin schockiert, ehrlich! Ich habe 48 Jahre lang hart gearbeitet, ohne Unterbrechung. Habe das Studium meines Sohnes finanziert, ihm einen ansehnlichen Startschuss ins Berufsleben mitgegeben, in Form einer größeren Geldsumme. Habe für uns alle ein schönes Leben bezahlt – Eigenheim, Urlaubsreisen, Autos und so weiter.

Nun muss ich in eine kleine Mietwohnung ziehen und demnächst von 800 Euro leben. Den Erlös des Hauses – meine Hälfte beträgt 200 000 Euro – lege ich an. Außerdem muss ich in meinem

Alter mindestens einen 400-Euro-Job finden, um im Monat wenigstens auf 1100 oder 1200 Euro zu kommen. Aber ich werde wohl immer wieder das Kapital angreifen müssen, mit 1100 Euro kommt man heutzutage nicht weit, wenn Miete zu bezahlen und ein Kind noch in Ausbildung ist.

Mein Traum von einem Lebensabend in Südafrika ist wohl ausgeträumt. Das kann ich mir gar nicht mehr leisten. Das Fazit? Sehr bitter! Wäre ich schon vor 20 Jahren gegangen, als meine Ehe anfing auseinanderzubrechen, hätte ich eine reelle Chance auf eine gute neue Beziehung gehabt. Die ist nun vorbei. Wer will schon einen armen Rentner, der jeden Cent umdrehen muss, während meine Exfrau sich inzwischen durch Hausverkäufe, eigene Rente, Rentenhälfte von mir und auch noch – unverständlicherweise – durch Unterhaltszahlungen meinerseits ein luxuriöses Leben leisten kann.

Georg war 41 Jahre verheiratet. Jetzt kommt er in Rente. Infolge der langen Ehedauer und weil die Ehefrau als Hausfrau wenig Versorgungsanwartschaften erworben hat, büßt er durch den Versorgungsausgleich von seiner Rente 800 Euro ein, so dass ihm im Rentenalter allenfalls 1100 Euro verbleiben. Während der Ehe hat er jahrelang gut verdient, und die Familie konnte sich ein Haus leisten. Wie in vielen anderen Fällen ist es die lange Ehedauer und sind es die geringen Anwartschaften, die die Ehefrau selbst in der Ehe erworben hat, die zu einer Altersarmut im Rentenalter führen. Da die Trennung auf die Frau zurückging, hatte Georg wenig Gestaltungsmöglichkeiten. Ihm blieb nur übrig, das Haus möglichst günstig zu verkaufen. Die Tochter ist erst 20 Jahre alt und hat noch nicht einmal das Abitur geschafft. Sollte sie studieren, kann sie BAFöG beanspruchen.

Gerda, 54, lebt nach 32 Jahren Ehe seit kurzem von ihrem
Mann getrennt. Zwei Kinder, der Sohn ist 26, die Tochter 24.
Beide arbeiteten in einem großen Unternehmen in München,
Gerda ist kaufmännische Angestellte, er im Management.

Ich war 17, er 21, als wir uns in der Firma kennenlernten, in der
wir heute noch beide arbeiten. Ich machte eine kaufmännische
Ausbildung, er studierte noch und machte ein Praktikum. Jens
kam aus dem hohen Norden, ich aus einem Dorf in Süddeutsch-
land, und heute bin ich sicher, dass auch der Mentalitätsunter-
schied, die Herkunft, eine große und negative Rolle in unserer
Ehe spielte.

Wir waren einfach grundverschieden – ich eine Bauerntochter
ohne Abitur, er ein Akademiker aus einer preußischen Familie.

Damals habe ich das natürlich nicht so gesehen – im Gegenteil, Gegensätze ziehen sich ja bekanntlich an. Unsere Beziehung
ging schon einige Jahre, als wir beschlossen zu heiraten. Sehr
romantisch war das nicht – schon eher vernünftig. Wir waren beide ehrgeizig, wollten es zu etwas bringen, eine Familie gründen.
Die große Liebe? Woher sollte ich das wissen, ich hatte ja keinen
Vergleich. Jens war mein erster Mann.

1974 war also Hochzeit, wir lebten in München, und es ging
uns gut. Hauptsächlich haben wir beide allerdings für die Firma
gelebt – viel Zeit blieb da abends nicht mehr. Und sparsam waren
wir auch, wollten ein eigenes Haus. Trotzdem genossen wir damals unser Leben: Wir machten Rucksackreisen und gingen mit
Freunden wandern und in den Biergarten.

Mit 26 hatte ich eine Fehlgeburt, das hat mich aber nicht aus
der Bahn geworfen, ich war schließlich jung und gesund, und
zwei Jahre später klappte es dann auch, unser Sohn kam zur Welt.
Ich habe aufgehört zu arbeiten und bin – zwei Jahre später kam
das zweite Kind – über zehn Jahre zu Hause geblieben.

Inzwischen hatten wir ein Reihenhaus gekauft und schnell abbezahlt, denn Jens verdiente gut und bekam immer wieder Grati-
fikationen.

Diese zehn Jahre waren eine gute Zeit. Ich war eigentlich zufrieden, die Erziehung der Kinder füllte mich aus, und die Beziehung zu Jens war problemlos. Er arbeitete viel, aber kümmerte
sich in seiner freien Zeit liebevoll um die Kinder, um Haus und
Garten. Einsam fühlte ich mich nicht, ich hatte einen eigenen
Freundeskreis. Wenn er dann – meist erst so gegen 20 Uhr – nach
Hause kam, war er oft müde und ausgepowert, aber da ich den
Haushalt und die Kinder gut im Griff hatte, gab es nichts zu me-
ckern. Ich glaube, er war wie ich auch zufrieden – wir lebten ein
sorgenfreies, normales Leben.

Allerdings war unser Sexualleben ehrlich gesagt sehr dürftig.
Aber das hätte ich nie zu sagen gewagt. Ich komme aus einer Familie, in der Sex als »völlig unwichtig« eingestuft wird. Wichtig ist,
dass der Mann ordentlich ist und gut verdient, nicht trinkt und nicht
fremdgeht, und das traf ja alles zu. Also schluckte ich meinen Frust
runter und machte mir selbst Mut: »Es passt ja sonst alles.«

Aber dann wurden die Kinder älter und damit die Probleme
größer, es gab allerhand Sorgen wegen schlechter Noten und ju-
gendlichen Unsinns, den Teenies so anstellen. Das kommt wohl
in jeder Familie vor.

Wir hatten uns auf eine Arbeitsteilung geeinigt – er Beruf, ich
Kinder und Haushalt –, die zwar funktionierte, mich aber zunehmend unzufriedener machte.

Die Fronten verhärteten sich. Mir wurde immer mehr bewusst,
dass ich mit meinen knapp 40 Jahren ein stinklangweiliges, frus-
trierendes Leben führte. Im Bett war schon lange nichts mehr los,
das haben wir irgendwann aufgegeben. Insgesamt hatten wir von
den 32 Jahren Ehe nur die ersten zwölf Jahre Sex – dann lebten
wir wie Bruder und Schwester unter einem Dach.

Für mich war das irgendwann nicht mehr auszuhalten. Ich wollte einen anderen Mann. Ob Jens Affären hatte, weiß ich nicht, wenn, dann jedenfalls sehr diskret. Ich hab nicht hinter ihm herspioniert, er hat nichts gesagt. Und ich wusste: Er wird seine Familie nie wegen einer anderen Frau verlassen.

Ich lernte dann einen Schweizer kennen, durch Zufall, in einem Café. Es wurde eine aufregende Beziehung, aber als es dann darum ging, dass ich zu ihm in die Schweiz ziehen sollte, war es zu Ende. Ich hätte meine Kinder verloren, die niemals mitgekommen wären, und so zog ich einen Schlussstrich.

Mein Mann und ich ließen uns gegenseitig unsere Freiheit, jeder ging mal alleine oder mit Freunden in Urlaub. Wahrscheinlich war ihm auch klar, dass ich eine Frau bin und kein Neutrum und nicht jahrelang ohne Sex auskommen kann.

Dann ging ich eine Beziehung mit einem verheirateten Mann ein. In den war ich sehr verliebt, aber er machte mir klar, dass eine Scheidung für ihn aus finanziellen Gründen nicht in Frage käme. Ich hätte mich getrennt, um für ihn frei zu sein – inzwischen waren die Kinder ja auch schon selbständig, der Sohn studierte bereits, die Tochter machte gerade Abitur. Die waren flügge, die brauchten mich nicht mehr.

Aber gut – auch diese Beziehung scheiterte.

Dann, vor fünf Jahren, begegnete mir meine ganz große Liebe. Der Mann, bei dem ich ganz sicher war, dass er der richtige ist. Er war allerdings zehn Jahre jünger. Mich störte das nicht, aber ihn wohl doch, obwohl er immer beteuerte, ich sei mit meinen 49 Jahren viel attraktiver als manche 30-Jährige. Als er nach drei Monaten Schluss machte, hat mich das tief getroffen.

Jens und ich hatten – vernünftig, wie wir sind – in der Zwischenzeit beschlossen: »Jeder von uns kann einen anderen haben, aber wir lassen uns nicht scheiden. Schon aus finanziellen Gründen nicht.«

In der Zeit nach dem Ende dieser großen Liebe war ich sehr schlecht drauf, verständlicherweise. Ich glaube, es war damals nicht sehr angenehm, mit mir zusammenzuleben. Meine Trauer wollte ich eigentlich allein ausleben, es war unerträglich für mich, mit meinem Mann zusammen zu sein, und wenn es nur der gemeinsame Fernsehabend auf der Couch war.

Das hat ihn wohl veranlasst, mir aus dem Weg zu gehen, und er saß abends stundenlang vor dem Computer in dem kleinen Büro, das wir zu Hause eingerichtet hatten. So hatte ich meine Ruhe, was mir sehr recht war.

Er hat, wie er mir später erzählte, viel im Internet gechattet und ist dabei auf eine Adresse gestoßen, in der man nach alten Bekannten und Freunden aus Schultagen oder aus dem Urlaub forschen kann. Er gab die Adresse einer Frau ein, mit der er in den letzten Schuljahren befreundet war. Warum, das wisse er selbst nicht, sagte er später, eher aus Langeweile.

Er konnte sie tatsächlich ausfindig machen, obwohl sie inzwischen anders hieß und ganz woanders wohnte. Sie haben sich getroffen, und es hat »peng« gemacht! Die große Liebe.

Beide waren sofort Feuer und Flamme. Er zog aus, sehr schnell, wohnt jetzt in einer Ferienwohnung, die 80 km von München entfernt ist, und fährt die Strecke jeden Tag ins Büro.

Ich war schon ziemlich vor den Kopf gestoßen. Wir hatten doch ausgemacht, dass wir uns nicht trennen würden. Aber wenn es die große Liebe ist, ist das natürlich etwas anderes. Wir haben viel gestritten am Anfang vom Ende. Vor allem, als ich bei einem Anwalt war und ihm klar wurde, dass er mir die Hälfte seines Einkommens zahlen muss.

Ich verdiene inzwischen zwar mein eigenes Geld – schon seit Jahren arbeite ich wieder –, aber es ist nur ein Teilzeitjob, und ich verdiene natürlich deutlich weniger als er. Da wir beide Pragmatiker sind, haben wir uns nach den ersten Stürmen zusammengesetzt und beschlossen, unser Geld keinesfalls einem Scheidungsanwalt in den Rachen zu werfen. Eine Trennung würde auch genügen.

Wir haben uns an einen sogenannten Mediator, also einen Vermittler beider Parteien, gewandt, aber der war ein voller Flop. Was der uns vorschlug, hätten wir auch ohne ihn gemacht, und außerdem hat er uns 200 Euro pro Stunde verrechnet – ein stolzer Preis, finde ich. 1000 Euro haben wir an ihn bezahlt, das war aus meiner Sicht für die Katz.

Hätten wir uns selbst geeinigt und dann einen Notar gesucht, der unsere Vereinbarungen protokolliert, hätte das Ganze nur einen Bruchteil dessen gekostet. Wir haben das letztendlich auch so gemacht, alles ist notariell festgehalten worden, und ich bin damit im Moment relativ zufrieden.

Ich lebe in unserem Reihenhäuschen, allein, die Kinder studieren ja beide. Sie haben sich übrigens aus der Trennung völlig rausgehalten, haben ein gutes Verhältnis zu mir und zu ihm. »Das ist eure Sache. Hauptsache, ihr streitet nicht«, sagen sie.

So ist also alles relativ glimpflich verlaufen, aber nur, weil wir uns zwangsläufig wieder an einen Tisch gesetzt haben. Streiten die Partner, ufert eine Trennung oder Scheidung finanziell aus, und ein beträchtlicher Teil des Vermögens geht an Dritte.

Manchmal fühle ich mich sehr einsam, wenn ich abends allein zu Hause sitze. Ich denke über mein Leben nach. Wird es doch noch eine neue Beziehung für mich geben? Hätte ich mich schon viel früher trennen sollen? Warum habe ich diese Bruder-Schwester-Ehe akzeptiert? Das kann doch nicht funktionieren.

Ich muss mich jetzt erst einmal mit meiner Situation als Single zurechtfinden. Gar nicht so einfach, wenn man sein Leben lang Mann und Kinder um sich hatte. Aber ich bin mir sicher, ich komme damit zurecht. Es fängt allmählich an, mir Spaß zu machen, für die Wochenenden etwas zu planen, neue Leute kennenzulernen bei irgendwelchen Freizeit-Aktivitäten.

Aber wenn ich ganz ehrlich bin, fehlen mir schon die Vertrautheit und Sicherheit, die mir mein Mann gegeben hat. Im Moment genieße ich aber meine Freiheit sehr, gehe in Urlaub, wann und mit wem ich will. Ich surfe auch ein wenig im Internet und habe sogar einen Mann gefunden, der wahrscheinlich nicht der Partner fürs Leben ist, mit dem ich aber alles nachholen kann, was ich in der Sexualität vermisst habe. Vor allem gibt es nicht mehr diese dauernden Streitereien wie in den letzten Jahren unserer Ehe, das ist sehr viel besser.

Ich denke, wenn man gelassen ist und trotzdem aufmerksam dem Leben gegenüber, findet sich alles, und so sehe ich optimistisch in die Zukunft.

Ich habe meinen Frieden gemacht und bin froh, dass mein Mann und ich uns fair getrennt haben und die Kinder zu jedem von uns ein sehr gutes Verhältnis haben.

Gerda und ihr Mann hatten sich im Laufe der Jahre auseinandergelebt. Nach der Trennung musste der Ehemann es erst verarbeiten, dass er als Besserverdiener erheblichen Aufstockungsunterhalt bezahlen muss.

Erstaunlich ist, dass Gerda die von ihr und dem Ehemann durchgeführte Mediation so kritisch sieht. Vielleicht irrt sie, wenn sie meint, sie hätte sich mit dem Ehemann direkt einigen und gleich zum Notar gehen können. Selbst wenn für den Mediator 4000 Euro ausgegeben wurden, ist dies immer noch wesentlich weniger, als die Kosten gerichtlicher Auseinandersetzungen betragen. Ganz abgesehen von den gesundheitlichen und sonstigen Nachteilen, die lange gerichtliche Streitigkeiten mit sich bringen.

Gerda ist jedenfalls davon überzeugt, dass sie sich mit ihrem Mann direkt hätte einigen und dann zum Notar hätte gehen können. Dies ist sicher für manche Ehegatten, die in der Lage sind, direkt miteinander zu verhandeln, ein kostengünstiger Weg.

Die positive Folge der einvernehmlichen Regelung ist, dass die Beziehung der gemeinsamen Kinder sowohl zu Gerda als auch zum geschiedenen Ehemann keinen Schaden genommen hat.

Ilse, 55, ist seit fünf Jahren geschieden. Sie war zwanzig Jahre mit ihrem zweiten Mann zusammen, 16 davon mit ihm verheiratet. Sie hat zwei Kinder, ein uneheliches und eines aus dieser Ehe. Sie ist Bürokauffrau, arbeitet heute aber als Haushaltshilfe. Sie lebt in einer Großstadt.

Ich war 14, als ich meinen späteren ersten Mann kennenlernte, also fast noch ein Kind. Mit 19 habe ich ihn geheiratet, vor allem deshalb, weil ich von zu Hause wegwollte. Ich hatte keine glückliche Kindheit und komme aus schwierigen Verhältnissen. »Wenn ich erst mal verheiratet bin, wird alles anders«, dachte ich, naiv, wie ich war. Na, von wegen!

Wir waren ja beide völlig unreif, ich war enttäuscht von ihm und er wohl auch von mir. Drei Jahre haben wir es miteinander ausgehalten, dann habe ich mich in einen anderen verliebt, und er hat sich auch neu orientiert.

Wir hatten keine Kinder, ich habe im Büro gearbeitet und mein eigenes Geld verdient, Besitztümer waren auch nicht zu vergeben – die Scheidung war also kein Problem, weder finanziell noch zwischenmenschlich. Eine Jugenddummheit, mehr nicht.

Der Mann, in den ich mich auf dem Oktoberfest verliebt hatte, war Amerikaner, und ich hatte große Flausen im Kopf von wegen Leben in den USA und so. Er ist tödlich verunglückt, ich war gerade erst 22 und wieder allein. Aber ich blieb es nicht lange – ich lernte einen anderen Mann kennen und wurde schwanger. Die Beziehung war jedoch kompliziert, ein ständiges Auf und Ab, das hat mich sehr belastet. Dann wurde meine Tochter geboren, und ich entschloss mich, sie allein großzuziehen, und machte Schluss mit ihm.

Meine Tochter habe ich zu meiner Mutter gebracht und halbtags im Büro gejobbt, um uns durchzubringen. Gott sei Dank war das möglich, denn meine Mutter wohnte in der Nähe. Es war eine harte, freudlose Zeit, ich habe nur gearbeitet und für das Kind gelebt. Ich bin auch selten ausgegangen, irgendwie hatten mir diese ganzen fehlgeschlagenen Beziehungen ziemlich zugesetzt, und mein Selbstwertgefühl war im Keller.

Über eine Anzeige habe ich dann meinen zweiten Mann kennengelernt. Bei unserem ersten Rendezvous trug er einen Ehering, darüber war ich ziemlich erstaunt. Wieso schaltet jemand, der bereits verheiratet ist, eine Heiratsanzeige?

Wir haben lange geredet, und er hat mir seine Situation erklärt: unglückliche Ehe, ein zweijähriger Sohn, er wollte einen Schlussstrich ziehen und noch einmal von vorn anfangen. Schließlich sei er noch jung. Peter war vier Jahre älter als ich und Redakteur.

Zuerst war ich skeptisch und machte mir keine großen Hoffnungen. Unglückliche Ehe – das sagen sie doch alle. In Wirklichkeit sind sie bloß auf einen Seitensprung aus und wollen nichts riskieren.

Aber ich tat ihm unrecht. Er meinte es ernst und hat sich viel Mühe gegeben, mir das zu beweisen. Ich war sowieso schon verliebt in ihn und schließlich davon überzeugt: Das ist endlich der Richtige!

Er ließ sich scheiden, wir zogen zusammen, und ich war so glücklich wie noch nie. Peter kam auch mit meiner Tochter sehr gut aus, und wir wurden eine richtige kleine Familie. Als dann zwei Jahre später noch ein gemeinsamer Sohn zur Welt kam, war unser Glück perfekt. Ich habe eigentlich nie darauf gedrungen zu heiraten – ich war auch so zufrieden mit allem, aber Peter meinte eines Tages, wir sollten schon unserem Kind zuliebe auch offiziell Mann und Frau sein, und so haben wir uns eines Tages trauen lassen.

Das hat zwar nichts geändert an unserem Zusammenleben, aber nun war es legal, und das gab mir auch eine Art von Sicherheit.

Wir haben die traditionelle Ehe gelebt: Peter hat gearbeitet und gut verdient, ich war zu Hause bei den Kindern, meinen Job im Büro habe ich wirklich null vermisst. Ich war absolut zufrieden mit meiner Rolle.

Dann wurde diese glückliche, unbeschwerte Zeit von einem Ereignis, das ich rückblickend fast tragisch nennen würde, überschattet: Ich wurde plötzlich krank. Ich war übernervös, lichtempfindlich, konnte keine laute Musik mehr vertragen, hatte ständig Kopfschmerzen und lag nachts stundenlang wach. Morgens war ich wie gerädert und hatte meist schlechte Laune. Für Peter war das sicher sehr schwer, denn er versuchte, mir zu helfen, mich zu verstehen, aber ich war nur noch schlecht drauf.

Ich rannte von einem Arzt zum anderen, bekam haufenweise Tabletten, aber mein Zustand besserte sich nicht.

Zwischen Peter und mir lief es immer schlechter, er flüchtete sich in seine Arbeit und ließ sich nur noch wenig zu Hause blicken. Auch im Bett lief nicht mehr viel. Meine ewigen Kopfschmerzen und die Müdigkeit – die waren echt, keine Ausrede! – haben ihn wohl irgendwann resignieren lassen. Er zeigte mir die kalte Schulter, und er fing einen neuen Sport an: Golf. Das ist eine sehr zeitaufwendige Sache, wie man weiß, und ich mit zwei kleinen Kindern und meinen ewigen Zipperlein war ausgeschlossen. Peter hat auch nie gefragt, ob ich mitkommen wollte. Als ich schmollte, sagte er: »Ich brauche einen Ausgleich zu meinem Schreibtischjob. Das musst du schon akzeptieren, wie soll ich mich denn sonst von dem Stress in der Redaktion erholen?«

Ich war zu müde, um mich zu wehren, und habe es in Kauf genommen. Schließlich war ich gut versorgt, und den Kindern ging es auch gut. Irgendwann erreichte ich aber einen Tiefpunkt – gesundheitlich, als Frau, als Mensch. Ich hatte keine Freunde, keine Hobbys, kränkelte ständig und wurde mit der Zeit richtig depressiv.

Wenn der Haushalt erledigt war und die Kinder versorgt waren, lag ich meist auf dem Sofa und schaute fern oder blätterte in Illustrierten. Und das war vielleicht sogar mein Glück, denn ich stieß auf einen Artikel über Nervengifte.

Das waren doch genau meine Symptome: Kopfschmerzen, Müdigkeit, Licht- und Geräuschempfindlichkeit … Ich ging mit dem Artikel zu einem Facharzt, und er machte zig Tests mit mir. Bald fand er die Ursache meiner Probleme: Ich war vergiftet von einem bestimmten Holzschutzmittel, mit dem ich vor Jahren unsere Möbel behandelt hatte.

Und dieses Zeug hat mich so krank gemacht und mir mein ganzes Leben verdorben! Das durfte ja wohl nicht wahr sein.

Ich warf die Möbel raus, machte eine Entgiftungskur in einer Naturheilpraxis und war tatsächlich nach ein paar Monaten wie ausgewechselt und völlig beschwerdefrei!

Ich dachte, nun wird alles wieder gut, auch mit Peter. Aber ich hatte mich geirrt: Wir waren wie zwei Fremde, er kam und ging, ich führte den Haushalt, alles funktionierte gut – bloß unsere Ehe war dabei auf der Strecke geblieben. Wenn wir zum Essen ausgingen und ich auf einen schönen Abend hoffte, saßen wir uns gelangweilt gegenüber. Wir hatten uns einfach nichts mehr zu sagen, wir lebten aneinander vorbei.

Peter ging mir immer mehr aus dem Weg. Die Kinder wurden flügge, hatten am Wochenende eigene Verabredungen und Hobbys. Mein Mann war meist auf dem Golfplatz, sogar sonntags fuhr er schon morgens los zu irgendeinem Turnier und kam spätnachts zurück. Knallte die dreckigen Klamotten hin, ging unter die Dusche und dann ins Bett. Wenn ich mich noch ein wenig unterhalten wollte oder sogar versuchte, zärtlich zu sein, dann hieß es: »Also bitte, Ilse! Ich bin wirklich todmüde.«

Das war's. Ich war 48, einsam trotz Familie, fühlte mich benutzt und war sehr traurig und verletzt. Alle hatten ihr Vergnügen

– und ich hatte nur Arbeit: waschen, kochen, putzen, einkaufen, bügeln … Wo blieb mein Vergnügen?

Eigentlich hatte ich immer gern getanzt. Tanzen, genau, das war es! Wie lange war das her? Ich erkundigte mich nach Tanzkursen – Peter konnte nämlich überhaupt nicht tanzen – und schlug ihm vor, gemeinsam einen Tango-Kurs zu besuchen. Er war sogar einverstanden, und so ging es los.

Mir machte es riesigen Spaß, aber Peter hatte überhaupt keine Freude daran. »Sei mir nicht böse, Ilse, aber das ist wirklich nicht mein Ding. Aber ich sehe, dass das gut ist für dich – also mach einfach weiter ohne mich!« – »Aber wie denn? Ich brauche doch einen Partner!« – »Such dir einen. Häng einen Zettel hier in der Tanzschule an die Pinnwand, gib eine Anzeige auf, es gibt doch viele Möglichkeiten …«

So war das also. Ich war total sauer. Und ich habe getan, was er mir riet, und eine Anzeige aufgegeben: »Tango-Partner gesucht«. Fünf Männer haben sich gemeldet, und in einen habe ich mich auf Anhieb verguckt.

Ich fing eine Affäre mit ihm an. Und ich habe Peter sehr schnell darüber informiert, wohl aus Trotz und verletzter Eitelkeit, nach dem Motto: »Siehst du, es gibt durchaus Männer, die sich für mich interessieren«. Eigentlich wollte ich bloß ein bisschen angeben, ich hätte die Ehe nie für diesen Mann geopfert.

Aber Peter reagierte knallhart: Er ist sofort ausgezogen und hat beide Familien und die Kinder über meine Untreue informiert. Damit hatte ich nicht gerechnet. Und heute denke ich, es kam ihm sehr gelegen, dass ich diejenige war, die angeblich die Ehe zerstörte. So war er der arme Verlassene und ich der Bösewicht. Die Kinder – damals 17 und 23 – haben unter der Scheidung sehr gelitten und mir die ganze Schuld in die Schuhe geschoben.

Ich habe mich über Peters Verhalten sehr geärgert, aber ich war auch abgelenkt: Mein Tango-Tänzer war nämlich eine Sensation als Mann! Er war vier Jahre jünger als ich, Witwer, kinderlos, arbeitete nicht und stellte sich als vermögender »Privatier« vor. Aber vor allem war er sehr sensibel, gefühlvoll, einfühlsam. Ich fühlte mich wieder als begehrenswerte Frau und nicht mehr als verhärmtes Hausmütterchen und lebte auf.

Mein Freund bezog eine hohe Witwerrente, hatte Immobilien und genügend Geld. So stellte er es zumindest dar und bot mir ein Leben, das ich bis dahin nicht kannte: tolle Restaurants, Wochenendtrips mit Übernachtung in Fünf-Sterne-Hotels, noble Geschenke. Mein Mann ging arbeiten, und ich hatte durchaus ein schlechtes Gewissen.

Wir hatten noch Kontakt miteinander, schon wegen der Kinder, aber ich merkte, dass wir plötzlich wieder miteinander reden konnten. Er gestand mir, dass er lange Jahre eine Geliebte hatte, und es war fast so, als könnte es noch mal einen Neubeginn zwischen uns geben. Aber mein neuer Freund bestand plötzlich darauf, mich zu heiraten. Er hatte wohl gemerkt, was da lief mit Peter.

Ich war hin- und hergerissen, entschied mich aber für meinen Freund. Die Scheidung hatte für mich nur Nachteile – ich bekam keinen Unterhalt, musste aber die Krankenversicherung selbst bezahlen, Wovon? Ich hatte ja keinen Job.

Als ich mit meinem Freund darüber redete, wurde er plötzlich sehr einsilbig. Und legte mir offen, dass seine »hohen Einkünfte« gar nicht so üppig waren. Er lebte schlicht über seine Verhältnisse und hatte Schulden. Von Heirat war nicht mehr die Rede, was mir nur recht war, und der Alltag – ich lebte inzwischen bei ihm – gestaltete sich ziemlich schwierig.

Ich zog zurück in meine alte Wohnung – eine Eigentumswohnung –, und er kam mit. Das war mein größter Fehler, denn ich wurde ihn drei Jahre lang nicht mehr los. Ich nahm eine Stelle als Haushaltshilfe an, denn von irgendwas musste ich ja leben, und mein Freund hatte gerade so viel, dass es für ihn allein reichte.

Ständig jammerte er über das Leben, über zu wenig Geld, machte aber keinerlei Anstalten, selbst etwas zu verdienen.

Endlich zog er dann aus. Ich glaube, er hatte eine Neue. Es war mir egal, ich konnte ihn sowieso nicht mehr ertragen. Und ich bereute es sehr, dass ich die Möglichkeit eines Neubeginns mit Peter für diesen Mann geopfert habe.

Aber so ist es. Seit einem Jahr lebe ich allein. Ich bin auf der Suche nach einem Partner, aber das ist schwierig. Die Männer in meinem Alter wollen eine deutlich jüngere Frau, höchstens 45 sollte sie sein, und einen 70-jährigen Opa will ich auch nicht. Nun gut, man wird sehen. Aber es ist schwierig, sehr schwierig. Und mein Lebensstandard ist deutlich gesunken, ich muss auf vieles verzichten und jeden Cent umdrehen. Das ist nicht schön. Und das Alter wird nicht besser werden, wenn, ja wenn sich nicht doch was dreht. Und das kann jeden Tag passieren.

Ilse bekam nach der Scheidung keinen Unterhalt, obwohl sie keinen Job hatte, da sie mit einem neuen Partner zusammenlebte. Diese Partnerschaft wurde dann nach drei Jahren beendet. Nach der Rechtsprechung könnte Ilse mit Rücksicht auf die lange Ehedauer nach Beendigung der Partnerschaft wieder Ehegattenunterhalt vom geschiedenen Mann fordern. Auch wenn sie jetzt eine schlechtbezahlte Stelle in einem Haushalt ausübt, kann sie den sogenannten Aufstockungsunterhalt verlangen, wenn ihr Einkommen niedriger ist als das des Ehemanns. Vielleicht ist ihr die Rechtslage nicht bekannt, oder sie hat ein schlechtes Gewissen und will deshalb von ihrem geschiedenen Mann keinen Unterhalt verlangen.

Josef (57) ist vor vier Jahren von seiner Frau Gerda (50)
geschieden worden. Er hat ein kleines Bauunternehmen, ist
aber durch die Scheidung finanziell ruiniert. Seine drei er-
wachsenen Kinder – heute 20, 26 und 30 Jahre alt – leben
bei der Mutter auf dem elterlichen Hof und haben keinerlei
Kontakt mehr zu ihrem Vater.

Ein paar Tage, bevor ich zum Bund einrücken musste, lernte ich
1974 bei einer Tanzveranstaltung meine spätere Frau kennen. Wir
kamen beide aus landwirtschaftlichen Betrieben, ich aus einem
Weiler in Franken mit sechs Gehöften, sie aus einem Dorf, 30 Kilometer entfernt.

Zwei Jahre lang sahen wir uns nur alle paar Wochen, aber wir
verstanden uns sehr gut, haben uns erst verlobt und schließlich im
Mai '76 geheiratet.

Ich war eigentlich ausgebildeter Landwirt, aber damals stand
es schlecht um die Bauern, und mit dem Hof meiner Eltern konnte nicht die ganze Familie ernährt werden. So fing ich, wie damals
üblich, auf dem Bau an, als Hilfsarbeiter.

Nebenbei hab ich den Hof mitbewirtschaftet, aber auch Kurse
und Fortbildungen gemacht, denn ich habe erkannt, dass man auf
dem Bau was verdienen kann.

Ich war ehrgeizig und wollte nach oben. Als dann der Hof der
Schwiegereltern zur Übernahme stand, weil sie der harten Arbeit
körperlich nicht mehr gewachsen waren und der Bruder ihn nicht
wollte, bin ich eingestiegen. Das Anwesen wurde je zur Hälfte
auf meine Frau und mich übertragen.

Zuerst hab ich das als Hauptberuf gemacht, die Landwirtschaft,
aber dann kam mir der Zufall zu Hilfe. Ein Nachbar, der ein Baugeschäft hatte, konnte aus gesundheitlichen Gründen den Betrieb
nicht mehr führen und hat mich gefragt, ob ich einspringen
könnte.

Das habe ich getan, und aus der Nachbarschaftshilfe entstand in kurzer Zeit ein florierender Betrieb mit mehreren Mitarbeitern.

Den Hof hab ich nebenbei betrieben. Ich habe oft 16, 17 Stunden am Tag gearbeitet, ich wollte einfach Geld verdienen und Erfolg haben. Und es sah gut aus.

Dann wurde der Sohn des Nachbarn volljährig und wollte den Betrieb übernehmen, ich war nicht mehr erwünscht. Kein Problem, denn inzwischen musste ich mich auch um den Hof meiner Eltern kümmern und pendelte zwischen den beiden Orten hin und her.

Außerdem hatte ich eine Anstellung als Bauleiter beim Straßenbauamt. Beamter war ich nicht, aber Staatsangestellter. Ich hab irrsinnig geschuftet die ganze Zeit. War nur unterwegs. Die drei Kinder, die wir bekamen, sah ich kaum. Ich wollte bloß eins: Geld verdienen. Das war sicher ein Fehler aus heutiger Sicht, meine Frau trug die ganze Last allein, zu dem kam die Pflege ihrer eigenen Mutter, die auf dem Hof lebte.

Meinen Kindern, die ich über alles liebte, versuchte ich eine gute Zukunft zu geben. Mein ältester Sohn hat eine Lehre als Maschinenbauer gemacht, und wir haben dann, als er ausgelernt hatte, ein Baugeschäft aufgemacht. Er war der Firmeninhaber, obwohl er noch grün hinter den Ohren war, aber ich durfte ja keine eigene Firma haben als Staatsangestellter.

Ich hatte mir vorgestellt, dass ich mit etwa 50 in Altersteilzeit gehen würde und mich dann ausschließlich der Landwirtschaft widmen könnte. Bauer war ich immer gern gewesen, die Arbeit war mehr Entspannung und Hobby für mich. Dann hätte ich auch endlich mehr Zeit gehabt und wäre mehr zu Hause gewesen. Aber das hat nicht geklappt, es gab plötzlich andere Gesetze.

1997/98 hatte meine Frau eine Affäre. Der Mann war der Vater eines Freundes von unseren Kindern, die in den Ferien oft Gäste hatten. So lernte sie ihn kennen, und ich habe lange nichts gemerkt von dem Verhältnis. Erst als mir Nachbarn gesteckt haben, was läuft, wurde ich hellhörig. Als ich sie fragte, ob das stimme, ist sie ausgewichen. Es gab nie ein offenes Gespräch.

Allerdings ist sie aus dem gemeinsamen Schlafzimmer ausgezogen, und das sagt ja alles.

Ich habe darüber hinweggesehen, ich dachte, es ist wichtiger, den gemeinsamen Hof und den Betrieb des Sohnes aufrechtzuerhalten.

Dann, am Tag nach meinem 50. Geburtstag, bekam ich einen Brief von einem Anwalt. Es war der Anwalt meiner Frau. Darin stand, dass ich ausziehen sollte. Aber ich dachte nicht daran!

Das wäre ja noch schöner – ich lasse mich doch nicht einfach rauswerfen aus dem eigenen Hof!

Meine Frau hat inzwischen eine Stelle in einem Baumarkt angenommen und den Haushalt vernachlässigt. Ich war sowieso Luft für sie.

Manchmal haben wir gestritten, heftig, sie hat mir dann vorgeworfen, dass ich mir die Hälfte ihres Hofs unter den Nagel gerissen hätte – dass ich dort Jahrzehnte wie ein Irrer geschuftet habe, hat sie nicht gesagt. Sie wollte, dass ich endlich abhaue.

Es gab nur noch Streit. Irgendwann war ich mürbe und hab mir eine winzige Wohnung gemietet. Das war im Mai 2002. Als ich dann ein paar Sachen, die mir gehörten, holen wollte, hat meine Frau die Polizei gerufen. Das habe ich nicht so ernst genommen, bin noch einmal hin und sogar noch ein drittes Mal – dabei musste ich mit einem Schraubenzieher eine Hintertür aufbrechen, weil alles verrammelt war – daraufhin haben sie mir eine Anzeige wegen Hausfriedensbruch und Diebstahl an den Hals gehängt. Ich musste vor Gericht erscheinen, es wurden mir bei Wiederholung 25 000 Euro Strafe angedroht. Ich gab klein bei, weil ich Angst vor einem Disziplinarverfahren und dem Verlust meines Jobs hatte.

Es gab dann noch ganz andere Gemeinheiten. Mein Sohn, der mit dem Baugeschäft, hat mich bei meiner Behörde angeschwärzt, dass ich nebenbei arbeiten würde, und als dann ein Rivale auf dem Bausektor dort anrief und mich beschuldigte, widerrechtlich einen Betrieb zu führen neben meiner Anstellung beim Straßenbauamt, haben sie mich gefeuert.

Ich war arbeitslos. Meine Familie – auch die Kinder – hat mich mit grenzenlosem Hass verfolgt. Ich weiß bis heute nicht, warum. Ich habe ein gerichtliches Verbot, meinen Hof zu betreten, wo meine Familie immer noch lebt, ich wurde vom Anwalt meiner Frau aufs übelste über den Tisch gezogen, aus meiner Sicht.

Einerseits musste ich für die Einnahmen aus der Landwirtschaft Tausende von Euro ans Finanzamt nachzahlen, obwohl ich keinen Cent davon gesehen habe, andererseits wird mir mein Anteil vom Hof immer noch vorenthalten. In meiner Abwesenheit wurde eine »Wertermittlung« des Anwesens durchgeführt, und die Sache gipfelt darin, dass mir angeblich nur 15 000 Euro zustehen als Anteil. Das ist mehr als ein schlechter Witz.

Meine Anwältin hat sich überhaupt keine Mühe mehr gegeben, für mich zu kämpfen, weil ich ihr Honorar schuldig bleiben musste. Wovon hätte ich das auch bezahlen sollen? Ich hatte keinen Job mehr, und keine Bank gab mir Kredit.

Trotzdem habe ich nicht aufgegeben, wieder ein kleines Baugeschäft auf die Beine gestellt. Aber die Kunden zahlen nicht, ich hab Außenstände von über 30 000 Euro. Von meinem Anteil am Hof sehe ich auch keinen Cent, außerdem klagt meine Anwältin bereits ihre Honorare ein, also das Geld wird dafür wohl draufgehen.

Ich bin eine Kämpfernatur, und eigentlich widerstrebt es mir, aufzugeben. Aber im Moment bin ich kurz davor. Ich hätte ein paar Aufträge, aber dafür muss ich in Vorlage gehen, und im Moment gibt mir keine Bank Geld. Soll ich jetzt wirklich Sozialhilfe beziehen?

Das ist doch wirklich nicht mein Ding. Das widerstrebt mir bis ins Letzte.

Aber was hat mein Sohn kürzlich gesagt am Telefon: »Dich kriegen wir schon noch klein! Das wollen wir sehen, wie du um Stütze anstehen musst!«

Ja, ich bin kurz davor aufzugeben. Andererseits schreit diese Ungerechtigkeit nach Vergeltung. Ich möchte das gern öffentlich machen, was mir da widerfahren ist. Aber dann denke ich wieder: Hat doch alles keinen Sinn mehr! Gib auf, Josef!

Josefs Erfahrungen sind so schlimm, dass sie als abschreckendes Beispiel dienen, wie eine Scheidung nicht verlaufen sollte. Der eigene Sohn hat dafür gesorgt, dass Josef seine Anstellung beim Staat verloren hat. Dies ist beispiellos. Vorangegangen war wohl ein lange dauernder Rosenkrieg.

Wenn Josef kein Geld mehr hatte, um seine Anwältin zu bezahlen, fragt man sich, warum er nicht Prozesskostenhilfe in Anspruch genommen hat.

Die Anwältin hatte wohl den Auftrag zu »kämpfen«.

Josef hätte ihr vielleicht besser den Auftrag geben sollen, zusammen mit der Gegenseite eine einvernehmliche Lösung zu erarbeiten. Es ist nicht so, dass Rechtsanwälte stets auf Konfrontation aus sind. Auch für Rechtsanwälte ist eine Scheidungsvereinbarung, eine einvernehmliche Lösung, wesentlich weniger belastend und in der Regel auch finanziell vorteilhafter als lange streitige Auseinandersetzungen. Deshalb sind die Anwälte beider Ehegatten gefordert, streitende Ehegatten zur Vernunft zu bringen.

Manfred (53) ist habilitierter Historiker und hat viele Jahre zunächst als Akademischer Rat, dann als Professor an verschiedenen Universitäten gearbeitet. 1984 hat er Ina, eine italienische Kollegin, geheiratet und sich 1996 von ihr scheiden lassen. Nach einem Hirninfarkt wurde seine Exfrau ein Pflegefall, er hat sie wieder zu sich geholt und lebt heute mit ihr und dem gemeinsamen Sohn (22) in einem Haus auf dem Land in Niederbayern.

Ina ist mir 1983 auf einem Kongress in Italien das erste Mal begegnet. Eine sehr attraktive Frau, dunkelhaarig und temperamentvoll, sie fiel mir sofort auf, wir unterhielten uns in der Gruppe blendend, doch verloren wir uns aus den Augen, bis wir ein Jahr später bei einem Vortrag in Rom wieder zusammentrafen. Es hat sofort gefunkt, und ein halbes Jahr später, Ende 1984, haben wir standesamtlich auf dem Kapitol in Rom geheiratet.

Erst als wir längst ein Liebespaar waren, erfuhr ich, dass sie sechs Jahre älter war als ich, was ich kaum glauben konnte, denn Ina sah einfach umwerfend und sehr jung aus – der Altersunterschied tat meiner Liebe keinen Abbruch. Wir zogen in ihre geräumige Eigentumswohnung mit Dachterrasse in Rom und waren ganz einfach glücklich. Ina hatte einen großen Freundeskreis, war engagiert in der italienischen Frauenbewegung, und bei uns war immer was los. Es war ein völlig neues Leben für mich, denn ich war eher ruhig und introvertiert und konzentrierte mich auf meine mit einem interessanten Forschungsauftrag verbundene Arbeit am Deutschen Historischen Institut. Ina, ebenfalls Historikerin, war Leiterin einer Abteilung der römischen Universitätsbibliothek, doch damals für einen Forschungsauftrag freigestellt und gegenüber der Bibliothek von der Präsenzpflicht entbunden.

Das ermöglichte uns den Umzug nach München, wo ich im Wintersemester 1985/86 eine Stelle als Akademischer Rat an der

Universität antrat. Als dort unser Sohn Andrea zur Welt kam, war unser Glück perfekt. Meine anfänglichen Bedenken, ob Ina in ihrer neuen Umgebung zurechtkommen würde, zerstreuten sich rasch, sie fügte sich problemlos ein. Aber nach einiger Zeit kippte ihre Stimmung dann doch, und sie weinte viel, vor allem wenn sie von ihrem Psychoanalytiker zurückkehrte. Sie wollte in weiterer Zukunft als Psychoanalytikerin arbeiten, hatte in Italien neben ihrem Beruf noch ein Psychologiestudium mit sehr gutem Erfolg abgeschlossen und wollte sich durch Lehranalysen auf eine Ausbildung am C. G. Jung-Institut für Psychoanalyse in Zürich vorbereiten. Ich hielt ihre Traurigkeit für Heimweh, denn in München gestaltete sich unser Leben wesentlich langweiliger. Ich tröstete sie, so gut es ging, und hatte noch keinen blassen Schimmer, dass ihre Depressionen schon die Vorboten einer schrecklichen Krankheit waren …

1987 nahm ich eine zeitlich befristete Professur mit Aussicht auf Daueranstellung in Cremona an, und wir zogen zurück nach Rom, von wo aus ich wöchentlich für drei Tage ins 500 km entfernte Cremona reiste. Ich hoffte, es käme jetzt wieder alles in Ordnung – aber weit gefehlt! Einerseits fiel meine Professur einem in ganz Italien belächelten Skandal zum Opfer, den der Leiter des Instituts heraufbeschworen hatte. Froh, überhaupt noch Gehalt für meine Arbeit bekommen zu haben, kehrte ich nach einem Jahr reumütig auf meine alte Stelle in München zurück und pendelte bis 1990 die 1000 km hin und her, denn Ina blieb zunächst mit unserem Sohn in Rom. Es war eine sehr anstrengende, aber doch noch recht schöne Zeit, da ich das Leben in Rom liebte und mich die Lehrverpflichtungen ja nur sieben Monate im Jahr für einige Tage pro Woche an München fesselten – für meine Forschungen war Rom sowieso der günstigere Standort.

Die Rückkehr nach Rom hatte Inas Depressionen allenfalls kurzzeitig gedämpft. Das absurde Geschehen in Cremona, meine

Pendelei und ihr Wunsch, in Zürich die Ausbildung als Psycho-analytikerin zu beginnen, lösten bei ihr eine gewisse Sehnsucht nach München als Hauptwohnsitz aus – und damit verbunden neue Depressionen. Dies vor allem deshalb, weil sie eigentlich in Rom bleiben wollte, wo sie zwar ihrem erlernten Beruf nachge-hen, nicht aber ihren erträumten Beruf erlernen konnte. In der Hoffnung, ihrer inneren Zerrissenheit ein Ende zu setzen, zogen wir Ostern 1990 nach München. Mitten im Umzug, den ich aus Kostengründen mit Kleinlastwagen bewältigte, machte ich meine Habilitationsschrift abgabefertig.

Nun begann für Ina die Zeit des Pendelns zwischen München und Zürich, von wo sie sehr häufig in tiefer Depression zurück-kehrte. Ein »stinknormales« Familienleben kannten wir nicht. Ich war viel allein mit unserem mittlerweile fünfjährigen Sohn und versuchte Lehre und Forschung, Haushalt und Kind unter einen Hut bringen.

Ich protestierte nicht, versuchte ihr aber ein psychoanalytisches Institut in München als Ausbildungsstätte einzureden, doch nichts zu machen, sie hatte allzu konkrete Vorstellungen, und ich wollte und konnte sie in ihrer persönlichen und beruflichen Entfaltung nicht einschränken. Erst als sie mich eine Woche vor meinem Ha-bilitationskolloquium wegen eines Kongresses in Zürich mit un-serem Sohn allein ließ, wie befürchtet, mit tiefer Depression am Vorabend der Prüfung zurückkehrte und die ganze Nacht heulte, kroch in mir Verzweiflung hoch. In der Prüfung, einer Aussprache über einen von mir gehaltenen Vortrag, versagte ich wie nie zuvor im Leben und fiel mit Pauken und Trompeten durch. Mir kamen unausgesprochene Bedenken: Ina war unglaublich egoistisch ge-worden und bürdete mir alles auf ...

Das Zusammenleben wurde schwieriger, und 1991 bekam sie dann den ersten schizophrenen Schub, und eine unbeschreibliche Leidenszeit begann für uns alle, die für ein halbes Jahr unterbrochen wurde, als ich die Habilitation geschafft hatte. In dieser Zeit war sie liebenswerter denn je, weshalb ich tief im Innersten nie die Hoffnung verlor, ihr Zustand könne sich wieder bessern.

Im Herbst 1992 brach die Krankheit erneut aus. Nach außen konnte Ina ganz normal erscheinen, das war ja das »Verrückte«! Aber sie machte die unglaublichsten Sachen. Sie machte mir die absurdesten Vorwürfe, warf bisweilen zur Strafe für meine »Untaten« die zahllosen Bücher aus den Regalen, zertrümmerte meinen Laptop und so manches mehr. Mal räumte sie das gemeinsame Konto bis zum Kreditlimit ab, dann fuhr sie, ohne etwas zu sagen, mit unserem Auto nach Rom und ließ es bei ihrer Rückkehr dort. Zu guter Letzt entführte sie im Juli 1993 unseren schulpflichtigen Sohn während der Schulzeit nach Rom und zeigte mich in Rom fälschlich wegen Körperverletzung an, damit ich verhaftet werden könne, falls ich Andrea holen käme. Nun schaltete ich einen Anwalt (Herrn Graf von Luxburg) ein, denn angesichts ihres Geisteszustandes war das Wohl unseres Sohnes doch ernstlich bedroht, nichts war auszuschließen. Zwei Wochen später kam sie ohne Andrea, den sie bei einer ihm und mir unbekannten Freundin am Meer gelassen hatte, nach München zurück. Mein Anwalt beantragte einen Haftbefehl gegen sie wegen Kindesentführung. Mit knapper Not konnte ich sie der Polizei überstellen und Andrea aus Rom abholen, denn die Freundin hatte ihn zu Inas Schwester gebracht, mit der ich in gutem Kontakt stand. Zurück in München, beantragte ich über den Anwalt Inas sofortige Freilassung, und es begann die schwierigste Phase unserer Ehe und meines Lebens: neben dem Beruf der Haushalt, die Sorge um den Sohn, verbunden mit der permanenten Gefahr, sie könne ihn erneut entführen. Berufsfördernde gesellschaftliche Verpflichtungen waren für mich fortan tabu – die Praxis hatte gezeigt, dass ich Andrea auch nicht bei seinem besten Freund übernachten lassen konnte, weil Ina dort Rabatz gemacht hatte.

Ich versuchte mehrfach, sie in eine psychiatrische Klinik einweisen zu lassen, doch weder die in extremen Situationen herbeigerufenen Notärzte noch Polizeibeamte hatten dazu die Befugnis. Sie selbst war völlig uneinsichtig und konnte sich gegenüber Fremden, also auch Ärzten, ausgesucht höflich verhalten und einen völlig normalen Eindruck machen. Unser Sohn litt zusehends unter diesen familiären Belastungen, ich beschloss, mich von ihr zu trennen, und setzte per Gerichtsbeschluss durch, dass sie (im Mai 1994) die gemeinsame Wohnung verlassen musste.

Das tat sie natürlich nicht, und so rief ich die Polizei zu Hilfe. Bei dieser Gelegenheit hat sie einen Polizisten gebissen, und endlich bestand ein Grund, sie in die Psychiatrie einzuweisen. Ein Richter hat jedoch nach wenigen Wochen den Beschluss gegen den Rat der Ärzte wieder aufgehoben und ihr damit die Chance auf Heilung oder doch wenigstens Besserung der Krankheit genommen.

Nach einem mehrmonatigen Intermezzo in einem Schwabinger Apartment zog sie wieder in ihre Wohnung nach Rom, und die Scheidung in Deutschland lief. Das Sorgerecht für Andrea wurde mir zugesprochen, und nun war ich rechtlich anerkannt alleinerziehender Vater.

Das war 1996, Andrea war elf Jahre alt. Er war froh, dass nun endlich Ruhe zu Hause einkehrte, aber er war sehr schlecht in der Schule – kein Wunder! –, und ich war auch extrem gefordert mit Beruf, Kind und Haushalt, zumal ich aus beruflichen Gründen mal wieder pendeln musste – Lehrstuhlvertretungen in Regensburg und Erlangen. Inas Besuche waren jedes Mal sehr schmerzhaft für mich, und wenn sie allein mit Andrea ausging, litt ich bis zu seiner Rückkehr psychische Höllenqualen, doch wollte ich ihm seine Mutter nicht noch weiter entfremden, denn eine Mutter ist nach meinem Empfinden für ein Kind etwas Einmaliges, selbst wenn sie geisteskrank ist. Außerdem fühlte ich mich ihr durch unseren

gemeinsamen Sohn noch innerlich verbunden, die Gerichtsent-
scheidung hatte das seelische Band nicht durchtrennen können.

Ein paar Mal hatte ich kurzfristige Beziehungen mit anderen
Frauen, aber das dauerte nie lange. Keine war wie Ina – so, wie
sie früher war –, und ich maß alle an ihr …

1999 meldete ich meinen Sohn dann in einem Internat an, weil
er schulisch überhaupt nicht mehr klarkam, und nun zog Ina
plötzlich von Rom dorthin, in einen kleinen Ort in Bayern, um in
seiner Nähe zu sein. 2000 wurde ich dann arbeitslos – Lehrstuhlvertretungen laufen stets nur von einem Semester zum anderen,
bis die Stelle wieder besetzt ist – und versuchte mich in mehreren
Jobs, um einerseits den Lebensunterhalt für mich und meinen
Sohn zu verdienen und andererseits neue, nie gekannte Erfahrungen zu machen. Von Ina verlangte ich nie Unterhalt für Lucas,
obwohl sie durch Mieteinkünfte in Rom und eine kleine Rente
finanziell ganz gut dastand – nur keine Bindung, aufgrund deren
sie irgendwelche Ansprüche erheben könnte. Zunächst arbeitete
ich als Reiseleiter für Studienreisen, dann mit Behinderten in einer anthroposophischen Dorfgemeinschaft und schließlich seit
Juni 2002 als ungelernter Pflegehelfer in einem Pflegeheim, um
die Zeit bis zur nächsten Lehrstuhlvertretung im Oktober zu überbrücken. Das war zwar ein brutaler Job für sehr wenig Geld – ich
hätte sogar mehr Arbeitslosenhilfe bekommen als Lohn –, aber
ich wollte auf keinen Fall zu Hause sitzen und dem Staat auf der
Tasche liegen, sondern neue Erfahrungen machen, denn der Er-
fahrungshorizont eines Wissenschaftlers ist häufig sehr begrenzt.

Vor allem hat mir dieser Job als Pfleger tiefe Einblicke in die
Nöte eines Pflegebedürftigen gegeben. Es war ein Wink des
Schicksals – denn Mitte August ereilte meine Exfrau in ihrer
Wohnung ein Hirnschlag mit Gehirnblutung, und sie wurde ein
schwerer Pflegefall. Ina lag in Bayern in einer Klinik im künstli-
chen Koma, und ich habe sie sofort besucht, als ich davon hörte.

Sie tat mir unglaublich leid, und ich besuchte sie so oft wie möglich. Als sie schließlich aus dem Koma erwachte, schrieb sie mir auf einen Zettel, denn sprechen konnte sie noch nicht: »Ich möchte mit dir nochmal nach Polignano reisen!«. In diesem Städtchen in Apulien hatten wir ganz am Anfang unserer Beziehung in einem Hotel mit Meeresgrotte ein paar unglaublich romantische und glückliche Tage verbracht.

Mir kamen die Tränen. Ich spürte, dass ich diese Frau immer noch liebte – so, wie sie war, mit ihrer Krankheit, ihrem Schicksal …

Nach der Reha kam sie in ein Pflegeheim, denn sie wollte in Deutschland bleiben. Ich besuchte sie zunächst regelmäßig mit unserem Sohn, obwohl uns ihr Zustand immer wieder erschütterte. Sie wirkte wie ein Zombie, hatte keinen Kontakt im Heim und konnte sich kaum verständlich machen. Sehr gut verstanden wir daher, wenn sie mich wieder und wieder aufforderte: »Bring mich um!« Es kam ihr das Glück in Form einer Bratwurst zu Hilfe, von der ein Teilchen in die Luftröhre geraten war, worauf sie mit dem Rettungshubschrauber ins nächste Krankenhaus gebracht wurde. Dort konnte sie, als wir sie zusammen mit ihrer Schwester besuchten, plötzlich wieder in ganzen Sätzen verständlich sprechen – vermutlich hatte sie einige Medikamente weniger bekommen. Ich nahm sie dann für ein Wochenende nach Hause und stellte fest, dass sie mir effektiv bei der Übersetzung eines wissenschaftlichen Buches helfen konnte und dabei sogar eigene Übersetzungsvorschläge kritisierte, also geistig ungeahnt wach war. Und Ina war dankbar. Ich wollte – wir waren immerhin geschieden – auf dem Sofa schlafen und ihr das Bett überlassen, aber sie bestand darauf, dass ich bei ihr schlafen müsse. Sie kuschelte sich an mich, und es war fast wie in früheren Zeiten. Wir gehörten einfach zusammen, das habe ich dann irgendwann begriffen. Unsere Begegnung war Schicksal. Zurück im Heim, räumte sie ihren Kleiderschrank aus, weil sie unbedingt wieder zu Hause leben wollte. Man wollte sie mir angesichts der Folgeprobleme im Heim nicht mehr nach Hause mitgeben und brachte sie in eine psychiatrische Klinik, wo sie medikamentös neu eingestellt werden sollte. Dort wurde bei der Aufnahme u. a. ein kachektischer Zustand des Körpers (= Unterernährung) festgestellt. Glücklicherweise durfte ich sie über die Wochenenden immer wieder nach Hause mitnehmen, und in mir reifte allmählich der Entschluss, sie zu Hause zu pflegen.

Als 2004 mal wieder eine Lehrstuhlvertretung beendet und ich erneut arbeitslos geworden war, erwarb ich in einer langwierigen und äußerst unerfreulichen Behörden-Prozedur das Sorgerecht für sie und konnte sie im August endlich für immer nach Hause holen.

Ein knappes Jahr noch lebten wir in der kleinen Münchner Dreizimmerwohnung, doch war das für unseren Sohn, der Wochenenden und Ferien daheim verbrachte, und auch für mich nervenaufreibend. Im Juni 2005 zogen wir in ein Haus auf dem Land, in dem das Zimmer des Sohnes und mein Arbeitszimmer im Kellergeschoss (eines Hanghauses) liegen, so dass wir, zumindest wenn die Helferinnen sich um Ina kümmern, in Ruhe arbeiten, leben und neue Kraft für die Pflege sammeln können. Unser Sohn hat das Internat verlassen und soeben sein Abitur gemacht. Wir sind eine fast normale Familie, in deren Mittelpunkt Ina steht, die zumindest meinen Tagesablauf bestimmt. Nervenaufreibend ist dieses Leben schon, aber ich bereue nicht, sie zu mir genommen zu haben, selbst wenn sie mich manchmal mit ihrer krankhaften Ungeduld und ihren dauernd wechselnden Wünschen zur Verzweiflung treibt. Da heißt es Grenzen setzen und sich nicht allzu sehr tyrannisieren zu lassen.

Bisweilen kann ich mich ganz gut mit ihr unterhalten und staune sehr oft über ihr weitgestreutes, nicht nur auf Geschichte und

Psychologie beschränktes Wissen, doch meist verhält sie sich wie eine Autistin, die nur sich selbst kennt und von ihren stets schwankenden Wünschen getrieben wird. Vor allem verlangt sie beständig nach Körperkontakt (Umarmung, Händedruck, Streicheln), der ihr eine gewisse Sicherheit gibt. Sie verlangt oft nach der Bestätigung, dass sie geliebt wird, und versichert mir, aber auch unserem Sohn und allen Helferinnen, dass sie sie lieb hat. So hat sie mir einmal die wunderschönste Liebeserklärung gemacht, die man sich nur vorstellen kann:

Ina: Hast du mich lieb?

Ich: Ja, das weißt du doch!

Ina: Auch wenn ich eine Wiederkehrerin bin?

Ich: Natürlich. Aber woher bist du denn zurückgekehrt?

Ina: Aus dem Himmel.

Ich: Wie war es dort?

Ina: Wunderschön.

Ich: Warum bist du dann überhaupt zurückgekehrt?

Ina: Du warst nicht dort, ich habe dich überall gesucht.

Nun kann ich mir schmeicheln, dass sie ein Leben auf Erden mit mir trotz all der Lasten, die sie zu tragen hat, einem Leben im Himmel ohne mich vorzieht.

Beruflich arbeite ich jetzt als Autor und Lektor, schreibe populärwissenschaftliche Bücher und Lexikonartikel, überarbeite Manuskripte und habe genug Aufträge für die wenige Zeit, die mir bleibt. Durch die Einnahmen von Ina sind wir finanziell unabhängig, und ich kann mich meinen Projekten ohne den Druck widmen, fürs tägliche Leben Geld verdienen zu müssen. Gerade habe ich angefangen, nebenbei die Geschichte unserer kuriosen Liebe niederzuschreiben.

Und ähnlich wie in den Zeiten unserer jungen Liebe in Rom stelle ich fest, dass Ina in gewisser Weise immer noch eine aufregende Frau ist, mit der kein Tag langweilig ist. Eine andere kommt zurzeit für mich nicht in Frage, und wenn die Hürden der Behörden nicht gar zu hoch sind, werden wir bald wieder heiraten, vielleicht wieder am 27. Dezember.

Manfreds Geschichte ist ein Beleg dafür, dass persönliche Beziehungen auch nach der Scheidung nicht zu Ende sind. Die Ehe wurde 1996 geschieden, da die Geisteskrankheit der Frau die Ehe zerrüttet hatte. Über den gemeinsamen Sohn bestand jedoch weiter Kontakt zwischen den geschiedenen Ehegatten. Finanzielle Probleme hatte es zwischen den beiden nie gegeben, da die Ehefrau über ein eigenes Einkommen verfügte.

Sechs Jahre nach der Scheidung nahm Manfred die inzwischen pflegebedürftige geschiedene Frau wieder auf und lebt weiter mit ihr zusammen. Manfred zeigt in seinem Verhalten, dass für ihn die »nacheheliche Solidarität«, von der Juristen häufig sprechen, kein leeres Wort ist.

Es gibt nicht wenige Ehepaare, die nach einer Scheidung entweder wieder heiraten oder eine freundschaftliche Verbindung weiterführen oder finanziell füreinander sorgen. Daraus folgt: Es ist wichtig, dass bei der Ehescheidung die persönlichen Beziehungen möglichst wenig belastet werden. Dies liegt insbesondere im Verantwortungsbereich der Anwälte.

*Marion (49), Pastorin, und Walter (58), Studienrat, haben
1979 geheiratet. Die Scheidung war 2002 – nach sieben Jahren der Trennung. Die beiden haben zwei Töchter, 25 und
19 Jahre alt.*

Ich bin Walter bei einer Reise nach Norddeutschland das erste
Mal begegnet – das war 1975. Wir gehörten beide zu einer Gruppe von jungen Leuten und verstanden uns auf Anhieb sehr gut.
Mir hat imponiert, dass er so viel reifer und erfahrener war als ich
– immerhin ist Walter neun Jahre älter. Mit gleichaltrigen Jungs
konnte ich sowieso nie viel anfangen, die waren mir alle zu kin-
disch. Zwischen einem 18-jährigen Mädchen und einem 18-jäh-
rigen Jungen ist auch meist ein großer Unterschied, das sehe ich
heute an meinen Töchtern.

Nun gut, nach zwei Wochen war die Reise zu Ende, und ich
fuhr weiter nach Skandinavien, wo ich einen Au-pair-Job gefunden hatte. Zwischen Walter und mir war eigentlich nichts gewesen, wir gingen relativ unverbindlich auseinander. Er hatte zwar
meine Adresse zu Hause, aber mehr war nicht vereinbart. Ich
dachte die ganze Zeit an ihn und hoffte sehr, dass wir uns wiedersehen würden.

Als ich dann nach sechs Wochen zurückkam, legte mir meine
Mutter einen Zettel mit einer Telefonnummer auf den Schreib-
tisch: Walter hatte angerufen und bat um Rückruf! Ich war selig.
Von da an waren wir unzertrennlich.

Ich machte mein Abi, er studierte, aber wir lebten in derselben
Stadt und sahen uns oft.

Eine sehr schöne Zeit begann. Wir diskutierten viel, wir gingen
viel aus, und 1977 verlobten wir uns.

Das mag altmodisch klingen, aber es war uns wichtig. Ich
komme aus einem religiösen Elternhaus, und wir wollten einfach
mehr als nur eine lockere Freundschaft. Kurz darauf beendete

Walter sein Studium und wurde Referendar – und gleich versetzt! Nun führten wir eine Wochenendbeziehung. Aber uns wurde immer klarer, dass wir zusammengehörten und eine gemeinsame Zukunft wollten.

Ich hatte inzwischen ein Theologie-Studium begonnen, aber nicht mit der Absicht, Pastorin zu werden – das wäre mir damals nie in den Sinn gekommen. Nein, ich wollte in Richtung Verlag, als Lektorin.

Walter verdiente inzwischen ganz ordentlich, und so beschlossen wir 1979 zu heiraten. Walter ist katholisch, deshalb gab es eine ökumenische Trauung. Es war eine schöne Hochzeit, ich war sehr glücklich. Wir hatten auch die gleichen Vorstellungen von der Ehe und wollten eine harmonische Familie sein. Das lag besonders mir am Herzen, denn ich war ein Scheidungskind. Walters Eltern dagegen führten eine gute Ehe, erst vor kurzem haben sie ihr 65-jähriges Ehejubiläum gefeiert. Ich spürte auch, dass er mir Halt und Schutz gab, und genau das brauchte ich.

1981 kam dann unsere erste Tochter zur Welt, ich legte für ein Semester eine Babypause ein, man kann ja auch zu Hause lernen, und so habe ich eigentlich zügig aufs Examen hingearbeitet.

Da Walter aufgrund seines Berufs als Lehrer auch nachmittags oft zu Hause war, konnten wir uns die Kindererziehung teilen, was wirklich toll für alle Beteiligten war. Das klassische »Hausfrauen-Syndrom« stellte sich erst gar nicht bei mir ein, auch später nicht, als ich nach der Geburt des zweiten Kindes 1988 vier Jahre nicht arbeitete.

Nein, wir waren wirklich glücklich miteinander. Ab 1992 nahm ich dann eine Teilzeitstelle in einer Kirchengemeinde an und war beruflich sehr engagiert. Ich baute ein richtiges Netzwerk auf, denn bis dahin war dort nicht viel passiert, und diese Art von Pionierarbeit interessierte mich sehr.

Obwohl ich viele Abend- und Wochenendtermine hatte, funktionierte unser privates Leben gut, denn Walter war wirklich ein Familienmensch, die Kinder gingen ihm über alles.

Rückblickend ist mir klar, dass damals, 1992/93, der Anfang vom Ende unserer Ehe war. Aber das war mir zu dieser Zeit wirklich nicht bewusst. Es war nur so, dass mein Mann immer lieber zu Hause war und wir gemeinsam eigentlich gar nichts mehr unternahmen.

Ich bin ein sehr aktiver Mensch, ich treibe gern Sport, gehe gern ins Theater oder mit Freunden aus. Walter dagegen ist lieber daheim, schaut fern. Das wäre prinzipiell ja auch zu akzeptieren gewesen, aber er entwickelte sich nun zum notorischen Nörgler. Plötzlich machte ich alles falsch: Die Fenster waren nicht geputzt, warum denn gleich zweimal in der Woche abends zum Sport, einmal würde doch auch genügen, die Wäsche sei nicht ordentlich gemacht und so weiter. Wir lebten in einem Reihenhäuschen, das wir uns einige Jahre zuvor gekauft hatten, und der Haushalt war eigentlich überschaubar.

Er bemängelte trotzdem alles und jedes. Im Einzelfall waren das lauter Bagatellen, aber wir stritten ständig wegen Kleinkram. Der Streit wurde zunehmend heftiger, häufiger, machte mich völlig fertig. Und ich spürte auch, dass die Liebe und Achtung zwischen uns zerbrochen war. Das war das Schlimmste für mich. Im christlichen Eheversprechen heißt es ja: »Wollt ihr euch lieben und ehren?« Und genau das taten wir nicht mehr. Es gab keine gegenseitige Wertschätzung mehr, keine Anerkennung. Ich nahm Walter nur noch als kleinlichen Pedanten wahr, dessen Welt sich hauptsächlich in seinem Fernsehsessel abspielte, und ich war für ihn wohl eine, die den Haushalt und die Familie vernachlässigte und in seiner Vorstellung als Mutter und Frau versagte, obwohl ich eine gute Mutter bin.

Der ständige Krach schlug sich natürlich auch auf unser Eheleben nieder, und wir schliefen nicht mehr miteinander. Irgendwann dann, 1995, stritten wir wieder einmal laut und heftig, und Walter warf mir den Satz um die Ohren: »Sag mal, was willst du überhaupt? Wer bist du eigentlich?«

Da hat es mir endgültig gereicht. Irgendwie war das der Tropfen, der das Fass zum Überlaufen brachte. Ich habe an diesem Tag alle Termine abgesagt und bin aus unserem gemeinsamen Schlafzimmer ausgezogen, habe mir dann eine kleine Wohnung in der Nähe unseres Hauses gesucht. Drei Zimmer, davon für jedes Mädchen eins, mir war wichtig, dass jede ihren eigenen Bereich hatte.

Damit hatte mein Mann wohl nicht gerechnet, er fiel aus allen Wolken. Aber ich fühlte mich befreit. Obwohl ich schon zu Zeiten der räumlichen Trennung – die dauerte aber nicht lang – einen Anwalt eingeschaltet habe, um für klare Verhältnisse zu sorgen, reichte keiner von uns beiden die Scheidung ein.

Wir einigten uns juristisch auf folgende Abmachungen: Drei Tage in der Woche lebten die Mädchen bei ihm, vier Tage bei mir. Es gab einen Vertrag, den wir beide unterschrieben und akzeptierten und mit dem wir, als Basis sozusagen, ganz gut zurechtkamen. Auch finanziell war alles geregelt, reich waren wir ohnehin nicht, aber die Versorgung der Kinder war klar geregelt. Ich habe meinen eigenen Verdienst, und das war gut so, denn Walter hätte sonst sicher weiter gestritten, aber so gab es dieses Papier und nichts mehr zu diskutieren.

In der ersten Zeit dieser Trennung hatte ich sehr widersprüchliche Gefühle. Zum einen war ich, wie gesagt, sehr befreit – endlich konnte ich meine Energie wieder für sinnvolle Dinge einsetzen und musste meine Nerven nicht mehr in diesem ewigen Genörgel verschleißen, zum anderen war ich sehr, sehr traurig, weil mein Lebenstraum von einer intakten Familie gescheitert war.

Walter hoffte wohl eine ganze Zeitlang, dass ich wieder zurückkommen würde. Aber das war eigentlich schon nach wenigen Wochen klar: Es gab kein Zurück mehr! Diese Ehe war gescheitert.

Nun musste ich auch meine Vorgesetzten in der Kirchenge-meinde informieren; mir war schon etwas mulmig zumute. Wie sie wohl reagieren würden? Was, wenn ich meine Stelle verlieren würde? Ich war auf das Geld angewiesen.

Aber es kam von allen Seiten nur Verständnis. Vielleicht auch, weil ich offen mit der Situation umging und nicht versuchte, et-was zu vertuschen. Trotzdem – eine geschiedene Pastorin ist na-türlich schon so eine Sache. Schließlich habe ich eine gewisse Vorbildfunktion.

Die sehe ich übrigens auch nicht als gescheitert an: Ja, ich habe ein gutes Beispiel gegeben – nämlich gezeigt, dass man eine Ehe beenden sollte, wenn eben Liebe und Achtung – vor allem Achtung voreinander – verlorengegangen sind. Dass man dazu stehen muss und dass es falsch ist, den Schein zu wahren und in einer solchen Ehe auszuharren, die keine Ehe im christlichen und menschlichen Sinne mehr ist.

Ich habe unglaublich viel Zuspruch bekommen. Es kamen plötzlich Gemeindemitglieder auf mich zu, die das Gespräch mit mir suchten und mir erzählten, wie es bei ihnen hinter den Kulis-sen aussah. Lauter kaputte Beziehungen, aber offiziell blieb man eben zusammen. Ich glaube, ich habe da einiges bewegt, die Menschen zum Nachdenken gebracht.

Bei mir ging es dann so weiter, dass ich mich beruflich ver-änderte und eine Stelle als Seelsorgerin in einem Gefängnis an-nahm. Das erforderte starkes Engagement, das konnte ich nur leisten, weil ich meine ganze Kraft auf meinen Beruf konzen-trieren konnte.

Auch das häusliche Leben spielte sich ein. Die Mädchen woll-ten nun lieber im Wochentakt bei Mutter bzw. Vater leben, und das war auch okay so. Da alles relativ unaufgeregt verlief – ich hatte zwar kein freundschaftliches, aber ein spannungsfreies Ver-hältnis zu Walter –, dachte ich auch nicht an Scheidung.

Das hätte ihn ohnehin in finanzielle Schwierigkeiten gebracht, denn er hätte mir den Wert einer Haushälfte bar auszahlen müssen. Aber dann kam Walter von selbst auf mich zu und wollte die Scheidung. Das war 2002. Ich glaube, er hatte damals eine Freundin. Jedenfalls bestand er darauf, und so einigten wir uns auf eine bestimmte Summe für den Hausanteil, verzichteten gegenseitig auf Unterhalt und regelten auch den Versorgungsausgleich, da ich während der vier Jahre, in denen ich nicht arbeitete, ja auch keine Rente ansparen konnte. Walter war einverstanden, die Scheidung vor dem Familiengericht dauerte genau zehn Minuten.

Obwohl alles ohne Rosenkrieg ablief, war es für mich trotzdem sehr schwierig. Ich habe es als Scheitern meines Lebensplans empfunden, und ich muss heute noch weinen, wenn ich darüber spreche. Ich habe keinen neuen Partner und lebe für meinen Beruf, der mich sehr ausfüllt – inzwischen bin ich Seelsorgerin auf einem großen deutschen Flughafen, und das ist eine sehr abwechslungsreiche und verantwortungsvolle Aufgabe. Und ich freue mich über meine Mädels, die beide was geworden sind und die Trennung der Eltern gut verkraftet haben.

Ob ich noch einmal heiraten werde, ist offen. Ich wäre durchaus geneigt, eine zweite Ehe zu riskieren. Es muss aber nicht sein. Der Traum, mit einem Menschen ein Leben lang zusammen zu sein, ist geplatzt. Und eine intakte Familie kann das nicht ersetzen, da ist ein Sprung in meinem Leben, der nie mehr zu kitten ist.

Marion hatte als evangelische Pastorin bei der Trennung zunächst die Sorge, dass sie berufliche Probleme bekommen würde. Diese Sorge erwies sich als unbegründet. Inzwischen ist ja sogar eine evangelische Bischöfin geschieden.

Interessant ist, dass Marion das Ende ihrer Ehe nicht als Scheitern sieht, wie es das Gesetz leider tut. Sie hat es als

Erfolg erlebt, eine nicht mehr intakte Ehe beendet zu haben.

Sehr wichtig ist, dass beide Ehegatten sofort bei der Trennung im Hinblick auf die gemeinsamen Kinder eine einvernehmliche Regelung gefunden haben. Sie haben ein Wechselmodell entwickelt, wonach die Kinder drei Tage beim Vater und vier Tage bei der Mutter lebten. Mit diesem Modell ist die Familie jahrelang gut klargekommen. Als Lehrer hatte der Ehemann immer schon mehr Zeit für die Betreuung der Kinder aufwenden können als Väter, die den ganzen Tag in der Arbeit verbringen müssen.

Positiv war auch, dass bereits bei der Trennung einvernehmliche Unterhaltsregelungen getroffen wurden.

Bei der Scheidung haben die Ehegatten eine Paketlösung entwickelt mit den Elementen »Übertragung des Hausanteils«, »Verzicht auf Unterhalt« und »Regelungen für den Versorgungsausgleich«.

Mit dieser auf die Familie zugeschnittenen Vereinbarung wurde für die Nachscheidungsfamilie eine sinnvolle Lösung gefunden.

Nanni (53), arbeitet in einer Werbeagentur in München. Die Österreicherin ist seit 2001 von ihrem Mann Björn (61), einem dänischen Kaufmann, geschieden. Die Scheidung hat sie nach 26 Jahren Ehe eingereicht. Die beiden haben zwei Töchter, 25 und 29 Jahre alt.

Ich lernte Björn 1972 in Schwabing kennen. Ich komme aus einem Dorf in Österreich, war neu in der Großstadt München und arbeitete in meinem erlernten Beruf als Friseurin. Da begegnete mir Björn – auf sehr ungewöhnliche Weise. Er hätte mich nämlich mit seinem Auto fast umgefahren, als ich die Straße überqueren wollte. Er musste eine Vollbremsung hinlegen. Da aber nichts weiter passiert war – wir kamen beide mit dem Schrecken davon –, beließen wir es dabei und gingen unserer Wege.

Aber schon ein paar Stunden später begegneten wir uns ein zweites Mal in einer Disco. Wir erkannten uns sofort wieder und kamen ins Gespräch. So fing alles an.

Ich bewunderte ihn anfangs sehr. Er war weltgewandt und weitgereist, sprach fließend Deutsch und Englisch und natürlich Dänisch. Er war acht Jahre älter und hatte auch viel mehr Lebenserfahrung als ich Landpomeranze.

Es dauerte nicht lang, und wir zogen zusammen. Mit Björn war alles unkompliziert, er sagte sehr direkt, was er wollte, und so war auch sein Heiratsantrag drei Jahre später. Während er Sportschau guckte und ich auf dem Sofa lag und las, sagte er beiläufig: »Hör mal, Nanni, lass uns heiraten!« – »Warum denn das auf einmal?«

Ich erwartete natürlich, dass er antwortete: »Weil ich dich liebe!« oder »Weil ich mit dir für immer zusammen sein will«. Aber Björn sagte bloß: »So können wir Steuern sparen. Wir stehen dann wesentlich besser da als jetzt.«

Das war an Romantik natürlich nicht mehr zu überbieten, aber ich sah darüber hinweg und willigte ein. So heirateten wir bald darauf standesamtlich, ohne viel Tamtam. Eine Hochzeit in Weiß kam nicht in Frage, wir waren beide aus der Kirche ausgetreten.

Nach der Hochzeit wollte ich unbedingt ein Kind, Björn war einverstanden. Aber es klappte einfach nicht. Als ich dann nach ein paar Jahren endlich schwanger wurde, erlitt ich eine Fehlgeburt. Ich war am Boden zerstört.

Mein Gynäkologe riet mir, meinen Beruf an den Nagel zu hängen. Ich müsse ja stundenlang stehen, und das sei nicht gut bei einer Schwangerschaft.

Also kündigte ich und wurde tatsächlich bald darauf erneut schwanger. 1978 kam unsere kleine Tochter zur Welt, und ich war überglücklich.

Björn verdiente gut, und ich hab mich als Hausfrau und Mutter ausgesprochen wohl gefühlt. Er war viel geschäftlich unterwegs, so hatte ich jede Menge Freiraum für mich und war oft mit dem Baby in der Stadt unterwegs.

Wenn Björn nach Hause kam, war alles bestens, ich hatte Kind und Haushalt gut im Griff, und das wiederum war ihm wichtig. So lebten wir dahin, ich war zufrieden. Und er wohl auch. Er konnte seine Hobbys – Fußball spielen und Rennrad fahren – ausüben und brauchte sich sonst um nichts zu kümmern.

Dann wünschte ich mir ein zweites Kind, aber es gab Komplikationen. Erst eine Bauchhöhlenschwangerschaft, die mich fast das Leben gekostet hätte, dann noch eine Fehlgeburt.

Unsere Ehe litt darunter. Er ist ohnehin wortkarg, ein Einzelgänger. Ich aber wollte gern mal ausgehen oder diskutieren – Fehlanzeige. Mein Mann wollte seine Ruhe.

Trotzdem lief es im Bett noch einigermaßen gut – wobei ich sagen muss, dass Sex für mich keinen hohen Stellenwert hat in einer Beziehung –, und so kam 1982 dann endlich unsere zweite Tochter zur Welt.

Ach ja, eins muss ich noch erwähnen: Als ich Björn mal fragte, warum unsere Beziehung eigentlich so abgekühlt sei, antwortete er: »Weil ich nicht mehr die Nummer eins bin für dich. Das Kind ist dir wichtiger.« Aha.

Wir hatten die klassische Rollenverteilung in unserer Ehe: Er verdiente das Geld, ich kümmerte mich um Kinder, Haushalt und Alltagskram. Ins Familienleben brachte sich Björn aber wenig ein. Und unsere sozialen Kontakte, die ich aufbaute, machte er mit Gewalt wieder kaputt. Er hatte einfach keine Lust auf Einladungen oder auf Gäste. Ich musste ständig Absagen erteilen in seinem Auftrag. Eine Weile habe ich das mit Ausreden kaschiert, aber irgendwann sagte ich dann zu meinen Bekannten: »Danke für die Einladung, aber wir kommen nicht. Björn hat keine Lust.«

Das passte ihm natürlich auch nicht, es gab öfter Streit deswegen. Er hatte zwar nichts dagegen, wenn ich allein wegging, aber das machte mir eigentlich auch keinen Spaß, und so hockte ich viel zu Hause auf dem Sofa neben ihm.

1983 nahm er einen Job in England an. Ich habe das als große Herausforderung empfunden und denke gern daran zurück. Aber schon nach einem Jahr zogen wir zurück nach München, und es lief alles wie gehabt.

Er verdiente weiterhin gut, und ich war sparsam, weil ich gern ein eigenes Haus haben wollte. Das konnten wir uns dann nach ein paar Jahren auch leisten, allerdings nicht in München, sondern auf dem Land.

Das war ein großer Einschnitt für alle. Für mich bedeutete es vor allem ständige Fahrerei: Ich chauffierte die eine Tochter zum Ballett, die andere zum Sportverein, war nur noch mit dem Auto unterwegs. Öffentliche Verkehrsmittel gab es praktisch nicht, und das hat mich schon sehr genervt.

Die Leute in der Umgebung waren spießig, ich fand lange keinen Kontakt und hab mich nicht sehr wohlgefühlt dort. Mein Alltag allerdings war ausgefüllt, und so fügte ich mich wieder und redete mir ein, dass es mir doch gutginge.

Allerdings bin ich in dieser Zeit seelisch auf den Hund gekommen. Ich brauchte Gespräche, einen Partner, der mir Zärtlichkeit und Zuneigung schenkte. Aber nichts von alledem hatte ich. Björn zog sich immer mehr zurück, die wenigen Freunde, die wir hatten, auch. Björn war ein denkbar langweiliger Gesprächspartner, alles, was ihn interessierte, war Fußball. Die Mädchen brauchten mich auch bloß noch als Chauffeur, und so fühlte ich mich leer und ausgenutzt.

Da wurde mir klar: Ich bin mit einem Kühlschrank verheiratet. Ich erfriere in dieser Ehe!

Auf den Gedanken, mir einen anderen Mann zu suchen, kam ich aber nicht. Das war wohl meine Erziehung: Man zerstört keine Familie. Und materiell ging es mir ja gut, da war wohl auch das Sicherheitsdenken ein Thema.

Nein, ein Seitensprung kam nicht in Frage, und ich bin sicher, auch mein Mann hatte keine andere. Dazu war er viel zu phlegmatisch.

Dann kam bei ihm eine berufliche Veränderung. Seine Firma – ein dänisches Unternehmen – löste die Niederlassung in Deutschland auf, wodurch er seinen Job verlor. Björn machte sich daraufhin mit einem Exkollegen selbständig und zog eine eigene kleine Firma auf.

Ich kümmerte mich nicht weiter darum, schließlich hatte er bisher bewiesen, dass er ein guter Geschäftsmann war. Ich vertraute ihm voll und ganz.

Er redete nicht viel über berufliche Dinge, und ich habe auch nicht groß nachgefragt. Bis er dann eines Tages anrief und sagte: »Nanni, heute kommt ein Brief von der Bank. Den musst du unterschreiben. Meiner Firma geht es nämlich ehrlich gesagt nicht besonders gut.«

Der Brief war in der Post, ich las ihn, aber ich verstand nur Bahnhof. Mit geschäftlichen Dingen kannte ich mich nicht gut aus. Ich hätte sicher auch unterschrieben, wenn mich nicht die Frau von Björns Geschäftspartner angerufen hätte: »Sag mal, Nanni, habt ihr auch einen Brief von der Bank gekriegt? Das ist ja wohl der Wahnsinn. Unterschreib bloß nicht!«

So wurde ich doch misstrauisch und machte einen Termin bei der Bank aus. Ich wollte genau wissen, worum es eigentlich ging. Ich hatte Glück, das Gespräch war mit einer Frau, und die hatte wohl Mitleid mit mir. Sie erklärte mir, dass ich meine Haushälfte – unser Haus gehörte ja Björn und mir gemeinsam – an die Bank verpfänden müsse, damit mein Mann einen weiteren Kredit bekommen könnte. Das hieße, wenn die Firma weiterhin so schlecht lief wie bisher, würden wir das Haus verlieren. Sie riet mir, einen Anwalt zu konsultieren.

Als der den Vertrag gelesen hatte, sagte er bloß: »Wenn Sie das unterschreiben, kaufe ich höchstpersönlich einen Strick für Sie, und den stelle ich Ihnen nicht mal in Rechnung. Dann können Sie sich nämlich bloß noch aufhängen. Sie verlieren alles.«

Wow, das saß! Ich war fix und fertig. Wollte Björn uns in den Ruin treiben? Unser Haus, die Lebensversicherung, alles verpfänden für diese Firma, die von Anfang an nicht funktionierte?

Das konnte doch nicht sein. Als er abends nach Hause kam, war seine erste Frage: »Hast du unterschrieben, Nanni?« – »Nein. Und ich werde auch nicht unterschreiben. Das bin ich unseren Kindern schuldig.«

Darauf sagte Björn: »Gut. Dann bleibe ich ab heute zu Hause.«

Und so war es tatsächlich. Er holte noch ein paar Sachen aus seinem Büro und saß fortan den ganzen Tag im Wohnzimmer und trank eine Flasche Rotwein nach der anderen.

Seine ständige Anwesenheit machte mich verrückt. Außerdem kam kein Geld mehr ins Haus, ich musste etwas verdienen. Über meine ältere Tochter bekam ich einen Bürojob in einer Werbe-agentur.

Aber die Situation wurde immer unerträglicher. Ich war jeden Tag mindestens zehn, elf Stunden unterwegs – allein die Fahrerei nahm über zwei Stunden in Anspruch –, und wenn ich nach Hause kam, herrschte Chaos. Björn tat schlichtweg gar nichts im Haushalt. Kaufte nicht ein, räumte nicht auf, spülte nicht ab. Abends um acht musste ich anfangen, die Betten zu machen, den Geschirrberg abzuarbeiten und das Bad zu putzen. Am Wochenende kaufte ich ein, machte die Wäsche usw. Und mein Gatte lag auf dem Sofa und las Sportmagazine.

Ich zog aus dem gemeinsamen Schlafzimmer aus. Die Töchter waren ja aus dem Haus, so schlief ich in einem der Kinderzimmer. Ich dachte, das würde die Situation etwas entschärfen, stattdessen wurde ich immer aggressiver. Ich konnte diesen Mann einfach nicht mehr ertragen, ich konnte ihn nicht mehr riechen, im wahrsten Sinn des Wortes. Wenn ich seine Bettwäsche oder ein verschwitztes Hemd von ihm in die Waschmaschine steckte, wurde mir übel.

So konnte es nicht weitergehen. Ich spürte, ein winziger Funke hätte genügt, und ich wäre explodiert. Das klingt jetzt seltsam, aber ich hatte Angst, dass ich durchdrehen und ihn umbringen würde. So weit war ich!

Ich sagte Björn, dass ich ausziehen würde und die Scheidung wollte. Er nahm es ohne Gefühlsregung hin. Ich mietete mir eine kleine Wohnung in München, in der Nähe meiner Firma, nahm einiges an Möbeln mit und ließ meinen Mann allein zurück in unserem Haus. Er lieb so lange darin wohnen, bis es im Zuge der Scheidung verkauft wurde. Seine Haushälfte war ohnehin mit Schulden komplett belastet, meine ging für die restlichen Kredite fast drauf. Dafür wurde mir die Lebensversicherung zugesprochen.

Da versuchte er dann noch, mich übel zu betrügen. Er ließ die Police nämlich nicht auf mich umschreiben, obwohl ich die Beiträge zahlte und ihm dafür seine Schulden beglichen hatte. Aber ich merkte es rechtzeitig und brachte es in Ordnung.

Unterhalt muss keiner dem anderen bezahlen, Rentenansprüche haben wir auch nicht gegenüber dem anderen, großen Streit gab es nicht mehr bei der Scheidung.

Aber ich stehe nun mit 53 Jahren da und muss mich im harten Arbeitsalltag behaupten – Mobbing inklusive. Ich habe Existenzängste – was, wenn ich den Job verliere? Ich muss arbeiten, bis ich mindestens 65 bin, und dafür hasse ich ihn. Ich kann mir nichts mehr leisten, keinen Urlaub, komme grade so über die Runden.

Nach der Scheidung hatte ich zwei kurze Beziehungen, aber im Moment lebe ich allein. Ich bin auch gar nicht auf der Suche nach einem Mann. Obwohl ich natürlich gern einen neuen Partner hätte – aber nur, wenn wirklich alles passt. Kompromisse mache ich nicht mehr, dann bleib ich lieber allein. Ich habe einen ganz netten Freundeskreis und bin eigentlich relativ zufrieden. Ich trage Björn auch nichts nach, am Scheitern der Ehe sind wir beide schuld. Aber dass er mich finanziell in diese Situation gebracht hat, das nehme ich ihm sehr übel.

Er hat übrigens sehr schnell eine neue Lebensgefährtin gefunden. Meine Töchter, die einen guten Kontakt zu ihm haben, zeigen mir manchmal Fotos, auf denen die Neue mit drauf ist. Ich bin absolut nicht eifersüchtig – den Mann kann sie gern haben, viel Spaß!

Übrigens ist er mir kürzlich zufällig begegnet. Im Bus. Ich las die Zeitung, als ich Blicke auf mir spürte. Ich schaute auf und sah direkt in sein Gesicht. Er hat nicht mal gegrüßt, ist aufgestanden und an der nächsten Haltestelle ausgestiegen.

Und mit diesem Menschen habe ich fast dreißig Jahre verbracht und ihm zwei Töchter geboren. Noch Fragen?

Ja, ich bin manchmal einsam und allein. Aber dennoch lasse ich mich nicht unterkriegen und denke positiv. Die Trennung habe ich nicht bereut, nie. Mit 53 ist das Leben noch nicht vorbei. Es kann noch viel passieren, oder?

Nanni ging rechtzeitig zum Anwalt, als der Ehemann für seine Firma einen Kredit aufnehmen und die Bank Nannis Haus als Sicherheit belasten wollte. Der Rat des Anwalts, den Vertrag nicht zu unterschreiben, führte zwar zur Trennung, aber so konnte Nanni wenigstens einen Teil des Vermögens retten. Mangels finanzieller Masse gab es dann bei der Scheidung kein Streitpotenzial mehr. Wäre Nanni nicht zum Anwalt gegangen, wäre die Ehe auch so auseinandergegangen. Nanni wäre dann aber völlig mittellos dagestanden.

Norbert, 69, pensionierter Gymnasiallehrer für Musik und Ethik. Er war zweimal verheiratet, die erste Ehe dauerte 20 Jahre, die zweite 16 Jahre plus mehrere Jahre in einer Lebensgemeinschaft ohne Trauschein. Er lebt allein in einer Großstadt, in einem Häuschen mit Garten. Aus erster Ehe hat er drei erwachsene Söhne.

Ich bin Jahrgang 1937, ein Kind aus der Kriegsgeneration also. Ich glaube, das spielte in meinem Leben eine große Rolle, weil ich einfach noch aus einer anderen Generation stamme als die, die in den 50er Jahren, also nach dem Weltkrieg, und in eine gute Zeit hineingeboren wurden.

Aber der Reihe nach: Ich war Student, gerade mal 23 Jahre alt und mit einem netten Mädchen liiert. Sie kam aus einer angesehenen Handwerkerfamilie, und ihr Vater war nicht begeistert über die Wahl seiner Tochter. So ein »Gstudierter«, noch dazu ein Musiker, das war doch nichts. Sie war erst 21, und eigentlich gab es gar keinen Grund zu heiraten, wir hätten einfach auch so zusammen sein können, ob es dem Vater nun passte oder nicht.

Aber damals, Ende der 50er Jahre, da gab es noch Moral und Anstand und für uns beide einfach keine Möglichkeit, intim zu sein. Heute kann man sich das sicher überhaupt nicht mehr vorstellen, aber ich wohnte zur Untermiete bei einer Vermieterin, die jeden Besuch kontrollierte. »Damenbesuch« war natürlich verboten. Und Margit lebte noch zu Hause, da ging sowieso überhaupt nichts. Ihre Eltern wachten wie Zerberus über die flügge gewordene Tochter. Tja, wir waren jung, wir wollten Sex miteinander haben und wehrten uns gegen diese veraltete Moral. Margit hat mich körperlich sehr angezogen, sie war eine attraktive Frau. Dass ich sie nicht geliebt habe, ist mir damals gar nicht weiter aufgefallen. Ich wollte sie haben und aus. Und ihrem spießigen Vater wollten wir beide zeigen, dass wir ihn nicht brauchten.

Also haben wir geheiratet. Es war aus heutiger Sicht eindeutig eine »Trotzheirat«, überflüssig, wir waren beide viel zu jung. Sie jobbte als Auslandskorrespondentin, ich studierte und bemühte mich, ihr nicht auf der Tasche zu liegen. So nahm ich alle möglichen kleinen Engagements beim Theater an. Ich spiele Geige und habe bei allen möglichen Operetten und Konzerten mitgefiedelt, damit Geld ins Haus kam. Spaß gemacht hat es mir aber schon.

Nach einem Jahr haben wir allerdings beide gemerkt, dass diese Ehe ein Irrtum war. Wir lebten in einer Miniwohnung und gingen uns auf den Geist. Sie arbeitete tagsüber und wollte abends ausgehen, ich war oft bis weit nach Mitternacht in der Oper, wollte ausschlafen. Wir gaben uns eigentlich nur noch die Klinke in die Hand.

Irgendwie müssen wir aber doch Zeit für uns gefunden haben, denn plötzlich, als wir schon über Scheidung sprachen, war Margit schwanger. Ein Schwangerschaftsabbruch war kein Thema, Verhütung war damals eher Glückssache, und so fügten wir uns eben und blieben beieinander.

Unser erster Sohn wurde geboren, und ich nahm noch mehr Abendjobs an, damit ich unsere kleine Familie ernähren konnte, denn Margit fiel ja nun aus als Verdienerin.

Trotzdem, das muss ich zugeben, ich war froh, wenn ich aus dem Dunstkreis von Windeln und übergekochter Milch rauskam. Und im Theater traf sich ein lustiges Völkchen. Ich lernte Sängerinnen, Schauspielerinnen und andere Künstler kennen und ließ nichts »anbrennen«, das muss ich gestehen. Ich hatte zahlreiche Affären.

Trotzdem war der Sex zwischen Margit und mir immer noch okay. Als dann, immer noch ohne Pille, wieder ein »Malheur« passierte und das zweite Kind unterwegs war, nahmen wir es gelassen.

Ich machte mein Examen, bekam eine Anstellung an einem Gymnasium und jobbte trotzdem noch so manchen Abend in der Oper oder im Theater. Es ging uns besser, wir hatten eine größere Wohnung, waren offen und tolerant miteinander und lebten im Sog der 68er eine mehr oder weniger »offene Ehe«. Auch Margit hatte ihr Vergnügen, und durchaus nicht nur mit mir. Wir waren in einer Großstadt zu Hause, in Franken kriegte keiner was mit von unserem Lebensstil, und nach außen war alles Friede, Freude, Eierkuchen. Ich war Gymnasiallehrer, wir hatten zwei wohlgeratene Söhne, und bald sollten es drei werden; 1969 kam noch ein Kind zur Welt.

So weit, so gut. Da wir wirklich tolerant miteinander umgingen, machte es auch keinem von uns etwas aus, dass zwischen uns nicht die große Liebe war. Es war ein relativ angenehmes Leben.

Als die Kinder aus dem Gröbsten raus waren, wollte Margit wieder in ihren Beruf zurück, und ich war einverstanden. Das war 1979, sie fand eine gute Stelle und verdiente wieder eigenes Geld. Auch das fand ich gut. Ich wollte eine emanzipierte Frau und kein Hausmütterchen.

Dann fing sie ein Verhältnis mit ihrem Chef an. Er war verheiratet, und ich habe diese Affäre akzeptiert. Die Familie hier, das war das eine, und das Vergnügen war etwas anderes.

Aber Margit entpuppte sich als rücksichtslose Egoistin. Sie ließ mich hängen mit den Kindern und war nur noch mit diesem Typen unterwegs. Er war Jäger, man traf sie in allen möglichen Jagdhütten an. Das habe ich zwar akzeptiert, sie aber sehr wohl auf ihre Mutterpflichten hingewiesen. Ich war ja schließlich auch immer Gewehr bei Fuß, meine Vaterpflichten nahm ich durchaus ernst und hatte nie die Absicht, mich wegen einer Affäre scheiden zu lassen.

Bei ihr war das aber offenbar anders. Jedenfalls eröffnete sie mir eines Tages, sie werde mit ihrem Chef in Urlaub fahren, und zwar für länger. Man muss bedenken, dass die Kinder – sie waren zwischen 13 und 18 – das alles mitbekamen. Mein ältester Sohn besaß schon den Führerschein und hatte recherchiert, wo sich seine Mutter aufhielt. Es war wieder mal eine Jagdhütte. Er fuhr hin und wollte sie zurückholen. Aber sie lachte nur und schickte ihn nach Hause.

Meine Söhne waren daraufhin sehr enttäuscht von ihrer Mutter, auch ich fand ihr Verhalten unmöglich und denkbar rücksichtslos. Ich reichte die Scheidung ein.

Die Jungs blieben bei mir, das war keine Frage, und Margit hat auch keine Anstalten gemacht, um sie zu kämpfen.

Da die Jungs bei mir lebten und sie selbst Geld verdiente, war das Thema Unterhalt eigentlich außen vor, Vermögen hatten wir auch keines, und so ging die Scheidung relativ problemlos über die Bühne.

Dass ihr allerdings vom Familienrichter ein Versorgungsausgleich zugestanden wurde, hat mich damals nicht sonderlich interessiert. Heute bedeutet das, dass ich ihr jeden Monat 845 Euro von meiner Pension überweisen muss bis ans Ende meiner Tage, und das ist verdammt bitter! Ich komme gerade so über die Runden mit dem Rest, denn ich muss Miete bezahlen, und das ist teuer in einer Stadt. Zum Leben bleiben mir gerade mal 500 Euro, nicht gerade üppig. So habe ich mir das nicht vorgestellt.

Nun gut. Margit war also weg, und ich war darüber nicht allzu traurig. Die Jungs, darauf bin ich stolz, sind alle was geworden und haben die Scheidung gut verkraftet. Wir waren ein »Männerhaushalt«, aber ein fröhlicher.

Als dann der Jüngste Probleme in der Schule bekam und Nachhilfe brauchte, habe ich mich an meinem Gymnasium mal umgehört. Da gab es eine Praktikantin fürs Lehramt, eine ehemalige Schülerin von mir, die sich gern ein paar Mark dazuverdienen wollte. Ich hatte das Mädchen kaum noch in Erinnerung, sie war eine von vielen. Als ich sie für die Nachhilfe engagierte, hatte ich keinerlei Hintergedanken.

Biggi kam nun zweimal in der Woche zu uns nach Hause, büffelte mit dem Jüngsten, kam auch mit den anderen beiden gut aus und wurde bald so was wie ein Familienmitglied.

Sie aß öfter mit uns zu Abend, wir unterhielten uns blendend, und allmählich fing ich an, sie als Frau zu betrachten. Sie war sehr attraktiv, 20 Jahre jünger als ich, aber das war kein Problem – ich war 45, sie war 25.

Ich habe mich Hals über Kopf in sie verliebt, das erste Mal in meinem Leben. Sie war anders als die Frauen, mit denen ich eine Affäre hatte. Da war irgendetwas Großes, Schönes zwischen uns, mehr als Sex. Wir hatten viele gemeinsame Interessen, wir redeten nächtelang, zwischen uns war ein wirklich großes Gefühl.

Meine Jungs merkten natürlich bald, was da lief. Ich hatte eigentlich Skrupel – eine Exschülerin, gar nicht viel älter als mein ältester Sohn. Aber alle drei haben mir gut zugeredet: »Die Biggi passt zu dir, mit der wirst du glücklich. Und sie passt zu uns.«

So wurden wir eine richtig glückliche Familie. Sie zog in unser Haus, und alles war wunderbar.

Ihr Vater war übrigens auch gegen mich, wie der Vater meiner ersten Frau, diesmal allerdings aus Altersgründen. Aber Biggi war selig mit mir, und was sind zwanzig Jahre, wenn man sich liebt. Vier Jahre später heirateten wir. Sie hatte gerade ihr Examen gemacht und arbeitete nun auch an einem Gymnasium in München.

Eine wunderschöne Zeit begann. Irgendwann kam dann das Thema Baby auf, wir haben nicht mehr verhütet, und ich hätte mich sehr gefreut, mit ihr ein Kind zu haben. Aber es hat nicht geklappt, sie wurde einfach nicht schwanger. An mir konnte es nicht liegen, wie meine drei Söhne beweisen, aber ich habe ihr zuliebe sogar einen Test gemacht. Der bestätigte: Alles okay.

Trotzdem blieben wir kinderlos und haben das Thema dann ad acta gelegt.

Das war in einer Zeit, in der wir sehr viele Einladungen hatten. Ich habe gern gekocht, die Freunde sind gern zu uns gekommen. Und irgendwann erzählte mir Biggi von einem Kollegen an ihrer Schule, der ausgegrenzt wurde und den keiner leiden konnte. Sie fände es gut, wenn wir ihn mal privat einladen würden. Aber selbstverständlich! Er hieß Gernot und war so ein typischer Späthippie. Lange Haare, zum Zopf gebunden, lässig gekleidet, um nicht zu sagen schlampig, ein Mann, der eigentlich gar nicht in Biggis Welt passte. Sie war sehr modebewusst, eine elegante Frau, ich lachte oft über ihren Schuh-Tick, sie hatte zig Paar Schuhe, zu jedem Outfit ein passendes.

Gernot war zwar verheiratet, wie sie mir sagte, kam aber ohne seine Frau. Er kam nach diesem Abend öfter zu uns, er war ein Philosoph, ein durchaus interessanter Gesprächspartner, und irgendwann betrachtete ich ihn auch als Freund.

Das Einzige, was ich komisch fand, war, dass er seine Frau nie mitbrachte. Aber das erklärte er damit, dass sie extrem früh ins Bett ging, nie nach 22 Uhr, und da unsere Abende immer spät begannen und nie vor ein, zwei Uhr nachts endeten, war das einleuchtend.

Er kaufte dann einen Bauernhof auf Sizilien, als Alterssitz, und lud uns dorthin ein. Es war eine schöne Zeit, und Biggi entdeckte ihre Liebe zu Italien. Das Gespräch kam auf eine Studienfahrt nach Rom, die er demnächst mit einer Klasse unternehmen würde, und ich sagte: »Brauchst du nicht noch eine weibliche Kollegin für deine Schülerinnen? Biggi war noch nie in Rom, ich hingegen schon so oft, das wäre wirklich toll für sie.«

Es klappte, sie fuhr mit. Und das war der Anfang vom Ende. Die beiden fingen in Rom ein Verhältnis miteinander an.

Das ist etwas, worüber ich heute noch staune. Ich bin kein

Greenhorn als Mann, gewiss auch nicht naiv. Wenn ich Gernot als Konkurrenten betrachtet hätte, als attraktiven Mann, dann wäre ich nicht so blauäugig gewesen.

Aber ehrlich, ich wäre im Traum nicht darauf gekommen, dass die beiden irgendwie einen Draht zueinander hatten, der über die pure Freundschaft hinausging.

Er war – in meinen Augen – kein attraktiver Mann. Er passte überhaupt nicht zu Biggi, schon rein optisch nicht. Er war nur zwei Jahre jünger als ich, also auch altersmäßig kein Konkurrent ...

Aber nichtsdestotrotz: Sie hat sich in ihn verliebt. Und sie hat kein Wort gesagt. Ich bin tolerant und habe einiges an Erfahrung hinter mir, also ich denke, wir hätten darüber reden können. Aber nichts. Ich war weiterhin völlig ahnungslos, während wohl das ganze Lehrerkollegium inzwischen Bescheid wusste.

Das ging mindestens ein halbes Jahr so dahin, und ich hatte keinen blassen Schimmer. Bis er dann eines Abends mal wieder zum Essen bei uns war. Ich fühlte mich an diesem Tag nicht besonders gut und ging relativ früh ins Bett. Die beiden saßen noch unten und redeten.

Irgendwann um fünf Uhr morgens wachte ich auf und merkte: Das Bett neben mir ist leer. Ich ging nach unten, schlaftrunken, wollte mir eigentlich nur ein Mineralwasser holen, da sah ich sie: Gernot und Biggi, beide splitternackt in einem Sessel, zu einem Knäuel aus nackten Leibern ineinander verwickelt. Sie waren so beschäftigt mit sich, dass sie mich erst bemerkten, als ich sie ansprach.

Biggi war betroffen und unsicher, er machte auf locker und forderte ein »offenes Gespräch«. Dass ich so blöd war und bis vormittags um zehn mit ihm diskutiert habe, das bereue ich den Rest meines Lebens. Wie konnte ich nur ...

Als ich nachgedacht und etwas Abstand hatte, wollte ich Biggi überreden, diese »Liebe« auszuleben (ich war mir ehrlich gesagt

sicher, dass sie nicht lange dauern würde, und habe auf Zeit gespielt), aber sie zog sofort die Konsequenzen, packte ihre Sachen
und mietete mit ihm eine Wohnung.

Ein paar Mal nach diesem abrupten Ende, das ich nie verstehen
werde, kam sie vorbei, um einige Dinge abzuholen. Zuerst redeten
wir miteinander und landeten schließlich miteinander im Bett. Ich
habe ja versucht, sie zurückzuholen, ich hätte ihr ohne Wenn und
Aber verziehen. Als wir dann miteinander in den Kissen lagen und
uns berührten – der Sex zwischen uns war immer super –, dachte
ich: »Okay, jetzt ist sie wieder da, dieser Spuk ist vorbei.«

Aber ich hatte mich geirrt. Biggi hat einen Charakterzug, den
ich zwar kannte, der mich bis dahin aber nie gestört hatte, weil es
immer nur um Nichtigkeiten ging: Sie kann keinen Fehler zugeben. Eher würde sie sich die Zunge abbeißen, als zu sagen: »Gut,
das Fleisch war verkocht. Oder dieses Kleid war ein Fehlkauf, es
steht mir überhaupt nicht.« Das sind ja wirklich Bagatellen, aber
in Sachen Gernot lief es genauso. Als ich sie fragte, warum sie
eigentlich hier neben mir liegen würde, sagte sie zwar: »Aus
purer Verzweiflung«, zog dann aber eisern ihren Weg durch.

Und der war hart, denn Gernot, der kurz danach pensioniert
wurde, verließ sie Knall auf Fall und zog nach Sizilien in den
Bauernhof, auf dem seine Frau schon lebte.

Sie war wohl mehr als schockiert, ich habe sie in der Zeit öfter
beim Einkaufen gesehen, wir wohnten ja im gleichen Viertel. Sie
war bleich und hatte tiefe Augenringe. Es war mehr als offensichtlich, dass es ihr schlecht ging.

Ich habe noch ein paar Anläufe gemacht, um sie zurückzuholen, aber da war nichts zu machen. Sie blieb stur oder konsequent,
wie auch immer.

Schließlich habe ich die Scheidung eingereicht, weil ich dachte, das rüttelt sie auf. Ich zog sie nach sechs Wochen wieder zurück, aber nun wollte sie geschieden werden.

Wir hatten sogar nur einen Anwalt, es gab keine finanziellen Verpflichtungen, sie hat keine Ansprüche an mich, ich keine an sie.

Beruflich hat sie Karriere gemacht, sie ist inzwischen Studiendirektorin, und ich bin sicher, eines Tages wird sie ein Gymnasium leiten, sie hat wirklich das Zeug dazu. Aber privat läuft es bei ihr nicht so gut, sie lebt allein, hat keinen neuen Partner.

Ich lebe auch allein. Es gab nach der Trennung ein paar Frauen, mit denen ich lose verbandelt war, aber das war nicht von Dauer.

Die eine war eine deutsch-rumänische Akademikerin, eigentlich recht nett, aber ich merkte bald: Sie will nur die deutsche Staatsangehörigkeit und versorgt werden. Sie drängte sehr auf Heirat, und als ich ihr offenlegte, dass ich kein reicher Mann bin und durch den Unterhalt an meine erste Frau keineswegs einen flotten Lebensstil führen kann, meinte sie bloß: »Aber das reicht doch für uns beide.«

Nein, das war nichts. Eine andere Bekanntschaft sah gut aus, hatte aber miserable Manieren, und so ging es weiter.

Ich bin verdammt allein, ehrlich gesagt. Kürzlich hatte ich einen Unfall, lag wochenlang in der Klinik und war dann noch ewig in einer Rehaklinik. Niemand hat mich besucht. Das ist schon sehr bitter. Ich habe drei Söhne und sieben Enkeltöchter. Zwei Söhne haben Familie, der eine lebt in Frankreich, der andere in Deutschland, aber weit weg. Der dritte ist zwar in der Nähe, aber beruflich sehr viel unterwegs und außerdem gerade am Beginn einer neuen Beziehung, die ihn wohl restlos in Anspruch nimmt …

Würde Biggi zurückkommen, ich würde sie noch einmal heiraten. Sie war die Frau meines Lebens, zwischen uns hat einfach alles gestimmt. Und diese blöde Sache mit Gernot – geschenkt!

Ich gebe die Hoffnung nicht auf. Aber ich halte auch meine Augen offen. Mit 69 ist das Leben noch nicht zu Ende.

Auch Norbert ist schon einige Jahre geschieden. Die Scheidung verlief wohl einvernehmlich, finanzielle Fragen waren ebenfalls nicht zu regeln. Auch Norbert hat sich von seiner geschiedenen Frau innerlich nicht abgelöst. Er würde die Beziehung jederzeit wieder aufnehmen und sie noch einmal heiraten. Obwohl seine Gymnasiallehrer-Pension aufgrund einer ersten Scheidung durch den Versorgungsausgleich um € 845,00 gekürzt ist, reicht die Pension wohl immer noch aus.

Möglicherweise war sein Scheidungsantrag übereilt. Als er ihn zurückzog, war es bereits zu spät, da inzwischen die Ehefrau ihrerseits die Scheidung betrieb, ohne dass klar wird, warum sie das getan hat. Es kommt immer wieder vor, dass durch die Einschaltung eines Anwalts, der die Scheidung beantragt, eine Dynamik entsteht, die die Eheleute möglicherweise gegen ihren wirklichen Willen endgültig auseinanderbringt und zur Scheidung führt.

Pavel (56) ist Planungstechniker und wurde 2006 – im Jahr seiner Silberhochzeit – von seiner Frau Edda (52), Medizinisch-technische Assistentin, verlassen. Die beiden haben zwei Töchter, 21 und 23 Jahre alt.

Ich bin zwar Deutscher, lebe aber erst seit 1978 in Deutschland. Aufgewachsen bin ich im heutigen polnischen Teil von Schlesien. Erst als die Regierung von Helmut Schmidt plante, einen Großteil der Ostschlesier aus Polen rauszuholen, wurde dieses Thema in meiner Familie diskutiert, und wir entschlossen uns, unsere Heimat zu verlassen und in der BRD noch einmal von vorn anzufangen. Das war auch besser so, denn die Polen haben uns Deutsche schikaniert, wo sie nur konnten; das Leben dort war schwer. Es war aber auch sehr schwer zu gehen ...

Nun gut, wir landeten in München. Die Schlesier sind eine große Gemeinschaft, es wird viel organisiert, es gibt viele Veranstaltungen, Reisen usw.

So habe ich mich 1980 zu einer Busreise nach Paris angemeldet. Es waren lauter Landsleute dabei, und die Stimmung war super. Ich war glücklich, endlich alles sehen zu können, was ich zuvor nur aus dem Unterricht, aus Büchern und Filmen kannte, denn wir unfreiwilligen »Polen« durften ja nicht in den Westen. London, Rom, Paris – ich fand alles toll.

Und auf dieser Reise lernte ich eine attraktive Blondine kennen, 24 Jahre jung und auch aus Schlesien. Wir verstanden uns auf Anhieb, hatten die gleiche Vergangenheit, waren beide ehrgeizig und interessiert – und vor allem verliebt! Ja, mit Edda, das war schon Liebe auf den ersten Blick, das muss ich sagen!

Wir lebten beide in München, beide noch bei den Eltern, denn wir mussten uns ja erst eine Existenz aufbauen und waren sparsam. Da war es nicht üblich, dass man eine eigene Wohnung hatte, das wäre auch viel zu teuer gewesen.

Deshalb haben wir auch noch nach der Hochzeit im Jahr 1981 bei den Schwiegereltern gewohnt.

Und damit fing der Ärger an, der nie mehr aufhören sollte, denn allen voran meine Schwiegermutter konnte mich nicht ausstehen. Es gab Streit wegen jeder Kleinigkeit, dauernd wurde ich kritisiert, ständig war schlechte Stimmung im Haus.

Wir arbeiteten beide und konnten uns eine eigene Wohnung leisten. Ich redete so lange auf meine Frau ein, bis sie einverstanden war und wir endlich aus- und in unser eigenes Nest zogen.

Wir waren glücklich miteinander, wir verdienten gut und hatten inzwischen auch einen großen Freundeskreis. Eines unserer Hobbys war Reisen, wir wollten etwas sehen von der Welt.

1983 kam unsere Tochter zur Welt. Edda arbeitete weiter, während ihre Mutter auf das Kind aufpasste. Das war mir nicht recht, aber ich konnte nichts dagegen machen. Wir brauchten das zweite Gehalt dringend zum Leben. So wurde der Kontakt zu meiner Schwiegermutter zwangsläufig wieder intensiver, aber besser leider nicht.

Ich versuchte zu erreichen, dass das Kind auch mal bei meiner Mutter war, die wohnte auch nicht weit weg, aber das wurde immer mit fadenscheinigen Argumenten abgelehnt. Überhaupt waren wir dauernd bei Eddas Eltern – zum Essen, an Weihnachten oder an Festtagen. Meine Verwandten wurden nie eingeladen. Ich musste sie immer allein besuchen. Edda kam nie mit. Das hat mich sehr geärgert.

Als dann 1985 das zweite Kind zur Welt kam, kündigte Edda ihren Job als MTA und blieb ein paar Jahre zu Hause.

In dieser Zeit lief unsere Ehe gut. Der Sex war sowieso immer schon gut, da hatten wir nie Probleme, und wenn sich die Schwiegermutter nicht einmischte, kamen wir eigentlich gut miteinander aus. Ich verdiente inzwischen sehr gut, und als die Kinder aus dem Gröbsten raus waren und in die Schule gingen, stieg Edda

wieder in ihren Job ein. 1994 kauften wir uns eine Eigentumswohnung, worauf ich sehr stolz war. Ich arbeitete noch mehr,
auch an Wochenenden, um die Hypothek, die wir aufnehmen
mussten, möglichst schnell abzubezahlen.

Es lief alles wunschgemäß. Meine Frau änderte nun ihre Ar-
beitszeiten – sie war in einem Krankenhaus angestellt – und jobbte halbtags und am Wochenende, damit sie mehr Zeit für die
Mädchen und den Haushalt hatte.

Wir hatten sogar genügend Geld für Familienurlaube – ich
denke gern an die wunderbaren Ferien am Meer zurück, die wir
in Italien und Kroatien verbracht hatten. Wir reisten ziemlich viel,
ich habe unsere Ehe immer als glücklich empfunden. Und ich bin
selbstverständlich davon ausgegangen, dass meine Frau das genauso sah.

Wir waren uns auch treu, es gab keine Flirts und schon gar
keine Affären. Wozu auch, im Bett lief alles wunderbar, und Edda
war nach wie vor eine sehr gutaussehende Frau.

Sogar das Problem mit den Schwiegereltern schien sich zu legen, denn plötzlich waren sie freundlicher zu mir. Ich dachte:
»Siehst du, Pavel, sie respektieren endlich, dass ihre Tochter ein
schönes Leben mit dir führt und zufrieden ist.« Alles schien sich
in Wohlgefallen aufzulösen.

Bis meine Mutter krank wurde. Edda arbeitete ja nur halbtags,
sie hätte ruhig mal zu der alten Frau fahren können, um ihr zu helfen
– ein bisschen putzen und einkaufen. Aber das lehnte sie strikt ab.

Ich sagte lange nichts, sondern bin nach der Arbeit zu meiner
Mutter gefahren und habe ihr geholfen. Sie lebte allein – mein
Vater war schon gestorben – und hatte nur eine kleine Rente. Sie
konnte sich keine Haushaltshilfe leisten, und sie selbst war nicht
mehr in der Lage, die täglichen Arbeiten zu verrichten. Deshalb
habe ich für sie geputzt, das Bett frisch bezogen, den Kühlschrank
aufgefüllt und die Wäsche bei der Mutter gewaschen.

Meine Frau hat nur gemeckert! Sie wollte nichts, aber auch gar nichts für meine Mutter tun. Das habe ich nicht eingesehen. Ich brachte das Geld nach Hause, ich schuftete zwölf Stunden am Tag, und Madame war sich zu fein, das bisschen Wäsche zu machen. Es gab häufig Streit deswegen.

Ich war natürlich auch genervt, wenn ich nach einem anstrengenden Arbeitstag noch zu meiner Mutter fahren und ihr den Haushalt machen musste. Wenn ich dann nach Hause kam, war meine Laune natürlich nicht so gut.

So ging es ein paar Jahre dahin, der Zustand meiner Mutter verschlechterte sich und erforderte immer mehr Zeit. Nun warf mir Edda auch noch vor, ich würde die Familie vernachlässigen und hätte für sie gar nichts mehr übrig.

Das war ja wirklich unverschämt, den Spieß einfach umzudrehen. Hätte sie mich ein wenig unterstützt, hätten wir auch mehr Zeit füreinander gehabt. Ich war verärgert, aber ich hätte deswegen nie und nimmer an Trennung oder gar Scheidung gedacht.

Ich liebte Edda und meine Töchter, und ich fand, dass wir eine glückliche Familie waren. Die Sache mit meiner Mutter habe ich nicht so ernst genommen – Probleme gab es überall, das war doch normal, oder?

Aber meine Frau wurde immer frostiger, ließ abfällige Bemerkungen fallen und machte mir ständig Vorwürfe, außerdem verbrachte sie viel Zeit bei ihrer Mutter. Trotzdem habe ich die Gefahr nicht erkannt – die Krise, in der sich unsere Ehe befand. Wenn ich heute zurückblicke, denke ich, dass ich einfach Scheuklappen vor den Augen hatte. Ich machte meinen Job, ich half meiner Mutter, ich brachte genug Geld nach Hause – und das, so dachte ich, sei ja wohl genug. Und da es im Bett zwischen Edda und mir immer noch stimmte, was ja eigentlich komisch ist, wenn man ihr Genörgel den ganzen Tag hörte, war ich immer noch ahnungslos.

Erst Weihnachten 2004 – der erste Heilige Abend, den ich nicht mit meiner Familie, sondern allein mit meiner Mutter verbrachte – ging mir dann doch ein Licht auf, und ich merkte endlich, dass ein Gewitter im Anzug war. Es war folgendermaßen: Ich wollte meine Mutter nicht allein lassen an diesem Tag, und eine Einladung zu uns lehnte Edda strikt ab. Sie wollte wie immer zu ihren Eltern fahren. Aber diesmal blockte ich ab und sagte: »Ich feiere Heiligabend mit meiner Mutter, egal wo, aber nicht ohne sie!«

Daraufhin meinte meine Frau schnippisch: »Wenn das so ist, dann musst du eben allein mit ihr feiern!« Sie mit zu ihren Eltern zu nehmen, kam für Edda überhaupt nicht in Frage.

Ich war beleidigt, und das bin ich selten. Dann bin ich zu meiner Mutter gefahren und habe bei ihr übernachtet. Wir hatten ausgemacht, dass Edda mich am nächsten Tag dort abholen sollte – sie hatte das Auto –, damit wir dann gemeinsam zu ihrer Schwester zum traditionellen Weihnachtsessen fahren konnten.

Aber sie ließ mich einfach sitzen, sie holte mich nicht ab und rief auch nicht an.

Mir war schon klar, dass der Haussegen schief hing. Ich fragte mich nun doch, ob das richtig war, was ich gemacht hatte – ob es richtig war, meine Familie an Heiligabend allein zu lassen. Ich hätte ja auch am ersten Feiertag zu meiner Mutter fahren können, das hätte vielleicht auch gereicht.

Mit solchen Gedanken fuhr ich dann nach Hause. Am Abend gab es eine große Aussprache. Ich entschuldigte mich, auch Edda gab nach, und wir versöhnten uns wieder. Es lief einigermaßen gut in den nächsten Monaten, im Sommer fuhren wir sogar gemeinsam in Urlaub nach Kroatien. Es waren wunderbare Wochen, wir verstanden uns prächtig in jeder Hinsicht, erlebten zweite Flitterwochen. Ich war sehr glücklich über diese Wende.

Aber ich hatte mich zu früh gefreut: Kaum waren wir wieder zu Hause, ging das Gemecker wieder los. Schlimmer noch, denn nun gab es richtigen Streit. Edda schrie mich an, brüllte grundlos rum, völlig unwichtige Dinge bauschte sie auf und suchte förmlich die Auseinandersetzung.

Einmal ging es so heftig zu, dass ich sie an den Schultern packte und schüttelte. Mehr nicht – aber sie wurde hysterisch und heulte und sagte, sie sei verletzt, ich hätte versucht, sie umzubringen. So ein Blödsinn! Ich konnte es nicht fassen, Edda drehte plötzlich völlig durch und rief die Polizei. Die Polizei! Die kam auch schnell, aber die Beamten merkten gleich, dass da etwas völlig falsch dargestellt wurde. Edda hatte ja auch keinerlei Verletzungen.

Die ganze Angelegenheit war einfach peinlich …

Aber von da an kochte sie nicht mehr für mich, wusch meine Wäsche nicht mehr und sprach nur noch das Allernötigste. Ich machte auch keinen Versöhnungsversuch, weil ich mir keiner Schuld bewusst war. Das ging ein Vierteljahr so. Als ich eines Freitagabends nach Hause kam, war die Wohnung fast leer. Meine Frau und die beiden Töchter waren ausgezogen. Das war im Herbst 2006.

Die Mädchen hatten sich nie groß eingemischt in unsere Eheprobleme. Sie waren ja auch schon erwachsen und kurz davor, das Elternhaus zu verlassen.

Die ältere Tochter war zu ihrem Freund gezogen, die jüngere wohnte bei ihrer Mutter in einer Mietwohnung. Edda hatte offenbar alles von langer Hand geplant und mir gegenüber kein Wort darüber verloren. Ein paar Tage später kam ein Brief von ihrer Anwältin: Edda reichte die Scheidung ein. Es gab noch einen Gesprächstermin wegen der Wohnung, Edda wollte ihre Hälfte ausbezahlt haben. Zuerst stimmte ich zu, weil ich die Wohnung unbedingt behalten wollte.

Aber jetzt denke ich anders darüber. Die Wohnung steht zum Verkauf. Unterhalt will sie auch, darüber streiten wir ebenfalls, denn ich sehe das nicht ein. Sie ist voll berufstätig wie ich auch, die Töchter verdienen ihr eigenes Geld. Was soll das?

Wir streiten permanent. Die Scheidung läuft noch. Ich kämpfe, weil ich das alles total ungerecht und unfair finde. Sie hätte doch offen mit mir reden können, wenn sie die Trennung sowieso wollte. Aber klammheimlich auszuziehen, während ich in der Arbeit bin … nach 25 gemeinsamen Jahren! Das ist doch keine Art!

Als ich sie einmal nach dem wahren Grund für ihr Verhalten fragte – es könne doch nicht nur an meiner Mutter gelegen haben –, sagte Edda: »Ich habe mal eine SMS gelesen – du weißt schon! Bestimmt hast du mich betrogen!«

Seit dieser Aussage reicht es mir auch. Jetzt bin ich mit der Scheidung einverstanden. Denn diese SMS – ja, ich erinnerte mich, sie hatte mir deshalb eine Riesenszene gemacht – war so was von harmlos! Von einer Exkollegin, die anfragte, ob ich Lust auf ein Treffen hätte. Es war wirklich absolut lächerlich, ich hatte kein Verhältnis mit ihr, weder mit ihr noch mit irgendeiner anderen Frau. Das habe ich Edda auch klargemacht. Und diese Bagatelle, diese sinnlose Eifersucht sollte wirklich der Grund für das Ende unserer Ehe sein? Nein, da stimmt doch was nicht! Wegen so einem Käse lässt sich doch kein Mensch scheiden, oder? Nein, da muss etwas ganz anderes dahinterstecken. Aber sie ist eben unaufrichtig und falsch, sie kann mir jetzt gestohlen bleiben. Ich habe fertig!«

Im Unterschied zu den anderen Interviewten läuft bei Pavel die Scheidung noch. Beide Ehegatten »streiten auf der ganzen Linie«. Es ist zu hoffen, dass mit Hilfe des Familiengerichts die finanziellen Auseinandersetzungen, insbesondere über den Unterhalt, »zu einem raschen Ende kommen«.

Auch in diesem Fall wäre es im Interesse der ganzen Familie, wenn die Streitigkeiten zwischen den Ehegatten nicht mehr lange dauern würden und mit Hilfe des Gerichts eine faire Lösung gefunden werden könnte. Dann würde Pavel, der seine Frau nun verurteilt und ihr die Schuld gibt, hoffentlich zu einer anderen Sichtweise kommen, und die persönlichen Beziehungen könnten sich wieder verbessern.

Renate (57) ist Bürokauffrau und war 37 Jahre mit Peter (63), Metzgermeister und Gastwirt in einer bayrischen Gemeinde, verheiratet. Zwei Töchter, 38 und 32 Jahre alt. Die Entscheidung, sich zu trennen, ging von Renate aus, der Rosenkrieg ums Geld dauerte viele Jahre. 2005 wurden die beiden geschieden.

Ich habe Peter beim Tanzen kennengelernt. Ich war blutjung, gerade 16, und habe mich sofort in ihn verliebt: groß, schlank, dunkler Typ. Genau mein Fall. Er war meine erste Liebe, ich war völlig unerfahren und naiv und fand ihn einfach toll.

Ich hatte gerade meinen Schulabschluss gemacht und eine Lehre als Bürokauffrau im elterlichen Betrieb angefangen. Meine ältere Schwester war schon aus dem Haus und verheiratet, und man brauchte mich dringend für die Büroarbeit.

Das hat mir sowieso nicht gepasst, ich hätte viel lieber woanders eine Lehre gemacht, denn so stand ich dauernd unter »Beobachtung« und fühlte mich eingesperrt.

Vielleicht wurde deshalb die Beziehung zu Peter so schnell so intensiv, und als ich nach einem Jahr schwanger wurde, war klar: Wir heiraten!

Meine Eltern waren alles andere als begeistert, aber ein uneheliches Kind kam natürlich nicht in Frage, und so haben wir geheiratet. Im Jahr darauf kam unsere Tochter zur Welt.

Peter war vom ersten Tag der Ehe an wie verwandelt. »Du musst froh sein, dass ich dich geheiratet habe!«, musste ich mir x-mal anhören. Und überhaupt waren die Verhältnisse alles andere als ideal.

Peter hatte ein großes Anwesen geerbt, eine ehemalige Gaststätte mit Hotelbetrieb. Ein riesiges Haus mit 50 Zimmern, das leer stand und heruntergekommen war. Und da zogen wir ein – in zwei kleine Zimmer ohne Bad. Kochen musste ich in der ehemaligen Großküche. Es war ungemütlich, und ich fühlte mich absolut nicht wohl. Ein paar der Zimmer hatten wir an Bauarbeiter vermietet; es war einfach eine total unmögliche Situation. Allmählich dämmerte es mir, worauf ich mich da eingelassen hatte, und ich bereute es sehr, mein schönes Zuhause verlassen zu haben.

Ich fuhr jeden Tag ins Geschäft zu meinen Eltern, meine Mutter passte auf das Kind auf, und ich machte die Büroarbeit.

Peter arbeitete als Metzger in einer Firma, und jeden Abend ging er mit seinen Kumpels ins Wirtshaus. Ich saß zu Hause in dieser ungemütlichen Bude und heulte mir die Augen aus.

Mein Vater merkte bald, wie unglücklich ich war, und sagte: »Komm, Mädel, komm wieder nach Hause. Das Kind kriegen wir schon groß, und einen Mann findest du auch wieder!«

Aber sie hatten nicht mit Peter gerechnet. Der wollte mich unbedingt halten, obwohl er mich miserabel behandelte, und heute ist mir auch klar, warum: Ich war eine willige und billige Arbeitskraft.

Nach Feierabend fing er nämlich an, das Haus zu renovieren. Jeden Abend schuftete ich, half beim Tapezieren, putzte und kochte für die Arbeiter. Meine Tochter blieb bei meinen Eltern, hier hätte sie sowieso nur gestört.

Nach einigen Jahren war das Haus so gut wie fertig, die Renovierung kam uns dank der Eigenleistung sehr günstig. Die Hypothek hatten wir abbezahlt, und Peter erwies sich als guter Geschäftsmann. Erst vermieteten wir die Zimmer in den Sommermonaten an Feriengäste, und ich war Mädchen für alles: Zimmer machen, Bäder putzen, kochen, und dazwischen jobbte ich immer ein paar Stunden im Büro meiner Eltern.

Ich hatte oft 14-Stunden-Tage und fiel abends todmüde ins Bett. Freizeit, Ausgehen, Kino, das gab es nicht. Nur Arbeit, Arbeit, Arbeit …

Allerdings trug sie auch Früchte. Das Anwesen stand jetzt gut da, war vermietet teils an eine Behörde, teils an Arbeiter einer benachbarten Fabrik, und wir haben viel Geld verdient. Dazu kamen die Gehälter von Peter und mir – meine Eltern haben mich wie eine Büroangestellte bezahlt –, und wir verbrauchten sehr wenig.

Inzwischen waren wir innerhalb des Hauses in eine größere Wohnung mit modernem Bad umgezogen, dort fühlte ich mich wesentlich wohler.

Die Ehe lief schlecht, Peter und ich stritten oft. Zum einen, weil er dauernd allein ausging und ich zu Hause hockte, zum anderen, weil er die Finanzen völlig an sich gerissen hatte. Ich hatte keinen Einblick in die Bankkonten und bekam auch keinen Pfennig von ihm. Die Haushaltskosten bestritt ich von meinem Gehalt.

Dann stand noch ein neuer Dachstuhl an, der bei so einem großen Haus ein Vermögen kostete. Peter erhoffte sich eine finanzielle Beteiligung meiner Eltern als »Mitgift« sozusagen. Aber mein Vater hat abgelehnt und lieber ein Sechs-Familien-Haus in der Stadt gebaut, das meine Schwester und ich erben sollten.

Peter war außer sich und behandelte mich von da an wie ein Stück Dreck.

Trotzdem hing ich an ihm, zwischendurch lief es wieder ganz gut mit uns, und so kam 1975 unsere zweite Tochter zur Welt.

Aber wir stritten weiter, und auch an den Verhältnissen änderte sich nichts. Ich fuhr weiterhin ins Büro, abends und am Wochenende arbeitete ich zu Hause. Auch meine zweite Tochter war ein reines »Oma-Kind«. Beide Mädels waren viel lieber bei den Großeltern als bei den Eltern, die haben natürlich diese gespannte Atmosphäre und den ständigen Zoff zwischen Peter und mir mitbekommen. Meine Eltern kümmerten sich rührend um die beiden.

Meinem Mann war es sowieso recht, dass die Kinder nicht bei uns waren – so konnte ich mich mehr in seinem Betrieb einspannen. Er hatte immer alles verpachtet und vermietet und dadurch sehr gute Einnahmen.

1985 starb mein Vater, und unser Geschäft wurde geschlossen. Ich ließ das Haus renovieren und zu rentablen Mietwohnungen ausbauen. Gleichzeitig bekam Peter nach langer Zeit des Wartens die Genehmigung, eine neue Gastwirtschaft auf seinem Anwesen zu eröffnen, und so wurde ich auch noch Wirtin.

Die Geschäfte gingen gut, die Wallfahrer brachten viel Geld in die Kasse. Und das nahm Peter sofort heraus, ich habe nie einen Pfennig gesehen. Dazu hatte er erhebliche Mieteinnahmen, allein die Post zahlte mehrere Tausend Mark für die Räumlichkeiten.

Ich habe geschuftet wie ein Pferd, anders kann man es nicht nennen.

Als ich vorschlug, mich an den Einnahmen zu beteiligen, hieß es: »Du bist reich genug, du erbst ja mal eine Menge.« Irgendwann ließ er sich dann herbei und meldete mich als 390-Mark-Kraft an. Aber im Verhältnis zu seinen Einnahmen war das ein Almosen.

Ich habe mir das alles bieten lassen. Warum, das frage ich mich heute auch.

In diese Zeit fiel noch eine andere Sache, die mich sehr verletzt hat. Zufällig fiel mir die Rechnung eines Notars in die Hände, bei dem Peter offenbar ein Testament gemacht hatte. Darin hatte er als Haupterben seinen Neffen eingesetzt, für mich und die Kinder sollte nur der Pflichtteil ausgezahlt werden.

Ich war sehr unglücklich, habe viel geweint und war oft völlig fertig mit den Nerven. Und ich fragte mich, ob das wirklich mein Leben war – nur zu schuften. Die Kinder waren mir fremd, das zeigt sich übrigens heute ganz deutlich, meine älteste Tochter hat schon lange keinen Kontakt mehr zu mir.

Durch einen Zufall kam ich drauf, dass Peter seit langem ein Verhältnis hatte. Ich entdeckte eine Rechnung in seinem Büro mit der Adresse einer Frau, die ich nicht kannte. Ich fuhr dorthin, spätnachts, als Peter angeblich wieder mit seinen Kumpels unterwegs war, und sah sein Auto vor der Tür stehen.

Als ich ihn zur Rede stellte, stritt er alles ab. Log sogar unverschämt: »Das ist die Freundin vom Toni. Sie ist total verzweifelt, weil er mit ihr Schluss gemacht hat. Da musste ich sie doch trösten …«

Die Spatzen pfiffen es von den Dächern, dass diese Frau seit vielen Jahren seine Geliebte war, aber Peter war feig und gab nichts zu. Als ich mit Scheidung drohte, lenkte er sogar ein und ging mit mir von da an jeden Samstagabend aus. Er schlief auch mit mir. Nicht oft, aber doch. So ganz wollte er mich wohl doch nicht verlieren. Und ich schluckte wieder mal alles runter.

Dann wurde meine Mutter sehr krank und brauchte Pflege. Ich übernachtete oft in einem der Apartments im Haus meiner Eltern. Zufällig hatte gerade ein Mieter gekündigt, und die Wohnung stand leer.

Damals wurde mir das erste Mal bewusst, wie schön es war, eine eigene kleine Wohnung zu haben. Niemand, der mich anbrüllt, niemand, der mir etwas befiehlt. Ich glaube, ich habe ernsthaft überlegt, ob es nicht besser für mich wäre, allein zu leben.

Dann starb meine Mutti, und ich habe sofort zu meiner Schwester gesagt: »Die Wohnung von unserer Mutter wird nicht vermietet. Da ziehe ich selbst ein.«

Das habe ich auch gemacht. Ich hatte ohnehin schon vor einigen Jahren einen Job im Büro eines Labors angenommen, der mir sehr viel Spaß machte. Ich wollte endlich eigenes Geld verdienen. Unser Gasthof war inzwischen nur noch an zwei Tagen in der Woche geöffnet, das Geschäft lief nämlich nicht mehr so rosig, die Töchter waren längst aus dem Haus, warum sollte ich daheim herumsitzen.

Den Job, der zunächst auf Teilzeit war, dehnte ich aus, zusätzlich hatte ich die Mieteinnahmen aus den geerbten Wohnungen meiner Eltern, damit konnte ich gut leben. Ich war trotzdem immer wieder bei Peter in unserer alten Wohnung, tageweise.

Aber dann kam der Moment, der endgültig zu dem Entschluss führte, mich von meinem Mann zu trennen: Seine Freundin starb an Krebs, und in der Todesanzeige, die ihre Freunde in der Zeitung aufgaben, stand sein Name an erster Stelle.

Die ganze Stadt tuschelte darüber, das war schon dreist. Peter war ja ein bekannter Mann, jeder wusste, dass er verheiratet war.

Das war zu viel. Das war der Tropfen, der das Fass zum Überlaufen brachte. Ich reichte die Scheidung ein, buchte einen Urlaub – einen Golfurlaub, inzwischen hatte ich mit diesem Sport angefangen, weil ich mir auch mal etwas gönnen wollte, und es machte mir tatsächlich großen Spaß. Und da ist dann der Knoten endgültig geplatzt! Ich merkte, wie schön das Leben sein kann. Ich lernte nette Leute kennen, fühlte mich wohl und frei. Weit weg von Peters Gängelei und Nörgelei.

Ich wollte eigentlich eine einvernehmliche Scheidung und keinen Streit. Ich dachte, das müsste doch möglich sein, schließlich hatte jeder von uns genug zum Leben.

Aber da hatte ich nicht mit Peters Geldgier gerechnet. Erst jetzt merkte ich, dass er das ganze Geld beiseitegeräumt hatte. Es war fast nichts mehr auf den Konten. Das konnte aber nicht sein, ich kannte ja die Einnahmen der letzten 25 Jahre, und die waren weiß Gott nicht gering. Peter war ein Geizkragen, er hat nicht viel ausgegeben. Neuerdings leistete er sich zwar einen Sportwagen, aber der war locker drin bei seinem Vermögen.

Er wollte mich um das gemeinsam erarbeitete Geld bringen. Aber das ließ ich mir nicht bieten – und ein unsäglicher Rosenkrieg begann.

Jedes Mal, wenn ein Brief seines Anwalts kam, bekam ich Herzrasen. Ich regte mich unheimlich auf über die Gemeinheit dieses Mannes, der mein ganzes Leben kaputtgemacht hatte.

Fast vier Jahre ging das hin und her, irgendwann war ich mit den Nerven am Ende. Wenn ich nicht den Golfsport gehabt hätte, der mir immer wieder die innere Ruhe zurückgab, hätte ich das gar nicht durchgestanden. Irgendwann hat dann mein Anwalt einen Kompromissvorschlag gemacht, den x-ten, und endlich ging Peter darauf ein. Wahrscheinlich hat ihn die ganze Geschichte auch genervt.

2005 wurden wir geschieden. Da er mir partout nichts bezahlen wollte, haben wir uns so geeinigt, dass wenigstens unsere Kinder eine gewisse Summe von ihm bekommen sollten.

Ich habe meinen Beruf, einen netten Freundeskreis, und seit einiger Zeit gibt es auch einen Mann, der mehr ist als ein Freund. Aber heiraten werde ich bestimmt nicht noch einmal.

Ja, so ist das. Sechs Wochen nach der Scheidung ist übrigens Peters neue Freundin in unsere alte Wohnung eingezogen. Aber das lässt mich völlig kalt. Ich bin froh, dass ich diesen Mann los bin – sie kann ihn wirklich gerne haben. Und mein größter Fehler war, dass ich so lange gewartet habe mit der Scheidung. Verlorene Jahre, verlorene Zeit!

Renate wurde viele Jahre lang vom Ehemann ausgenutzt und schlecht behandelt. Der Ehemann hat einen Teil seines Vermögens auf die Seite geschafft, und Renate musste es hinnehmen, dass sie finanziell benachteiligt war. Da sie aber selbst von ihren Eltern ein Vermögen erhalten hatte, hätte sie sich eine Trennung und eine Scheidung jederzeit leisten können. Trotzdem hat sie wie viele Frauen dieser Generation diesen Schritt nicht gewagt. Vor allem in ländlichen und katholisch orientierten Gegenden galt oder gilt eine Scheidung immer noch als etwas Anstößiges und Ungehöriges und eine Art Schande für die Familie.

Barbara (53), Lektorin, und Dieter (57), Diplom-Chemiker,
haben sich nach 25 Jahren Ehe getrennt. Geschieden sind
sie noch nicht, im Moment wird verhandelt. Die beiden ha-
ben eine Tochter (24), die in Amerika studiert.

Ich habe Dieter bei einem Tango-Kurs kennengelernt. Er ist mein zweiter Mann. Meine erste Ehe lag in den letzten Zügen, ich war 26 Jahre alt, kinderlos und wollte unbedingt ein neues Leben beginnen. Mit Axel, meinem Mann, lebte ich in einer Randgemeinde von München, und ich hatte folgende Anzeige in der »Süddeutschen Zeitung« unter der Rubrik »Urlaubs- und Freizeitbekanntschaften« aufgegeben: »Wer hat Lust, mit mir Tango zu tanzen? Suche einen Partner mit Taktgefühl …«

Es meldeten sich fünf Männer, mit einem davon habe ich mich getroffen. Aber das war nicht Dieter – sondern ein total unsympathischer Typ mit großer Klappe. Ich war enttäuscht, aber ich habe mich mit ihm zu dem Kurs angemeldet und redete mir ein, dass ich schließlich nur tanzen wollte und sonst nichts.

In der dritten Stunde kam dann noch ein verspäteter Teilnehmer dazu – Dieter! Es hat sofort gefunkt zwischen uns, und als er nach einem Partnerwechsel das erste Mal mit mir tanzte und mich – Tango ist schließlich ein erotischer Tanz – eng an sich zog, da habe ich es gespürt: Hier war sie endlich, die ganz große Liebe!!!

Es ging ihm genauso, und wir sind schon ein paar Wochen später miteinander ins Bett gegangen – er hatte eine sehr schöne, große Altbauwohnung mitten in der Stadt. Für einen Studenten – er stand damals kurz vor dem Abschlussexamen – war das entschieden zu luxuriös, und ich fragte ihn, wie er zu dieser Wohnung gekommen sei.

»Ach, die gehört meinen Eltern, die Miete könnte ich mir sicher nicht leisten«, sagte Dieter nur, und ich fragte nicht weiter. Offenbar hatte er wohlhabende Eltern.

Nach drei Monaten – Axel, mein Mann hatte längst gemerkt, dass ich einen anderen hatte – zog ich zu Dieter und reichte die Scheidung ein. Axel und ich waren uns einig: Wir waren jung, hatten keine Kinder, jeder hatte seinen Beruf und sein Auskommen, und keiner forderte vom anderen Unterhalt oder sonst etwas. Vermögen war sowieso nicht zu verteilen.

Axel war eine Schülerliebe gewesen, mit 16 kam ich mit ihm zusammen, und mit 22 habe ich ihn geheiratet. Warum, das weiß ich auch nicht. Er hat mir einen Heiratsantrag gemacht, und ich wäre nie auf die Idee gekommen, nein zu sagen.

Axel arbeitete sofort nach dem Abitur bei einer Behörde, studieren wollte er nie, und überhaupt legte er Wert auf ein geregeltes Leben. Wir hatten einen Bausparvertrag, mit 30 wollte er Kinder, vorher nicht, und es war einfach ein stinklangweiliges Leben. Ich wusste genau, dass ich so nicht für immer leben wollte, und es war nur noch schlechte Stimmung zwischen uns. Auch Axel hat wohl eingesehen, dass ich nicht die richtige Partnerin für ihn war, und war vielleicht sogar ganz froh, dass er mich loswurde.

Nun konnte mit Dieter also endlich das Leben beginnen! Ich war so glücklich wie noch nie. Den Tango-Kurs brach ich ab, weil mein Tanzpartner sauer war. Und Dieter sagte: »Weißt du was, wir lernen Tango in Argentinien, nicht in München. In den Semesterferien geht es los!«

»Ja, aber … das kostet doch eine Menge Geld! Der Flug allein!«

Ich war perplex. Seit zwei Jahren hatte ich einen Job als Lektorin in einem kleinen Verlag, mein Studium der Germanistik und Kunstgeschichte hatte ich gerade abgeschlossen. Es war für mich wichtig, möglichst schnell Geld zu verdienen, denn meine Eltern waren nicht sehr vermögend. Sie betrieben ein kleines Lebensmittelgeschäft in Franken. Ich bekam BAFöG und jobbte als

Kellnerin oder Kassiererin in Supermärkten, um mir das Studium überhaupt leisten zu können.

Ein Urlaub war überhaupt nicht drin. Mit Axel war ich mal eine Woche auf Mallorca, wir sparten ja auf eine Eigentumswohnung – und nun kam Dieter und wollte in Argentinien Tango tanzen.

»Mach dir keine Sorgen, den Flug finanziere ich«, sagte Dieter. Und das Leben dort ist billig, wir brauchen nicht viel. Wir leben einfach von Luft und Liebe, mein Schatz.«

Woher hatte er so viel Geld? Er jobbte auch nicht, das hätte ich ja mitbekommen. Ich fragte ihn nach seinen Eltern, denn von ihnen musste das Geld ja kommen, aber er gab nur ausweichende Antworten. Sein Vater sei »so eine Art Kaufmann« und seine Mutter Hausfrau. Geschwister hatte er keine.

Es rief auch nie jemand von seiner Familie bei ihm an. Komische Verhältnisse.

Nachdem ich meinen Eltern von der Trennung von Axel und von meinem neuen Freund erzählt hatte, wollte ich ihnen Dieter vorstellen. Meine Eltern waren nicht begeistert – ein Student, ein »Preuße« noch dazu, denn er kam aus Norddeutschland –, sie verstanden nicht, dass ich einen so »soliden Mann« wie Axel für einen Studiosus aufgeben konnte. Aber sie kannten meinen Sturkopf – ich hatte auch mein Studium gegen ihren Willen durchgezogen. Wäre es nach meinen Eltern gegangen, wäre ich Bankangestellte bei der örtlichen Raiffeisenbank geworden. Mein Vater, der mit dem Filialleiter im Kirchenchor sang, hatte schon alles geregelt. Aber ich wollte nicht und schrieb mich in der Uni ein. »Von mir bekommst du keinen Pfennig«, sagte mein Vater, und ich wusste, dass er das ernst meinte. Ich bin stolz darauf, aus eigenen Kräften alles geschafft zu haben.

Dieter und ich fuhren also in die fränkische Kleinstadt, in der ich aufgewachsen war, und ich merkte sofort, dass zwischen meiner Familie und meinem Freund der Funke nicht übersprang. Höfliche Floskeln, und Dieter benahm sich irgendwie hölzern, er war ganz anders als sonst.

Später musste ich mir von meiner Mutter anhören: »Also, ich finde ihn ganz komisch, und der Papa übrigens auch. Der mag ihn gar nicht. Was findest du nur an diesem arroganten Schnösel? Der Axel war doch so nett, der hat gut zu uns gepasst!«

Ich habe nicht auf sie gehört. Ich war so verliebt in Dieter, und ich wollte mit ihm zusammen sein, und sonst gar nichts.

Nach einem halben Jahr wurde ich schwanger. Pillenpause. Und ehrlich gesagt, habe ich mich darüber gefreut. Das Kind war zwar nicht geplant, aber ich fühlte mich alt genug. Nur, würde Dieter mich heiraten? Wir hatten noch nie über eine gemeinsame Zukunft gesprochen. Er war mit seinem Studium noch nicht fertig, wollte außerdem noch promovieren. Mit klopfendem Herzen habe ich ihm eröffnet, dass wir Eltern werden würden …

Aber Dieter reagierte nach einer »Schrecksekunde« sehr lieb: »Okay, Mäuschen, wir werden das Kind schon schaukeln. Mach dir keine Sorgen um das Geld, ich kriege das schon hin.«

Am Wochenende darauf fuhr er zu seinen Eltern. Ich war enttäuscht, dass er allein fahren wollte, aber er meinte, es sei besser so. Später würde er mich seiner Familie natürlich vorstellen.

Er rief das ganze Wochenende nicht an. Und ich hatte das Gefühl, dass irgendwas nicht stimmte.

Diese Befürchtung sollte sich bald bestätigen, als seine Eltern zu Besuch kamen. Seine Mutter, sehr gepflegt im Chanel-Kostüm und mit eisigem Blick, sein Vater im dunklen Zweireiher. Unten wartete der Chauffeur im Mercedes.

Dieter kam aus einer Unternehmerfamilie, schwerreiche Leute. Sein Vater sei »so eine Art Kaufmann«, von wegen! Der Vater nahm mich beiseite. »Können wir mal unter vier Augen miteinander reden?«

Er schlug mir einen Schwangerschaftsabbruch vor. Er würde »alles regeln, ganz legal«. Und natürlich würde man dann »für mich sorgen«. Er schlug mir eine für mich sehr hohe Geldsumme – 20 000 Mark – vor und war offenbar sicher, dass ich auf dieses Geschäft eingehen würde.

Ich war empört. Mir schossen Tränen in die Augen vor Enttäuschung. Warum hatte mir Dieter nie gesagt, wer er wirklich war??

Ich stand auf, knallte die Tür zu und lief weg.

Nachdem ich mich einigermaßen beruhigt hatte, ging ich zurück. Der Mercedes war weg, ich stand Dieter allein gegenüber. »Hast du von diesem Deal gewusst, den dein Vater mir vorschlägt?«, fragte ich ihn.

Er fiel aus allen Wolken. Ich glaubte ihm, dass er nichts davon gewusst hatte. Er erzählte mir allerdings, dass sein Vater von ihm verlangt hätte, sich sofort von mir zu trennen, sonst würde er seine Zahlungen an ihn einstellen. Und die Sache mit der Schwangerschaft würde geregelt werden.

Dieter hielt zu mir. Brach mit seiner Familie, die daraufhin tatsächlich kein Geld mehr an ihn überwies. Aus der Wohnung sollten wir ausziehen, »kulanterweise« aber erst nach der Geburt.

Schon bald heirateten wir standesamtlich. Das Hochzeitsmahl fand mit ein paar Freunden in einer Pizzeria statt, aber wir waren glücklich. Dieter hatte bei einem Immobilienmakler, mit dessen Sohn er befreundet war, angeheuert und verdiente gar nicht schlecht. Sein Studium brach er ab, es ging zeitlich auch gar nicht anders.

Noch vor der Geburt unserer Tochter zogen in eine hübsche Wohnung um, die wir auch bezahlen konnten. Ich war zufrieden. Nach Connies Geburt arbeitete ich halbtags, das war gut möglich in meinem Beruf. Und Dieter wurde richtig erfolgreich als Makler.

Er war auf einem bekannten Eliteinternat zur Schule gegangen und hatte daher viele nützliche Kontakte.

Jedenfalls ging es uns gut. Allerdings neigte Dieter aus meiner Sicht zur Verschwendung: Er kaufte nur die teuersten Klamotten, fuhr einen Porsche, obwohl er ihn auf Kredit gekauft hatte, und immer gingen wir in teure Restaurants, machten Urlaub im Fünf-Sterne-Hotel. Sicher, es war ein angenehmes Leben, das ich so nicht kannte.

Und ich überließ Dieter voll und ganz die Finanzen. Er würde es schon richtig machen. Der Erfolg gab ihm ja auch recht – wir wohnten inzwischen in einer wunderschönen Dachterrassenwohnung, und ich konnte wirklich zufrieden sein.

Mit seinen Eltern war Dieter wieder versöhnt, zumindest hatte er wieder Kontakt zu ihnen. Und wenn Familienfeste anstanden, besuchte er sie zusammen mit unserer Tochter. Ich fuhr nur einmal mit, dann nie mehr. Denn meine Schwiegereltern ließen mich deutlich spüren, dass ich nicht dazugehörte und nie dazugehören würde.

Eines Tages kam Dieter, wir waren nun schon 15 Jahre verheiratet, auf den Gedanken, sich selbständig zu machen. Bis dahin war er in mehreren Immobilienbüros nur Partner gewesen. Jetzt wollte er der Chef sein, und das natürlich im großen Stil.

Er mietete ein neues, modernes Büro an, möblierte es luxuriös, stellte zwei topgestylte Sekretärinnen für das Vorzimmer ein sowie mehrere Angestellte.

Ich sah, was das alles kostete – und hatte ein ungutes Gefühl dabei. Das sagte ich ihm auch, aber es perlte an ihm ab wie die meisten Dinge, die ich mit ihm besprechen wollte. Dieter war inzwischen so überzeugt von seinem Erfolg, dass er keine Zweifel gelten ließ.

In unserer Ehe war es ohnehin relativ kühl geworden. Es war so ein schleichender Prozess. Dieter war viel unterwegs, oft tagelang, er tätigte seine Immobiliengeschäfte auch im Ausland, vor allem auf Mallorca war er oft. Unsere Tochter ging zur Schule, ich arbeitete zwei Tage in der Woche in einer Kunstgalerie. Das machte mir viel Spaß. Meinen Beruf als Lektorin hatte ich für mehrere Jahre an den Nagel gehängt – zu wenig Geld für zu viel Aufwand. So hatte Dieter es gesehen, und ich hatte mich bereits an seinen Lebensstil gewöhnt.

Ja, und dann war da noch die Sache mit dem Sex. Das war ein heikles Thema bei uns. Denn Dieter war an Sex nicht sonderlich interessiert. Das zeigte sich schon nach wenigen Jahren Ehe. Wir schliefen selten miteinander – für mich viel zu selten! –, und wenn es dazu kam, dann übernahm immer ich die Initiative. Ich musste ihn regelrecht verführen …

Trotzdem bin ich nie auf die Idee gekommen, mir einen Liebhaber zu suchen. Ich liebte Dieter immer noch und redete mir ein, dass ich doch wirklich glücklich sei. Wir lebten in besten Verhältnissen, hatten eine wohlgeratene Tochter, und wir stritten fast nie.

Nein, wir stritten nie. Weil man mit Dieter gar nicht streiten konnte. Er war immer hanseatisch-distinguiert, Vorwürfen begegnete er mit Ironie, und überhaupt war er sehr »cool«. Einmal, wir hatten monatelang keinen Sex mehr gehabt, hatte ich große Lust und beschmuste ihn den ganzen Abend. Vielleicht war ich ein wenig zu direkt, denn ich war auch nicht mehr ganz nüchtern – da sagte Dieter zu mir: »Barbara, lass mir bitte meine Ruhe! Wenn du so dringend einen Mann brauchst, dann such dir einen! Ich habe nichts dagegen.«

Das saß. Nun hätte ich mich weiß Gott nach einem Liebhaber umsehen sollen. Aber nein, ich habe es geschluckt. Denn er hatte auch keine andere, da war ich mir sicher. Er brauchte einfach keine Zärtlichkeit und keine Nähe. Vielleicht weil er das bei seiner Mutter nie kennengelernt hatte.

Eines Tages kam der große finanzielle Zusammenbruch: Seine Firma musste Insolvenz anmelden. Die horrenden laufenden Kosten für Büromiete, Angestellte, Autos usw. waren aus dem Ruder gelaufen. Gleichzeitig war ab 2001 der Immobilienmarkt für Jahre am Boden, überall nur schlechte Zahlen.

Seine Schulden müssen enorm gewesen sein. Die Banken wollten sogar unsere Privatwohnung versteigern.

Da griffen dann wohl seine Eltern ein. Ich habe nie erfahren, um welche Summe es ging, auf jeden Fall waren die Banken zufriedengestellt, und wir konnten in unserer Wohnung bleiben. Das heißt: Ich konnte bleiben.

Dieter hat mir nämlich bei einem Abendessen kurz vor unserer Silberhochzeit ganz kühl eröffnet, dass er sich von mir trennen würde. Ohne jegliche Vorwarnung, es war weder ein Streit noch sonst etwas vorausgegangen.

»Das ist doch ganz normal, Barbara«, sagte er beinahe teilnahmslos. »Ich werde eine gute Lösung für dich finden. Für Connies Studium zahlen ohnehin meine Eltern. Du kannst in der Wohnung bleiben. Alles Weitere werden wir regeln.«

Wir werden es regeln – ja, das war genau die Sprache seines Vaters. Nun wird eben die Sache mit dem Ende unserer Ehe »geregelt«. Mit Geld!

Damals, als ich schwanger war, habe ich ihr Geld abgelehnt. Heute mache ich das nicht mehr. Ich werde so viel rausholen wie nur irgend möglich. Wenn sie alles »regeln« wollen – gerne! Im Moment bieten sie mir die Wohnung und eine hohe Summe als Abfindung an. Unterhalt allerdings wollen sie nicht zahlen. »Eine einmalige Zahlung und die Sache ist aus der Welt« – sagt mein Mann.

Er lebt übrigens wieder bei seinen Eltern. Arbeitet sich gerade in die Firma ein, denn die soll er übernehmen. Unsere Tochter studiert BWL in den USA – sie wird mal seine Nachfolgerin, und sie liebt ihre Familie, die Familie ihres Vaters, sehr. Wir haben nur noch wenig Kontakt, sie wurde ganz auf die andere Seite gezogen.

Ich habe seit kurzem einen neuen Freund. Die große Liebe ist es nicht – aber dafür habe ich Sex, so viel ich will und wann ich will. Und guter Sex ist eine unglaubliche emotionale Tankstelle! Das habe ich erst jetzt erkannt. Ein wenig spät, aber noch nicht zu spät.

Nein, ich bin nicht traurig, nicht einmal enttäuscht. Ich schaue nach vorn. Ab jetzt lebe ich! Und wie mein Leben aussieht, das »regele« ich von jetzt an selbst.

Barbara hat zum Glück vermögende Schwiegereltern, die eine hohe Summe als Abfindung anbieten. Es ist anzunehmen, dass es sich dabei um eine Abfindung des nachehelichen Ehegattenunterhalts handelt und nicht um eine Abfindung von Zugewinnausgleichsansprüchen, die vermutlich nicht gegeben sind.

Barbara sollte zu einem raschen Abschluss kommen. Durch die Änderung des Unterhaltsrechts (Änderung der Rechtsprechung des BGH und Gesetzesänderung) verschlechtert sich die Verhandlungsposition von Barbara. Sie muss grundsätzlich ganztags arbeiten, und wenn sie einen Ganztagsjob als Lektorin gefunden hat, wird der Aufstockungsunterhalt auf einige Jahre begrenzt. Dann wird es keine hohe Summe mehr sein, die als Abfindung angeboten wird. Eile ist daher geboten!

Stefanie (65) ist Dolmetscherin und arbeitet derzeit als Se-kretärin. Ihr Exmann Hans (68), ein Industriekaufmann, von dem sie seit 1999 geschieden ist, war 30 Jahre mit ihr verheiratet. Die beiden haben einen Sohn (37) und eine Tochter (36) und lebten die meiste Zeit ihrer Ehe in einer Gemeinde an einem bayrischen See, wo Stefanie heute noch wohnt.

Ich habe Hans in der Firma kennengelernt, in der ich damals als Sekretärin seines Chefs arbeitete. Das war 1968. Ich kannte ihn schon über ein Jahr, aber wir hatten wenig und nur rein beruflichen Kontakt. Damals war ich nämlich verlobt mit einem anderen und habe ihn daher wohl gar nicht als Mann wahrgenommen. Aber mein Verlobter stürzte kurz vor unserer Hochzeit beim Bergsteigen ab, und ich war unendlich traurig.

In meiner Firma wussten alle von meinem Unglück, nur Hans hat mich zu einem Drink nach Feierabend eingeladen – »Damit Sie mal auf andere Gedanken kommen!« –, eigentlich bloß aus Mitleid, wie er später sagte, weil ich einen so fürchterlich deprimierten Eindruck gemacht hätte.

Aber nach diesem ersten privaten Abend trafen wir uns öfter, gingen ins Kino oder zum Essen, und was ich nicht für möglich hielt in meiner Trauer – ich verliebte mich in diesen Mann! Und wie! Schon nach einem halben Jahr wurde ich schwanger, und es gab gar keine Diskussionen – wir wollten das Kind und wollten auch eine gemeinsame Zukunft.

Also haben wir 1969 geheiratet, in dem Jahr, in dem unser Sohn geboren wurde, genau ein Jahr später kam unsere Tochter. Es war zwar ziemlich anstrengend mit zwei kleinen Kindern, und die Nächte waren meistens kurz – aber ich arbeitete trotzdem weiter von zu Hause aus als Übersetzerin. Mein Beruf war mir immer wichtig, ich wollte eigenes Geld verdienen und mich vor allem auch mit anderen Dingen beschäftigen als nur mit Haushalt und Kindern.

Hans war bei einer internationalen Firma angestellt und verdiente gut. Wir hatten keinerlei Sorgen, die Ehe war okay. Wir lebten in einer Wohnung, die meinem Vater gehörte, zahlten ihm aber Miete. Dann wurde Hans versetzt, das war 1974, und wir zogen für zwei Jahre ins Rheinland. Aber als die Kinder schulpflichtig wurden, sah er zu, dass wir wieder zurück nach Bayern konnten, was auch klappte.

In meinem Heimatort, wo wir vorher schon gelebt hatten, bauten wir zusammen mit meinem Vater ein Doppelhaus und verkauften die eine Hälfte. Die andere bezogen wir – das heißt, im Erdgeschoss lebten meine Eltern und im Obergeschoss wir.

Wir hatten uns das so schön vorgestellt, eine Großfamilie, die Kinder hätten Opa und Oma in der Nähe, man konnte sich gegenseitig helfen … aber es stellte sich als sehr schwierig heraus, mit meinen Eltern unter einem Dach zu leben. Wir hatten zwar getrennte Wohnbereiche, aber sie mischten sich in alles ein, und die Harmonie in unserer Ehe wurde zusehends belastet.

Es zeigte sich auch ein Charakterzug von Hans, der mir gar nicht gefiel. Er hielt mir ständig vor, dass ich wohlhabend sei, er dagegen kam aus einer Flüchtlingsfamilie. Nach Kriegsende mussten sie, wie so viele, ihre Heimat in Pommern verlassen und von vorn anfangen. Natürlich ist das bitter, aber Hans machte das zum Thema: »Ich bin eben ein armer Schlucker, ich kann arbeiten, so viel ich will. Wir waren auch mal wohlhabende Leute, aber hier in Bayern sind wir nichts als ›Zuagroaste‹ (Zugereiste), Menschen zweiter Klasse.« Das stimmte zwar überhaupt nicht, niemand behandelte ihn als »Menschen zweiter Klasse«, aber er und seine Eltern kamen über den Verlust von Grund und Boden wohl nie hinweg. Am Ende unserer Ehe hielt er mir sogar vor, dass er mich bloß geheiratet hatte, weil er eine andere, die er eigentlich liebte, nicht

bekommen konnte. »Weil ich nichts besitze und ihre wohlhabenden Eltern mich nicht akzeptiert haben!« Aha. Das war wirklich
starker Tobak, aber ich greife vor ...

Gut, wir lebten so dahin, die Ehe lief nicht schlecht, normal,
würde ich sagen. Wir schliefen miteinander, wir hatten keinen
Streit und keine Sorgen, aber besonders glücklich waren wir auch
nicht. Was mir auffiel, war, dass Hans jeder Auseinandersetzung
aus dem Weg ging. Selbst eine Diskussion war ihm schon zu viel.
Er wollte seine Ruhe und sonst nichts, und das war mir eigentlich
zu wenig. Mir fehlte der Beruf, ich arbeitete zwar noch gelegent-
lich als Übersetzerin, nahm Aufträge an, die ich zu Hause erledigen konnte, aber befriedigend war das nicht. 1984 sollte Hans für
seine Firma nach Japan, der Job war auf neun Monate begrenzt,
und ich war anfangs sehr erfreut darüber: »Super, endlich raus
aus diesem Trott!« Aber die Kinder hatten gerade aufs Gymnasium gewechselt und hätten wahrscheinlich ein Schuljahr verloren,
wären sie nach Japan mitgekommen. Außerdem merkte ich, dass
Hans gar nicht so erpicht darauf war, die Familie mitzunehmen.
Ich hatte sogar das Gefühl, er wollte eine Auszeit. Und ich habe
ihn einfach ziehen lassen, ohne Vorwürfe.

Heute denke ich, das war ein Fehler. Wir hätten gemeinsam ein
neues Leben anfangen können, auch wenn es zeitlich begrenzt
gewesen wäre. Aber so ging jeder seiner Wege; wie er in Japan so
gelebt hat, weiß ich nicht. Ich will es auch gar nicht wissen.

Ich habe mir jedenfalls in seiner Abwesenheit einen Job gesucht. Durch Zufall ergab es sich, dass in einem Golfclub in der
Nähe eine Sekretärin gesucht wurde. Erst arbeitete ich in Teilzeit,
aber schon bald wurde mir die Stelle einer Clubmanagerin angeboten, und ich griff zu. Das machte mir großen Spaß, ich hatte
Kontakt zu vielen Menschen und konnte meine Sprachkenntnisse
einsetzen. Ich lernte Golf spielen, und als Hans aus Japan zurückkam, fing er auch damit an.

Er fand großen Gefallen daran und verbrachte jede freie Minute auf dem Platz. Und im Clubhaus. Er feierte und genoss die Geselligkeit, die sich durch das Golfen ergab. Ich hingegen war den ganzen Tag auf den Beinen, organisierte Turniere, saß im Büro und hatte einfach keine Lust, auch noch den ganzen Abend im Club zu verbringen. Ich wollte heim, Hans wollte bleiben. So gingen wir immer öfter getrennte Wege.

Den Job im Club musste ich 1991 aufgeben, als meine Mutter plötzlich an einem Herzinfarkt starb und mein demenzkranker Vater, den sie gepflegt hatte, meine Hilfe brauchte. Eine sehr stressige Zeit begann. Über ein Jahr war ich allein für die Versorgung dieses schwerkranken Mannes zuständig, meist schlief ich unten in seiner Wohnung, Hans und ich gaben uns bloß noch die Klinke in die Hand. Jeder lebte sein Leben – er im Beruf und auf dem Golfplatz, ich war mit der sehr anstrengenden Pflege meines Vaters und den beiden Haushalten mehr als beschäftigt.

Das war eigentlich das Ende unserer Ehe. Ich fühlte mich alleingelassen, er unterstützte mich überhaupt nicht, war der Ansicht, dass ich dafür ja den Hausanteil meiner Eltern erben würde. Die Pflege sei eben so eine Art Job. Das nahm ich ihm übel.

Dann starb mein Vater und fast gleichzeitig Hans' Mutter. Nun musste er seinen kranken Vater pflegen. Der lebte ein paar Kilometer von uns entfernt, Hans übernachtete immer häufiger dort. Zunächst habe ich das toleriert, man kann alte Leute nachts nicht allein lassen – aber schon bald merkte ich, dass es nicht nur die Sorge um den Vater war, die ihn umtrieb. Er hatte sich nämlich eine Freundin zugelegt, die angeblich notwendigen Übernachtungen bei seinem Vater waren nur ein Vorwand. Er schlief bei seiner neuen Flamme.

Und dann wurde er richtig unverschämt: Er veruntreute einen Bausparvertrag, den ich abgeschlossen hatte, und brachte ihn in die Finanzierung einer Luxuswohnung ein, die er für sich und seine neue Freundin kaufte. Alles heimlich natürlich. In den Jahren 1991 bis 1993 starben also seine und meine Eltern, gleichzeitig zogen die Kinder aus, und das war auch das Ende unserer Ehe. Obwohl Hans, nachdem seine Freundin Schluss gemacht hatte, wieder zu mir zurückkam.

Allerdings mit komischen Vorstellungen, wie ich fand: Er verlangte von mir, dass er kommen und gehen konnte, wann er wollte, ich könnte das auch. Also ein Freibrief fürs Fremdgehen, aber gleichzeitig wollte er von mir versorgt und bekocht werden, wie unverschämt!

Nein, das kam nicht in Frage für mich. Unsere Beziehung war ausgehöhlt wie ein hohler Zahn. Die äußere Fassade stand noch, aber mehr auch nicht. Ich empfand eine totale Leere und beschloss, ein neues Leben anzufangen.

Ich hatte einen neuen Job als Sekretärin und Buchhalterin, der machte mir viel Spaß. Ich hatte auch genügend Geld, denn das Obergeschoss meines Hauses habe ich vermietet. Es ging mir finanziell gut, während Hans in großen Schwierigkeiten war. Diese Luxuswohnung erwies sich nämlich als Bumerang. Er hatte eine sehr hohe Hypothek dafür aufgenommen, aber die Grundstückspreise verfielen in dieser Gegend, und deshalb hätte er bei einem Verkauf einen herben Verlust eingefahren. Er war gezwungen zu vermieten, um die Hypothek bedienen zu können, aber es gab immer wieder Leerstände, und er geriet ins Trudeln. Die Bank saß ihm im Nacken, die Wohnung war verschuldet.

Wieder warf er mir vor, dass er ein armer Schlucker sei, weil seine Familie im Krieg alles verloren hatte. Immer die gleiche Leier, nach 50 Jahren! Er hatte inzwischen wieder eine Freundin, zu der er 1996 auch gezogen ist. Nun wollte ich einen Schlussstrich ziehen, vor allem, weil ich sah, dass mein Mann auf eine Insolvenz zulief. Und ich hatte keine Lust, ihn den Rest seines Lebens zu finanzieren.

Aber da hatte ich Hans unterschätzt: Er wehrte sich mit Händen und Füßen gegen eine Scheidung. Ich wollte eigentlich eine einvernehmliche Trennung, hatte einen Mediator vorgeschlagen und wollte nur einen Anwalt. Es wäre ganz einfach gewesen: Mir gehörte das Haus, ihm die Wohnung. Sonst war sowieso nichts zu verteilen. Und ich wollte, dass wir nicht im Streit auseinandergingen, deshalb habe ich auch keine Unterhaltsforderungen gestellt.

Aber als die Bank mitbekam, dass eine Scheidung ins Haus stand, machte sie massiv Druck. Die Wohnung wäre weit unter Preis versteigert worden, und so nahm ich einen Teil der Hypothek auf mein Haus, das bis dahin schuldenfrei war. Aber nur so willigte er überhaupt in die Scheidung ein. Ich wollte so schnell wie möglich klare Verhältnisse.

Das war auch gut so, denn Hans konnte die Wohnung trotzdem nicht halten und meldete vor kurzem Privatinsolvenz an. Da bin ich noch mal mit einem blauen Auge davongekommen, denn als Ehefrau hätte ich natürlich mit ihm im selben Boot gesessen und die Suppe auslöffeln müssen, die er sich selbst eingebrockt hatte.

Außerdem war ich längst anderweitig liiert. Als die Geschichte mit seiner zweiten Freundin anfing, war ich zur Reha in einem Kurort und lernte dort einen netten Mann kennen. Mit ihm lebe ich heute zusammen. Mit Hans habe ich ein einigermaßen gutes Verhältnis. Bei Familienfesten – wir haben zwei Enkel mit neun und vier Jahren – können wir uns immerhin noch in die Augen sehen. Das ist mir wichtig. Obwohl ich viel schlucken musste. Ein Telefonat, das er von seinem Schreibtisch zu Hause mit seiner neuen, zweiten Freundin führte, blieb mir im Gedächtnis. Ich war ins Zimmer gegangen, weil ich ein Buch suchte, und hatte erst gar nicht mitbekommen, mit wem er telefonierte. Als ich es dann merkte, blieb ich erst recht stehen. Aber Hans legte nicht etwa auf, sondern flötete ins Telefon: »Also, Schneckilein, in einer halben Stunde bin ich da! Mach mir einen schönen Salat, ja?«

»Sag mal, kennst du eigentlich gar keine Grenzen mehr?«, fragte ich. Aber Hans antwortete bloß: »Hör doch auf, Steffi! Was soll das? Du weißt doch, dass es da noch jemanden gibt.« – »Und warum gehst du nicht ganz zu ihr?« Da sagt dieser Mann doch glatt: »Weil es hier bei dir doch auch schön ist! Ich bin gern bei dir, wirklich. Es ist sehr gemütlich.«

Ich bin nicht nachtragend. Nur ernüchtert.

Stefanie erkannte rechtzeitig, dass der Ehemann auf eine Insolvenz zusteuerte. Sie beantragte noch vorher die Ehescheidung und übernahm einen Teil der Schulden auf ihr eigenes Haus. Mit der einige Jahre später tatsächlich eingetretenen Insolvenz des geschiedenen Mannes hatte sie nichts mehr zu tun. So hat sie wenigstens einen Teil ihres Vermögens gerettet und ist im Alter abgesichert.

Sylvia (51), Familien-Managerin, und Manfred (54), Indus-
triekaufmann und Top-Manager, waren genau 25 Jahre
verheiratet. Er hat sie wegen einer ihrer besten Freundin-
nen verlassen, mit der er heute zusammenlebt. Sie haben
eine Tochter (23) und einen Sohn (22).

Meine Geschichte beginnt in Hamburg, wo wir beide herkom-
men. Ich habe gerade mein Abitur gemacht, Manfred war bei der
Bundeswehr. Wir lernten uns auf einer Fete kennen, er hat sich
von Anfang an sehr um mich bemüht.

Ich war eigentlich noch gar nicht bereit für eine richtige Beziehung, wollte nach dem Abi ein Jahr in die USA, das war
schon fest geplant. Es war kein Platz für einen festen Freund in
meinem Leben – und der Traum meiner schlaflosen Nächte war
er auch nicht.

Umso erstaunlicher, dass wir trotzdem das ganze Jahr über, das
ich in Amerika als Au-pair verbrachte, Kontakt hielten. Am Ende
dieser Zeit kam er in die Staaten, um mich zu besuchen. Wir ver-
brachten ein paar wunderbare Wochen miteinander.

Dann fing der Alltag in Deutschland wieder an, ich begann ein
Lehramtsstudium, er hatte bei einem deutschen Weltkonzern als
Industriekaufmann angeheuert. Das Studium gefiel mir nicht, ich
sattelte um und machte eine Ausbildung zur Reisekauffrau.

Da bekam Manfred völlig überraschend ein tolles berufliches
Angebot – einen sehr gut bezahlten Job in Guatemala, wo seine
Firma eine Niederlassung hatte.

Allein nach Mittelamerika? Oder heiraten? Und ich würde als
Ehefrau mitreisen, denn nur so hätte die Firma alle Kosten für
mich übernommen. Also Heirat. Wir waren beide schnell entschlossen, mich reizte natürlich das Abenteuer.

Es begann eine sehr aufregende Zeit: ein exotisches Land, neue
Bekannte, ich lernte Spanisch und lebte mich schnell ein. Das

Jahr verging wie im Flug, und wir zogen zurück nach Deutschland, und zwar nach Bremen.

Manfred machte weiter Karriere, auf mich aber kam ein familiäres Problem zu – meine Großmutter brauchte Pflege, und ich erklärte mich bereit, sie bei uns aufzunehmen. Ich hatte ja ohnehin keinen Job, und wir wollten Kinder.

Mit der Pflege der alten Dame habe ich mich allerdings übernommen, es war sehr anstrengend. Als Manfred schließlich für die Firma nach Mexiko gehen sollte, waren wir heilfroh, Bremen und der Oma zu entkommen …

Mexiko war anfangs schwierig. Wir lebten in Mexiko City, einer Stadt, die mit keiner europäischen Großstadt vergleichbar ist. Manfred war beruflich sehr engagiert, und ich lernte die Sprache. Ich bemühte mich um einen Job in einem Reisebüro, aber mein Spanisch war zu schlecht. Bald darauf wurde ich schwanger, und damit begann ein neuer Lebensabschnitt. Wir waren insgesamt fünf Jahre in Mexiko, unsere beiden Kinder wurden dort geboren. Als wir dann wieder zurück nach Deutschland kamen – diesmal nach München, dort war die Firmenzentrale –, waren wir eine komplette Familie: Vater, Mutter, Tochter, Sohn und Hund.

Wir bauten ein Haus, größtenteils mit dem Geld, das wir inzwischen geerbt hatten, und ich war sehr beschäftigt mit den beiden kleinen Kindern und der neuen Situation. Ich musste – wieder einmal – alles allein organisieren und versuchte auch, soziale Kontakte aufzubauen.

Das hat mich wohl so beschäftigt, dass ich lange nicht merkte, dass Manfred eine Affäre hatte. Mit seiner Sekretärin, wie sich später herausstellte. Irgendwann fiel mir auf, dass er oft schon Sonntagabend wegfuhr, weil er angeblich sonst den ersten Flug nicht bekam. Das ging ein ganzes Jahr lang so, und ich war sehr verletzt, als ich es erfuhr. Ich stellte ihn zur Rede, er leugnete es nicht und erklärte mir, er habe einfach »sexuelle Defizite«, ich sei ja bloß noch mit den Kindern beschäftigt.

Daraufhin wollte ich ihn verlassen, denn gerade er war es ja, der eine klare Rollenverteilung von mir verlangt hatte: Du bist für Kinder und die Organisation des Alltags verantwortlich, ich sorge für die Finanzen. Er war nämlich sehr egoistisch in seiner – zugegeben spärlichen – Freizeit und hat viel allein gemacht: Sport und Wellness. Um die Kinder hat er sich wenig gekümmert. Er hatte einen anstrengenden Job und musste sich fit halten und entspannen, damit er auch weiterhin alles schaffen konnte.

Ich habe funktioniert wie ein Schweizer Uhrwerk. Nun gut, Manfred hat sich ein Bein ausgerissen, um mich zu halten, und mir erklärt, die Familie ginge ihm über alles. Die Beziehung zu dieser Frau hätte er definitiv beendet. Ich ließ mich nur allzu gern breitschlagen und glaubte an einen Neubeginn.

Der kam auch, diesmal aus heiterem Himmel, denn eigentlich stand kein Auslandsjob an. Es war die Zeit der politischen Umbrüche, der Osten öffnete sich, und meinem Mann wurde angeboten, für seine Firma die Möglichkeiten in Tschechien auszuloten. Er war inzwischen in der Führungsetage angekommen, aber die neue Herausforderung war für ihn sehr reizvoll. Es taten sich völlig neue Möglichkeiten auf. Und für uns ein Neubeginn! Wir zogen nach Prag, behielten aber unser Haus in München. Es war ja nicht allzu weit entfernt. Aber ich musste trotzdem wieder das ganze Programm durchziehen: Umzugskisten packen, für die Kinder neue Schulen suchen, wieder mal völlig von vorn anfangen.

Aber Prag war eine unglaublich interessante Stadt zu dieser Zeit. Aufbruchstimmung, tolle Leute, ein unglaubliches kulturelles Angebot. Inzwischen kannte ich auch schon viele dieser Managerfamilien, die wie wir als Vagabunden durch die Welt zogen, mal in Asien, mal in Amerika lebten. Die Kinder gingen auf internationale oder deutsche Schulen. Wir waren Teil einer

»mobilen Gesellschaft«. In Prag trafen sich damals hochkarätige Manager aus großen Konzernen, denn alle wollten sich dort etablieren und schickten ihre »Botschafter« aus, um das Terrain abzuchecken.

Übrigens nenne ich mich »Familien-Managerin«, weil ich gewiss kein normales Hausfrauendasein führte. Es erfordert sehr viel Engagement und Flexibilität, um den Alltag einer Familie immer wieder völlig neu zu organisieren. Man darf auch nicht vergessen, wie schwierig das für die Kinder war: Freunde, Sportvereine, Hobbys und vor allem die Schule – alles mussten sie aufgeben und wieder von vorn anfangen. Gerade in den Anfangszeiten erfordert das viel Zeit zum Zuhören und Miteinanderreden. Andererseits schweißt das auch zusammen. Meine Kinder und ich – wir sind ein Team!

Prag war wirklich eine super Zeit. Die möchte ich nicht missen in meinem Leben. Wir hatten regen Kontakt mit befreundeten Familien und bekamen Trennungen und Scheidungen von Paaren mit, die lange verheiratet waren und viel miteinander erlebt hatten. »So eine Idiotie!«, sagte Manfred. »Das passiert uns bestimmt nicht. Das ist ja die reinste Geldvernichtung!«

Auch eine sehr gute Freundin von mir wurde in dieser Zeit Knall auf Fall von ihrem Mann sitzengelassen. Sie hatte drei Kinder, lebte in Bangkok und war am Boden zerstört. Ich habe mich um sie gekümmert, als sie wieder in Deutschland war, habe sie an Wochenenden besucht und nächtelang mit ihr geredet. Bin mit ihr verreist, damit sie auf andere Gedanken kommt, und habe sie mit ihren Kindern zu uns eingeladen. Ich war ihr emotional sehr verbunden.

Von Manfred hörte ich immer nur: »Toll, wie Anja das alles meistert! Eine wirklich tolle Frau!«

Ich dachte mir absolut nichts dabei, im Gegenteil, ich war froh, dass er sie mochte. Hätte er sie abgelehnt, wäre es schwierig gewesen, sie in unser Familienleben zu integrieren. Und Anja fand

Manfred umgekehrt auch klasse: »Hoffentlich weißt du, was du an ihm hast! Kein Vergleich zu meinem Ernst!«

Im Nachhinein frage ich mich, ob ich eigentlich Scheuklappen vor den Augen hatte. Aber ich wäre einfach nicht im Traum auf die Idee gekommen, dass zwischen den beiden etwas lief.

Wir waren inzwischen wieder zurück in München, und mein Mann bekam ein neues Angebot: Auf nach Südafrika! Johannesburg.

Diesmal war ich alles andere als begeistert. Die Kinder hatten Schwierigkeiten in der Schule. Meinen Sohn hatte ich schweren Herzens bei Freunden in Prag zurückgelassen, damit er dort sein Abitur machen konnte und nicht schon wieder einen Schulwechsel mitmachen musste. Unsere Tochter war in Dublin im Internat, sie hatte große Schulprobleme und wollte endlich irgendwo Fuß fassen und Freunde haben. Südafrika hat ein völlig anderes Schulsystem. Ich hatte mich ausgiebig erkundigt und beschlossen, die Kinder nicht schon wieder aus ihrer Umgebung herauszureißen.

Außerdem herrschte bei uns schon wieder totaler Umzugsstress. Manfred war bereits in Südafrika, ich organisierte hier alles: Mieter für unser Haus, Autos verkaufen usw., denn wir planten, für immer in Südafrika zu bleiben.

Als ich in Johannesburg ankam, hatte Manfred zwar schon ein Haus gemietet – aber nur für ein Jahr. Ich war total sauer – sollte ich denn nach einem Jahr schon wieder Kisten packen und umziehen? Er war sowieso total komisch. Einsilbig, schlechtgelaunt. So kannte ich ihn gar nicht. Normalerweise war ein neuer Job ein Jungbrunnen für ihn. Da konnte er sich beweisen, da hatte er eine Aufgabe.

Als ich ihn fragte, was los sei, schob er alles auf den Job: sehr viel Arbeit, der Klimawechsel mache ihm zu schaffen, er sei auch nicht mehr der Jüngste. Aber irgendwas gefiel mir nicht – er hing mitten in der Nacht am Handy, angeblich wegen dringender Geschäfte.

Andererseits war unser Sexualleben nach langer Zeit endlich wieder richtig toll. Er war sehr aktiv in dieser Hinsicht, wir waren uns so nahe wie schon seit Jahren nicht mehr. Dachte ich. Von wegen! Er war im zweiten Frühling, aber nicht meinetwegen, sondern wegen Anja. Bloß war die weit weg in Deutschland, und ich war da! Da war ihm dann wohl der Spatz in der Hand lieber als die Taube auf dem Dach.

Was Sie sicher längst ahnen – er hatte eine Affäre mit Anja. Als er für ein paar Tage geschäftlich nach Deutschland musste, erklärte er, er würde bei gemeinsamen Freunden wohnen, denn er hasste Hotels.

Als ich dort anrief, war er nicht da. Ich rief bei Anja an. Sie druckste herum. Als ich sie verdächtigte, eine Beziehung mit Manfred zu haben, stritt sie es ab. Als er wieder bei mir war, wollte er sofort mit mir ins Bett. Danach sagte ich zu ihm: »Du hast doch eine andere. Was also willst du von mir?« Er antwortete: »Du wirst doch wohl Sex nicht mit Liebe verwechseln, Sylvia!« Er meinte damit den Sex mit mir, der Ehefrau, seine Liebe galt natürlich Anja. Dieser Satz wird nie wieder aus meinem Kopf gehen, ich war zutiefst erschüttert.

Er schlief mit mir, weil er Sex brauchte, weil er an die andere dachte. Und er benutzte mich einfach. Schließlich sprach er von Trennung. Er wolle noch mal von vorn anfangen. Anja sei die Frau seines Lebens.

Ich flog zurück nach München. Ich wusste überhaupt nicht mehr, wo mir der Kopf stand. Meine Psyche spielte verrückt, mein Körper folgte – ich litt an einer Stoffwechselerkrankung und nahm sehr stark zu. Dann flog auch noch mein Sohn durch das Abitur. Er kam mit den Problemen seiner Eltern, die er nur telefonisch mitbekam, nicht zurecht.

Mein ganzes Leben war ein Scherbenhaufen. Ich wollte Selbstmord begehen, war daraufhin monatelang in psychologischer Behandlung.

Langsam komme ich wieder auf die Beine. Aber nun plagen mich finanzielle Sorgen, die ich mein Leben lang nicht hatte. Mein Exmann – Scheidung war 2006 – zahlt nämlich seit kurzem keinen Unterhalt mehr. Ich bekam vom Gericht eine ausreichende Summe zugesprochen, dazu eine Abfindung. Ich dachte, wenigstens das Geld stimmt. Aber Manfred trickste mich aus: Er hat nach über 30 Jahren bei seiner Firma gekündigt und sich selbständig gemacht. Das bedeutet, er verdient kein festes Gehalt mehr in Deutschland, das man notfalls pfänden könnte. Bei der Scheidung bin ich auf einen Kompromiss eingegangen, weil er sagte, er würde im März 2007 definitiv nach Deutschland zurückkommen. Tat er aber nicht. Was er als Selbständiger in Südafrika verdient, kann ich hier nicht nachweisen.

Nun habe ich Existenzängste. Die Abfindung war nicht so hoch, dass ich davon leben könnte.

Anja lebt mit ihren Kindern übrigens bei ihm in Johannesburg. In Saus und Braus, wie ich höre.

Ja, ich weiß nicht, wie es weitergehen soll. Ich arbeite an der Rezeption einer Akademie – gutes Umfeld, aber wenig Geld. Schreibe Bewerbungen. Aber wer braucht eine 51-jährige Familien-Managerin?

Bei Sylvia stellt sich die Frage, was aus dem Ehegattenunterhalt wird, wenn der Ehemann nach der Scheidung sein Arbeitsverhältnis aufgegeben hat. Rein rechtlich ändert dies an der Höhe des nachehelichen Unterhalts nichts.
Beide Ehegatten sind immer noch zur Hälfte Miteigentümer des gemeinsamen Hauses. Der Ehemann hat also

Vermögen in Deutschland, das gegebenenfalls pfändbar ist.

Wenn der Ehemann sich schon vor der Trennung selbständig gemacht hätte und weniger verdienen würde, wäre die Rechtslage anders. Dann würde sich der Ehegattenunterhalt nicht mehr nach dem alten Verdienst richten.

Ob und inwieweit Unterhaltsansprüche in Südafrika pfändbar sind, müsste mit einem dortigen Anwalt abgeklärt werden.

Werner (58), Studiendirektor, und Gisela (55), Diplom-Che-
mikerin, leben in einer bekannten deutschen Universitäts-
stadt. 1976 haben sie geheiratet, 2005 wurden sie geschie-
den. Sie haben drei erwachsene Kinder.

Ich lernte Gisela 1974 bei einer Studentenfete kennen. Damals
war ich zwar mit einem Mädchen zusammen, aber ich verliebte
mich sofort und brach die Beziehung ab, um mit Gisela zusammen zu sein. Sie war Deutsche, aber mit einem ausländischen
Pass – ihre Eltern waren in den Fünfzigerjahren nach Mittelamerika ausgewandert, wo sie aufwuchs. Zum Studium kam sie zurück nach Deutschland.

Ich lebte damals in einer kleinen Wohnung, sie hatte ein Zimmer in einem Studentenwohnheim für Mädchen. Sie zog schnell
zu mir, doch bald darauf wurde ich Referendar und in eine schwä-
bische Kleinstadt weit weg versetzt. Dort wollte sie natürlich
nicht hin, sondern sie wollte ihr Studium beenden. Deshalb haben
wir geheiratet, eigentlich mehr aus praktischen Gründen, denn als
Ehemann hatte ich eine bessere Chance, schnell wieder zurück-
zukommen. Das hat auch geklappt.

Geheiratet hätten wir aber ohnehin, wir waren sehr verliebt
und verstanden uns prächtig.

Unsere Heirat – standesamtlich nur – war ein wenig seltsam,
denn von ihrer Familie war niemand da, obwohl ihr Bruder in
München lebte und ihre Eltern jung genug waren, um die Reise
nach Deutschland zu unternehmen. Sie waren einige Zeit zuvor
zu Besuch gewesen, und ich erinnere mich noch an die altmo-
dischen Fragen, die mir Giselas Vater stellte: »Können Sie meine
Tochter auch ernähren?«, und: »Ist im Bett alles in Ordnung?«

Ich konnte nur den Kopf schütteln über so viel Weltfremdheit
– wir lebten in den Ausläufern der 68er Jahre und in einer welt-
offenen Großstadt – und fand auch das unterkühlte Verhältnis

meiner künftigen Frau zu ihrer Familie sehr seltsam. Die gingen wie Fremde miteinander um.

Nun gut. Es kümmerte mich nicht weiter. Gisela beendete ihr Studium, ich war inzwischen Assessor, alles in allem ging es uns gut. Mitten in ihrer Doktorarbeit wurde sie dann schwanger, 1979 kam unsere Tochter zur Welt.

Sie brach die Promotion schweren Herzens ab – sie arbeitete mit Röntgenstrahlen – und widmete sich dem Kind. Da ich als Lehrer nachmittags zu Hause war, nahm sie eine Teilzeitstelle in einem Studienkolleg an, die ihr viel Spaß machte.

Alles lief bestens. Als 1983 unser Sohn zur Welt kam, blieb sie ganz zu Hause. Wir wohnten inzwischen in einer sehr großen schönen Stadtwohnung, die wir gekauft hatten. Aber Gisela wünschte sich auch einen Garten. Also kauften wir ein riesiges Feldgrundstück. Dort legte sie einen wunderbaren Garten an, an dem wir viele Jahrzehnte Freude hatten und in dem unsere Kinder groß wurden.

Für Gisela allein war die Gartenarbeit zu viel, deshalb suchte sie einen »Teilhaber«, und es fand sich bald ein alter Studienfreund. Die beiden buddelten und pflanzten, und ich genoss das Ergebnis, denn an Gartenarbeit hatte ich keinen Spaß. Ich gehe viel lieber ins Theater, in Konzerte oder lese.

Aber zugegeben, es war wirklich schön, den Sommer in diesem grünen Traum zu genießen, und für die Kinder war es das Paradies. So lebten wir dahin, aus meiner Sicht sehr gut.

Dann meldete sich unser drittes Kind an – 1985 kam noch eine Tochter zur Welt –, und von da an ging es bergab mit unserer Ehe.

Heute denke ich, dass sie mit drei kleinen Kindern und nichts als Haus- und Gartenarbeit nicht über-, sondern unterfordert war. So seltsam das klingen mag: Giselas Problem war sicher, dass sie keiner eigenständigen und bezahlten Arbeit nachging.

Gisela und ich entfremdeten uns immer mehr. Ein paar Mal nahm ich einen Anlauf und wollte sie zu einem gemeinsamen Wochenende ohne Kinder überreden, einfach mal Zeit für uns beide, aber sie blockte ab.

Da merkte ich schon, dass sie gar keinen Wert darauf legte, mit mir allein zu sein. Als Mann war ich offenbar nicht mehr interessant für sie.

Das wurmte mich schon, und so gingen unsere Wege immer mehr auseinander. Ich ging mit Freunden und Bekannten zu kulturellen Veranstaltungen, sie arbeitete jede freie Minute in ihrem Garten.

Sommerurlaube waren kaum möglich, da war ja Hochsaison im Garten, und ich merkte gar nicht richtig, dass wir zu zweit immer weniger miteinander redeten. Sonst war immer was los bei uns – drei Kinder, die mit Freunden oder Bekannten kamen, Grillfeste, etc. Und immer war Bernd, der Gartenfreund, dabei.

Mit dem ist sie heute übrigens verheiratet. Ich musste wohl blind gewesen sein, denn ich habe sie nie betrogen – Ehrenwort –, und ich gehe davon aus, dass sie es auch nicht tat.

Allerdings schliefen wir am Ende unserer Ehe jahrelang nicht mehr miteinander. Ein gemeinsames Schlafzimmer zwar – obwohl die Wohnung groß genug war, um ein zweites einzurichten; von den Kindern lebte ja nur noch die jüngste Tochter im Haus – aber mehr war da nicht mehr.

Ich dachte, wir versuchen einen Neubeginn, wenn wir wieder zu zweit sind – die jüngste Tochter stand kurz vor dem Abitur und würde bald ausziehen. Gemeinsame Reisen, romantische Abende bei einem schönen Konzert oder einem guten Essen.

Ich hatte wirklich keine Ahnung, was da um mich herum geschah.

Im Juni 2004, während der Pfingstferien, kam die Überraschung. Für mich aus heiterem Himmel: Ich hatte eine Reise nach

Paris geplant. Gisela wollte nicht mitkommen, hatte allerhand Ausreden parat: Sie sei nicht gut zu Fuß, der Garten sei jetzt doch gerade am schönsten. Ich fuhr also allein mit einem befreundeten Ehepaar.

Als ich zurückkam von dieser Reise, war Gisela schon irgendwie seltsam, aber ich dachte mir nicht viel dabei. Kurz darauf sind wir zu Bernd, dem Gartenfreund, auf ein Glas Wein gegangen. Ich wurde irgendwann müde und wollte nach Hause. »Ich bleibe noch«, meinte Gisela, und auch das fand ich noch normal.

Eine halbe Stunde später klingelte das Telefon: »Ich bleibe über Nacht bei Bernd«, sagte Gisela, und erst da ging mir ein Licht auf.

Sie kam dann am nächsten Tag nach Hause und sagte, dass sie ausziehen werde und die Scheidung wolle. Ich nickte bloß, was hätte ich auch sagen sollen?

Dass sie diese Eröffnung ausgerechnet einen Tag vor dem mündlichen Abitur unserer Jüngsten machte, nehme ich ihr sehr übel. Das hätte wohl noch ein paar Tage Zeit gehabt. Das Mädchen hatte alles mitbekommen. Mit welchen Gefühlen wird sie wohl in diese Prüfung gegangen sein? Aber vielleicht wusste oder ahnte sie auch schon einiges.

Dann ging alles sehr schnell. Gisela zog aus, nahm nur ihre Kleidung und ein paar persönliche Sachen mit. Dass sie zu ihrem – unserem – Gartenfreund zog, brauche ich wohl nicht zu erwähnen. Ich wollte nun auch ein Ende. Wir suchten Hilfe bei »pro familia« und setzten uns mit einem Psychologen und einer Juristin zusammen, zwecks »Mediation«. Ich hatte übrigens in den letzten Jahren immer wieder versucht, meine Frau zu einer Eheberatung zu bewegen, aber da war nichts zu machen. Heute denke ich, dass sie schon lange gewusst hat, dass sie mich verlassen wird.

Wir einigten uns schließlich auf einen finanziellen Modus, von dem ich heute denke, dass ich ziemlich naiv war und mich über den Tisch ziehen ließ.

Obwohl sie nie gearbeitet hat, von dem Minijob am Anfang unserer Ehe mal abgesehen, lief alles auf Zugewinn hinaus. Ich hatte ein Mietshaus geerbt und hatte zusätzlich zu meinem Gehalt noch Mieteinnahmen, außerdem lebten wir in einer eigenen Wohnung und waren durchaus vermögend. Durch die relativ hohen Einnahmen konnten wir eine weitere Wohnung kaufen und vermieten.

Diese Wohnung, den Garten und 100 000 Euro in bar bekam meine Frau. Dafür verzichtete sie auf Unterhalt. Ich musste mich bereit erklären, für den Unterhalt der Kinder aufzukommen. Bei zweien ist das kein Problem, die studieren und werden einen guten Job finden. Aber eine Tochter ist ein Problemkind. Psychisch angeschlagen, kann sie beruflich nicht Fuß fassen, war mehrmals in psychiatrischer Behandlung, auch stationär. Ich gehe davon aus, dass ich sie ein Leben lang unterstützen muss. Und von meiner Pension bekommt Gisela natürlich auch noch 45 Prozent.

Nicht dass ich am Hungertuch nage, ich kann nicht klagen. Die Kindererziehung habe ich gerne zum Teil mit übernommen. Aber jetzt lebt Gisela in einer neuen Ehe, und ich bin allein. Emotional und finanziell fühle ich mich als Verlierer, kein Zweifel.

Trotzdem habe ich auch etwas gewonnen: größere Offenheit und meine persönliche Freiheit. Ich habe jetzt auch wieder viel bessere Laune – diese schwierige Beziehung ist mir in den letzten Jahren schon aufs Gemüt geschlagen –, und eine neue Partnerschaft wird sich schon irgendwann ergeben. Ich habe einen großen Bekanntenkreis, ich gehe viel aus, verreise und genieße mein Leben. Glücklich bin ich nicht, aber unglücklich auch nicht.

Ich habe abgeschlossen mit meiner Vergangenheit und bin Optimist geblieben. Das ist ja schon etwas.

Werner und Gisela haben sich wohl auf eine Paketlösung geeinigt. Werner hat allerdings den Eindruck, dass er dabei schlecht weggekommen ist, nachdem Gisela bereits vor der Trennung eine andere Beziehung hatte. Da sie nach der Trennung sofort zu ihrem neuen Partner gezogen ist, hätte sie womöglich keine Unterhaltsansprüche gehabt. Es stellt sich die Frage, ob Werner für den Unterhaltsverzicht nicht eine zu hohe Abfindung bezahlt hat.

Andererseits ist Werner wohl vermögend, so dass ihm letztlich immer noch erhebliches Einkommen und Vermögen verbleiben. Einerseits fühlt er sich noch als Verlierer, auf der anderen Seite hat er begonnen, sein Leben neu zu organisieren, und hofft mit 58 Jahren auf eine neue Partnerschaft.

Auch bei Prominenten liegt Scheidung im Trend – Uschi, Michaela und die schöne Bischöfin

Wenn Ehen oder langjährige Partnerschaften von sogenannten Promis auseinandergehen, gibt es natürlich viele Schlagzeilen. Und auch hier fällt in letzter Zeit auf: Paare, die sich nach sehr langer Ehe oder Lebensgemeinschaft trennen, liegen im Trend.

Den Anfang machte 2003 die Schauspielerin Uschi Glas, die sich nach 30 gemeinsamen Jahren, davon 22 Ehejahren, von ihrem Mann Bernd Tewaag, mit dem sie drei Kinder hat, scheiden ließ. Sie zog die Konsequenzen aus einer in den Medien breitgetrampelten Liason ihres Mannes mit einer deutlich jüngeren, sehr attraktiven »Würstlverkäuferin«, wie die Boulevardpresse hämisch berichtete.

Uschi Glas war damals 59 Jahre alt. Ein Rosenkrieg um Immobilien und Geld folgte, sie zog aus dem gemeinsamen Haus aus und nahm sich zusammen mit ihrer Teenie-Tochter Julia eine Wohnung.

Aber sie tröstete sich relativ schnell – beim Golfen lernte sie den einige Jahre jüngeren Unternehmer Dieter Hermann kennen, den sie im Oktober 2005 heiratete. Ein Happy End also …

Ihre Münchner Schauspieler-Kollegin Michaela May, 54, hat nach einigem Hin und Her im Jahr 2006 ihre »große Liebe«, den Regisseur Bernd Schadewald, geheiratet. Von ihrem ersten Mann, einem Zahnarzt, trennte sie sich 2004, ein Jahr vor der Silberhochzeit. Sie war sich ihrer Sache offenbar nicht ganz so sicher, denn sie pendelte mehrmals zwischen Mann und Liebhaber, bis sie sich dann eben doch für Bernd Schadewald entschied und nun eigenen Angaben zufolge sehr glücklich ist.

Auch Iris Berben, ebenfalls Schauspielerin, hat sich nach sehr langer Beziehung von ihrem Lebensgefährten, dem Gastronomen und Kaufmann Gabriel Lewy, getrennt. Da »die Berben« immer ein Geheimnis um ihr Privatleben machte, ist die Anzahl der gemeinsamen Jahre nicht ganz klar, aber es sind deutlich mehr als zwei Jahrzehnte.

Mit ihrem Sohn Oliver, der aus einer anderen Beziehung ist, drehte sie 2005 den Film »Silberhochzeit«, in den offenbar durchaus eigene Erfahrungen eingeflossen sind. Sie spielt darin eine Ehefrau, die mit Mann und Freunden ihr 25-jähriges Ehejubiläum feiert. Einer der Gäste bringt zufällig seine neue Freundin mit – und das ist genau die Person, mit der ihr Mann vor vielen, vielen Jahren eine kurze Affäre hatte – aber sie nie vergessen konnte. Und nun das völlig überraschende Wiedersehen ausgerechnet zu diesem Anlass.

Ein skurriles Szenario entwickelt sich – alle Lebenslügen, stillen Vorwürfe, die ganze Fassade fängt während dieser Feier an zu bröckeln, und die »Silberhochzeit« endet mit dem Entschluss der Ehefrau, die Scheidung einzureichen.

Riesige Schlagzeilen löste im Mai das Bekanntwerden der Scheidung von »Deutschlands jüngster Bischöfin«, Dr. Margot Käßmann (48), aus. Kurz vor ihrem 26. Hochzeitstag reichte sie die Scheidung ein. Ihr Mann Eckhard (52), ein Pastor, war schon aus der gemeinsamen Wohnung in der Bischofskanzlei in Hannover ausgezogen, wo sie mit ihren vier Töchtern (zwischen 15 und 24 Jahren) lebten.

144

Den Entschluss, sich von ihrem Mann zu trennen, hat sie nicht leichtfertig getroffen. In einer Boulevard-Zeitung wird sie mit den Worten zitiert: »Ich muss Klarheit schaffen in meinem Leben. Wahrhaftigkeit ist das Wichtigste.«

Vielleicht war ihre Brustkrebs-Erkrankung ein knappes Jahr zuvor der Auslöser. Nach der Operation nahm sie sich zwei Monate »Auszeit« von Beruf und Familie. Am Ende stand jedenfalls der Entschluss, ihre Ehe zu beenden.

Als evangelische Bischöfin hat sie natürlich Vorbildfunktion, aber gerade die will sie offenbar auch haben und nicht mehr weiter so tun, als wäre zwischen ihrem Mann und ihr alles in Ordnung. Der Kirchensenat hat Dr. Käßmann jedenfalls unterstützt: »Wer auch die Schmerzen und die Brüche einer Ehe kennt, ist vielleicht sogar noch glaubwürdiger«, soll ein angesehener Theologe zu diesem Thema gesagt haben.

Auch der Schauspieler Bernd Herzsprung und seine Frau Barbara haben sich nach mehreren Trennungen und Versöhnungen 2007 offenbar endgültig getrennt. 1979 hatten die beiden in Los Angeles geheiratet und zwei Töchter bekommen. Aber die Beziehung stand immer wieder auf der Kippe. Es gab wüste Beschimpfungen und Vorwürfe, die in den Medien ausgetragen wurden. 1995 trennten sie sich für ein Jahr, versöhnten sich aber wieder. Eine funktionierende Ehe wurde nicht mehr daraus, denn es kam Berichten zufolge zu Alkoholexzessen, langen Klinik-Aufenthalten wegen Depressionen und neuem öffentlichem Streit.

Beide haben angeblich keine neuen Partner und leben noch unter einem Dach in einem Haus bei München. Eine ungewöhnliche Form des Zusammenlebens: »Jeder kümmert sich nur noch um sich selbst«, werden die beiden in der Zeitschrift BUNTE zitiert. »Jeder kauft für sich selbst ein, kocht für sich selbst und kommt und geht, wann er will.«

Barbara Herzsprung sagt weiter: »Ich habe wie eine Löwin um unsere Beziehung gekämpft, aber es hat einfach nicht mehr funktioniert. Die Liebe ist wie ein Glas. Wenn man es zu fest hält, zerbricht es. Wenn man es zu locker hält, fällt es auf den Boden und zerbricht in tausend Scherben. Man kann um eine Beziehung kämpfen, aber nicht um eine Liebe. Unsere Liebe hat sich im Laufe der Jahre verändert. Aus ihr ist Freundschaft geworden.«

Check-Liste:
Ist meine Ehe noch zu retten?

Wenn Sie sich mit dem Gedanken tragen, sich zu trennen oder sich scheiden zu lassen, sollten Sie natürlich vorher einen Eheberater, einen Paar-Psychologen oder andere Fachleute aufsuchen, um sich wirklich sicher zu sein, was Sie wollen, und sich auch darüber klar zu werden, warum es so weit kam in Ihrer Beziehung, welche Fehler Sie und Ihr Partner gemacht haben. Aber vielleicht sieht die Situation in Ihren Augen schlimmer aus, als sie wirklich ist. Jedenfalls ist es nie zu spät, eine solche erste »Check-Liste« durchzuarbeiten und damit in ein Gespräch mit einem Psychologen zu gehen.

Die amerikanische Paar-Therapeutin und Bestseller-Autorin Mira Kirshenbaum hat in ihrem Buch »Ich will bleiben – aber wie?«* eine Liste aufgestellt, die sie »Liebeskiller Nr. 1« nennt. Wenn Sie von diesen sieben Punkten zwei oder mehr mit Ja beantwortet haben, dann steht es nicht gut um Ihre Beziehung, aber Sie können daran arbeiten. »Erkenntnis ist der erste Weg zur Besserung«, sagt ein Sprichwort, und das gilt natürlich auch für eine Partnerschaft.

Aber es gibt durchaus Wege, die aus dem Ehefrust führen.

Beantworten Sie nur eine der Fragen positiv, ist Ihre Beziehung zumindest anfällig.

Trifft aus Ihrer Sicht gar keiner dieser sieben Punkte auf Sie und Ihren Partner zu, dann sollten Sie mal überlegen, warum Sie gerade dieses Buch lesen. Sind Sie wirklich ehrlich zu sich selbst? Oder verdrängen Sie alles Negative und wollen sich diese Beziehung einfach schönreden? Seien Sie ehrlich mit sich selbst!

Diagnose »Liebeskiller«

Ich bin es müde, dauernd an unserer Beziehung arbeiten zu müssen.

☐ Ja ☐ Nein

Ich fühle mich immer öfter alleingelassen in der Beziehung und empfinde immer weniger Nähe.

☐ Ja ☐ Nein

Meistens herrscht ein gereizter Unterton, wenn wir miteinander reden.

☐ Ja ☐ Nein

Es ist lange her, dass ich mich ernsthaft gefragt habe, ob mein Partner/meine Partnerin irgendetwas von mir vermissen könnte.

☐ Ja ☐ Nein

Wir leben eher wie zwei Leute, die sich eine Wohnung teilen und sich möglichst nicht in die Quere kommen, und nicht wie ein Liebespaar.

☐ Ja ☐ Nein

Ich habe meinem Partner/meiner Partnerin schon länger keine Freude mehr gemacht.

☐ Ja ☐ Nein

Eigentlich warte ich darauf, dass mein Partner/meine Partnerin etwas tut, damit die Beziehung wieder besser wird.

☐ Ja ☐ Nein

Nun wissen Sie, wie es um Ihre Beziehung steht. Aber das muss noch nicht das »Aus« bedeuten. Sie können nun eine Art »Feindiagnose« erstellen, indem Sie die folgenden beiden Listen beantworten. Was haben Sie vernachlässigt in Ihrer Partnerschaft, was Ihr Mann/Ihre Frau? Gehen Sie diese Fragen am besten gemeinsam durch. Oft sieht jeder die Dinge sehr persönlich, sprich anders als der andere.

Die erste Liste besteht aus den »Zehn Geboten« für eine gute Beziehung, so wie sie die amerikanische Paar-Therapeutin sieht. Wer diese Gebote alle oder zumindest fast alle befolgt, hat demnach gute Chancen, eine angeschlagene Ehe/Lebensgemeinschaft wiederzubeleben.

Mit den »Zehn Verboten« beschäftigt sich die zweite Liste – mit den Dingen, die in einer guten Beziehung auf keinen Fall vorkommen sollten. Welche Fehler erkennen Sie wieder?

Die zehn Gebote der Liebe

Wertschätzung zeigen
- ☐ Das habe ich vernachlässigt
- ☐ Das hat mein Partner vernachlässigt

Körperkontakt
- ☐ Das habe ich vernachlässigt
- ☐ Das hat mein Partner vernachlässigt

Bedürfnisse äußern
- ☐ Das habe ich vernachlässigt
- ☐ Das hat mein Partner vernachlässigt

Einander zuhören

    ☐ Das habe ich vernachlässigt

    ☐ Das hat mein Partner vernachlässigt

Sich gegenseitig unterstützen

    ☐ Das habe ich vernachlässigt

    ☐ Das hat mein Partner vernachlässigt

Zeit miteinander verbringen

    ☐ Das habe ich vernachlässigt

    ☐ Das hat mein Partner vernachlässigt

Spaß miteinander haben

    ☐ Das habe ich vernachlässigt

    ☐ Das hat mein Partner vernachlässigt

Auf Fairness und Gleichgewicht achten

    ☐ Das habe ich vernachlässigt

    ☐ Das hat mein Partner vernachlässigt

Sich in den anderen hineinversetzen

    ☐ Das habe ich vernachlässigt

    ☐ Das hat mein Partner vernachlässigt

Offenheit zeigen

    ☐ Das habe ich vernachlässigt

    ☐ Das hat mein Partner vernachlässigt

Die zehn Verbote der Liebe

Keine Lügen und Unklarheiten
- ☐ Das habe ich nicht eingehalten
- ☐ Das hat mein Partner nicht eingehalten

Keine Herabwürdigung
- ☐ Das habe ich nicht eingehalten
- ☐ Das hat mein Partner nicht eingehalten

Nicht auf Kosten des Partners handeln
- ☐ Das habe ich nicht eingehalten
- ☐ Das hat mein Partner nicht eingehalten

Kein Trauerspiel aufführen
- ☐ Das habe ich nicht eingehalten
- ☐ Das hat mein Partner nicht eingehalten

Nicht aneinander vorbeileben
- ☐ Das habe ich nicht eingehalten
- ☐ Das hat mein Partner nicht eingehalten

Keinen Streit ins Leere führen
- ☐ Das habe ich nicht eingehalten
- ☐ Das hat mein Partner nicht eingehalten

Kontrolliert wird nicht
- ☐ Das habe ich nicht eingehalten
- ☐ Das hat mein Partner nicht eingehalten

Kein Misstrauen

☐ Das habe ich nicht eingehalten

☐ Das hat mein Partner nicht eingehalten

Keine Verletzungen

☐ Das habe ich nicht eingehalten

☐ Das hat mein Partner nicht eingehalten

Seien Sie nicht unversöhnlich

☐ Das habe ich nicht eingehalten

☐ Das hat mein Partner nicht eingehalten

* Aus: Mira Kirshenbaum: »Ich will bleiben, aber wie? Neuanfang für Paare. Ein Beziehungs-Check«. Scherz Verlag Frankfurt.

Juristische Informationen zum Thema Scheidung

Allgemeines zum Thema Scheidung

1. Rosenkrieg oder einvernehmliche Scheidung

Die Medien transportieren in der Berichterstattung über Ehescheidungen immer wieder ein negatives Leitbild. Zum Glück ist die gesellschaftliche Realität wesentlich besser.

So unterschiedlich wie die Menschen sind, so unterschiedlich sehen die Scheidungen aus. Jeder kennt in seinem Umfeld »missglückte« Ehescheidungen. So gibt es Ehepaare, die auch viele Jahre nach der Scheidung immer noch gegeneinander prozessieren und über den Unterhalt streiten.

Seit 30 Jahren, 1. Juli 1977, gibt es ein Scheidungsrecht, in dem nicht mehr nach der Schuld gefragt wird. In diesen 30 Jahren hat die Idee der einvernehmlichen Scheidung immer mehr Anklang gefunden, und immer mehr Ehepaare schaffen es, die mit der Scheidung verbundenen Probleme einvernehmlich und fair zu regeln.

Auch das Leitbild des Gesetzes ist seit 1977 das der einvernehmlichen Scheidung. Dazu gehört eine Scheidungsvereinbarung, in welcher wesentliche Punkte geregelt sind, insbesondere Unterhalt, Ehewohnung und Hausrat.

Eine geglückte Scheidung zeichnet sich vor allem dadurch aus, dass die Familie nach der Scheidung »weitergeht«. Die »Nachscheidungsfamilie« ist eine gesellschaftliche Realität, eine Form der Familie, die genauso Schutz und Förderung seitens des Staates verdient wie andere Formen der Familie.

Versöhnung und Verständigung

Meine persönliche Erfahrung als Scheidungsanwalt – als solcher bin ich nach dem seit 1977 geltenden Recht tätig und habe auch noch Erfahrungen mit der vorangegangenen Rechtslage – dürfte sich auch mit Ihrer eigenen Lebenserfahrung decken: Das Wohl von Menschen wird am besten gefördert, wenn es ihnen gelingt, Konflikte und Interessengegensätze in angemessener Form auszutragen und sich am Ende zu versöhnen und zu verständigen. Dies wird auch von der psychologischen Scheidungsforschung belegt.

Umgekehrt dürfte klar sein: Lang dauernde streitige Auseinandersetzungen und jahrelange Prozesse schädigen die Beteiligten gesundheitlich, psychisch und wirtschaftlich.

Dies bedeutet: Ehegatten, die mit den Trennungsproblemen vernünftig umgehen wollen, unterlassen alle Aktivitäten, die eine Verständigung erschweren oder gar unmöglich machen.

Wenn es den Ehegatten gelingt, sich zu versöhnen, schaffen sie damit die besten Voraussetzungen, ihr zukünftiges Leben positiv zu gestalten. Schuldzuweisungen hören auf. Die Bedeutung früherer Verletzungen in der Vergangenheit tritt zurück. Ein tieferes Verständnis für das Verhalten des Ehegatten und das eigene Verhalten stellt sich ein. Die positiven Seiten des anderen Ehegatten werden ebenso anerkannt wie die eigenen Fehler. Im Gefühlsbereich zeigen sich Erleichterungen, Entspannung, neue Hoffnung und Versöhnung.

Eine solche Entwicklung der persönlichen Beziehungen zwischen den Ehegatten trägt wesentlich zum Wohlbefinden beider

Partner bei. Umgekehrt geht es den geschiedenen Partnern desto schlechter, je mehr sie in Hass, Schuldzuweisungen und gegenseitigen Aggressionen verstrickt sind und sich nach der Scheidung weitere Verletzungen zufügen.

Daraus folgt auch: Wenn Sie Anwälte einschalten, sollten Sie den Anwälten den klaren Auftrag geben, auf eine einvernehmliche und faire Regelung hinzuwirken. Die Erfahrung zeigt, dass es sinnvoll ist, Anwaltsbriefe an die Gegenseite vorher abzustimmen.

Genauso wie Sie selbst es unterlassen sollten, die Gegenseite unnötig anzugreifen, sollte der Anwalt, den Sie beauftragen, auf einen moderaten Briefstil achten. Dazu gehört eine angemessene und höfliche Ausdrucksweise in der gesamten im Zusammenhang mit Trennung und Scheidung geführten Korrespondenz. Die Herabsetzung des Ehegatten sollte unbedingt vermieden werden. Dies gilt vor allem für den Beginn der Korrespondenz. Die Erfahrung zeigt, dass Ehegatten zu Beginn des Trennungsprozesses häufig noch bereit sind, sich zu verständigen. Wenn dann aber durch aggressive Anwaltsschreiben und ein Hin und Her von Anwaltsbriefen die persönlichen Beziehungen geschädigt sind, lässt auch die Bereitschaft zur Einigung stark nach.

2. Wege zur einvernehmlichen Scheidung

Direkte Einigung zwischen den Ehegatten

Wenn beide Ehegatten zum Beispiel nach längerer Trennung bereits in der Lage sind, die anstehenden Fragen nüchtern zu lösen, sind direkte Vereinbarungen möglich, die dann ggf. notariell beurkundet oder gerichtlich protokolliert werden.

Scheidung mit einem gemeinsamen Anwalt

Eine andere Möglichkeit ist, *einen* Rechtsanwalt zu beauftragen, um zusammen mit beiden Ehegatten eine einvernehmliche Lösung zu erarbeiten. Dies ist zulässig. Der Rechtsanwalt ist zwar ein Interessenvertreter. Er darf nicht entgegengesetzte Interessen vertreten, er kann aber auch für das gemeinsame Interesse beider Ehegatten an einer einvernehmlichen Scheidung tätig werden. Er kann allerdings nur so lange tätig sein, als beide Ehegatten eine einvernehmliche Scheidung wollen. Sollten dann doch Interessengegensätze aufbrechen und beispielsweise entgegengesetzte Anträge gestellt werden, sollte er sein Mandat beenden, und jeder Ehegatte beauftragt einen eigenen Anwalt.

In der Praxis zeigt sich, dass Ehegatten, die sich einigen wollen, es immer häufiger vorziehen, einen gemeinsamen Anwalt zu beauftragen. Die Erfahrung zeigt, dass eine streitige Scheidung mit zwei Anwälten meist hohe Kosten, viel Stress, riskante Prozesse und diverse andere Nachteile bringt. Im Falle einer gerichtlichen Entscheidung von Rechtsstreitigkeiten können auch unterschiedliche Ergebnisse herauskommen, da die Gerichte die Rechtsprechung immer wieder ändern. Es entsteht Rechtsunsicherheit, der Streit zieht sich hin.

Demgegenüber kann das Modell »Scheidung mit einem Anwalt – aktive Anwaltsmediation«, erhebliche Vorteile haben.

Der Anwalt übernimmt eine aktive Rolle: Gestaltend und schlichtend in einem. Das Ergebnis ist eine rechtsverbindliche Scheidungsvereinbarung.

Die aktive Anwaltsmediation eignet sich für Ehepaare, die bereit und in der Lage sind, bei der inhaltlichen Erarbeitung der Scheidungsvereinbarung mitzuarbeiten und mitzudenken. Häufig haben solche Ehepaare die seelischen Belastungen der Trennung bereits in gewissem Umfang verarbeitet und sind motiviert, sich im Interesse der Familie zu verständigen. Sie wollen ihre Gesamtsituation bereinigen.

Wenn die Einkommens- und Vermögensverhältnisse nicht ganz einfach sind, ist dieses Konzept tragfähiger als das der reinen Mediation (siehe dazu unten). In einem solchen Fall arbeitet der Anwalt nach folgenden Grundsätzen:

- Er ist Interessenvertreter beider Ehegatten, die das gemeinsame Ziel haben, eine einvernehmliche Scheidung durchzuführen und alle Folgesachen einvernehmlich zu regeln.

- Er fördert die Kommunikation und das wechselseitige Verständnis der Partner nach der Methode der Mediation.

- Er ermittelt die tatsächlichen und wirtschaftlichen Verhältnisse beider Ehegatten und strukturiert sie (Einkommens- und Vermögensübersichten).

- Er unterbreitet Vereinbarungsvorschläge für die verschiedenen Bereiche bzw. schlägt ein Gesamtpaket vor, in dem die einzelnen Elemente aufeinander abgestimmt sind, z. B.: Abfindung des Unterhalts und Verrechnung mit Zugewinnausgleich, Übertragung einer Immobilie bei Verzicht auf Unterhalt und Zugewinnausgleich, großzügige Vermögensauseinandersetzung bei erbvertraglicher Bindung zugunsten der gemeinsamen Kinder.

- Er unterstützt beide Ehegatten bei der Neustrukturierung des Vermögens und berät sie beim Aufbau der Altersversorgung.

Während der Erarbeitung der Scheidungsvereinbarung bzw. danach schickt der gemeinsame Anwalt in bestimmten Fällen die Eheleute noch zusätzlich zu Beratungsanwälten, die für jeden

Ehegatten getrennt die gefundenen Lösungen rechtlich überprüfen, wobei sie den Fortgang der aktiven Anwaltsmediation fördern und nicht beeinträchtigen.

Die vom gemeinsamen Anwalt erarbeitete Scheidungsvereinbarung wird dann entweder notariell beurkundet oder gerichtlich protokolliert. Übrigens ist die gerichtliche Protokollierung oft der einfachere Weg. Für die Umschreibung des Eigentums beim Grundbuchamt reicht das gerichtliche Protokoll aus, und Notargebühren entfallen.

Dauer und Kosten

Erfahrungsgemäß genügen in geeigneten Fällen einige gut vorbereitete Besprechungen mit beiden Ehegatten, um die Scheidungsvereinbarung zu erarbeiten. Es fallen also für den gemeinsamen Anwalt nur moderate Kosten an, die wesentlich niedriger sind, als wenn zwei Anwälte verhandeln und eine Vereinbarung erarbeiten. Sobald ein Anwalt außergerichtlich tätig ist, empfiehlt sich ohnehin, eine Honorarvereinbarung zu treffen. Beide Ehegatten sollten mit dem gemeinsamen Anwalt ein maßvolles Stundenhonorar vereinbaren. Niedrigere als die gesetzlichen Gebühren können allerdings nur für außergerichtliche Angelegenheiten vereinbart werden. In gerichtlichen Verfahren muss der Anwalt die gesetzlichen Gebühren berechnen.

Beurkundung einer Vereinbarung beim Notar

Wenn sich die Ehegatten im Prinzip einig sind, können sie mit Hilfe eines Notars und seiner Mitarbeiter die Einigung in die entsprechende Form bringen. Der Notar wird Ihnen dabei helfen, eventuell noch bestehende Divergenzen zu überbrücken. Auch der Notar ist im Interesse beider Ehegatten tätig.

3. Mediation

Seit etwa 10 Jahren setzt sich die Methode der Mediation immer mehr durch, insbesondere die Scheidungsmediation, die in der Regel von den Ehe- und Scheidungsberatungsstellen vor Ort angeboten wird bzw. von freien Mediatoren, Juristen, Sozialpädagogen oder Psychologen.

Grundlage der Philosophie der Mediation ist, dass die Beteiligten, statt sich auf Rechtspositionen zu versteifen, ihr Augenmerk auf die jeweiligen Interessen richten. Bei Trennung und Scheidung haben die Ehegatten teilweise entgegengesetzte Interessen. Es gibt aber häufig auch wesentliche gemeinsame Interessen, zum Beispiel das Wohl der gemeinsamen Kinder und der Angehörigen, die Erhöhung des Gesamteinkommens durch Steuervergünstigungen, die Bewahrung des Vermögens für die nächste Generation usw.

Ziel ist, faire Lösungen zu finden. Sie sollten von den Ehegatten gemeinsam erarbeitet und getragen werden. Grundlage der Mediation ist allerdings, dass beide Ehegatten eine faire Lösung wünschen und bereit sind, alle Informationen vollständig auf den Tisch zu legen. Wenn die Einkommens- und Vermögensverhältnisse verschleiert werden, ist Mediation nicht der richtige Weg.

Die Domäne der Mediation ist der Bereich, in dem es um Regelungen für die Kinder geht.

Bei komplizierten Sachverhalten, zum Beispiel der Vermögensauseinandersetzung und schwierigen unterhaltsrechtlichen Problemen, hat sich die Mediation weniger bewährt. Grundsatz der Mediation ist ja, dass das Ehepaar selbst die Lösungen erarbeitet. Je schwieriger die rechtlichen und wirtschaftlichen Fragestellungen sind, desto weniger sind die Ehegatten in der Regel dazu in der Lage, so dass dann die Einschaltung von einem oder zwei Rechtsanwälten oder eines Notars unumgänglich ist.

Die Entwicklung der letzten Jahre und Jahrzehnte hat gezeigt: Immer mehr Rechtsanwälte sind bereit, bei der Erarbeitung einvernehmlicher Lösungen mitzuwirken. Die Zahl der Rechtsanwälte, die in diesem Sinn arbeiten, nimmt aufgrund der Ausbildung der Anwälte zum »Fachanwalt für Familienrecht« und der damit verbundenen Fortbildungsveranstaltungen immer mehr zu. Die Erarbeitung von Vereinbarungen im Rahmen von Viererbesprechungen führt in der Regel zu einem wesentlich rascheren Ergebnis als die Mediation.

Die Gesprächsmethode der Mediation bewährt sich aber auch bei jeder Art von Verhandlung. Sie wird dadurch gekennzeichnet, dass jeder Ehegatte dabei unterstützt wird, seine eigenen Anliegen zu formulieren, ohne dass er dabei vom anderen unterbrochen wird oder mit ihm in ein Streitgespräch gerät.

4. Rechtslage und individuelle Vereinbarung

Das Gesetz sieht ja bereits eine einvernehmliche Regelung, eine Scheidungsvereinbarung, vor. Wenn keine Einigung zustande kommt, wird das Gericht eingeschaltet. Es kann allerdings durchaus sinnvoll sein, gerichtliche Hilfe zur Lösung bestehender Meinungsverschiedenheiten und Konflikte in Anspruch zu nehmen, wenn im Einzelfall keine außergerichtliche Lösung gefunden wird. Die Einschaltung des Gerichts kann zum Beispiel dann der richtige Weg sein, wenn die Ehegatten die gegebene Rechtslage, z. B. beim Unterhalt oder Zugewinnausgleich, nicht akzeptieren bzw. den Anwälten nicht genügend vertrauen. In vielen Fällen gelingt es dem Familienrichter, wenn er sich auf die Verhandlung gut vorbereitet hat und seine eigene Rechtsansicht überzeugend »herüberbringt«, in der mündlichen Verhandlung einen Vergleich zu erarbeiten. Die meisten familiengerichtlichen Verfahren über Unterhalt und Zugewinnausgleich enden durch einen mit Hilfe des Gerichts ausgehandelten Vergleich. Spätestens in der 2. Instanz, vor dem Oberlandesgericht, wird fast jeder Rechtsstreit durch einen Vergleich abgeschlossen.

Sollte das Gericht allerdings ein Urteil fällen müssen, ist der Richter an das Gesetz gebunden. In diesem Fall ergeben sich häufig Entscheidungen, die für einen der Ehegatten bitter sind, bei denen einer der »Verlierer« ist.

Während der Richter an das Gesetz gebunden ist, können die Ehegatten selbst aktiv werden, mit der Situation kreativ umgehen und eine Vereinbarung erarbeiten, die für ihre individuelle Interessenlage optimal und weit besser ist als eine gerichtliche Regelung. Es gibt die verfassungsrechtlich geschützte Vertragsfreiheit. Im Rahmen gewisser Grenzen können Verträge frei ausgehandelt werden.

Die Vereinbarung stellt häufig eine Paketlösung dar. Unter Paketlösung versteht man eine Vielzahl von Einzelregelungen, die aufeinander abgestimmt sind.

In anderen Fällen gelingt es nicht, sich über alle Fragen zu einigen. Dann ist es besser, Einzelvereinbarungen zu treffen. Die Erfahrung zeigt: Ist es einem Ehepaar erst einmal gelungen, die eine oder andere Einzelfrage einvernehmlich zu regeln oder eine Übergangslösung zu finden, ist dies für beide Ehegatten ein Erfolgserlebnis. Beide sind dann bereit und gewillt, auch andere Fragen einvernehmlich zu regeln.

5. Aktivitäten, die vermieden werden sollten

Nicht nur verletzende Anwaltsbriefe sollten vermieden werden, auch persönliche Angriffe gegen den Ehegatten und herabsetzende Äußerungen im sozialen Umfeld sind kontraproduktiv. Die

Erfahrung zeigt, dass auch überzogene finanzielle Forderungen schlimme Streitigkeiten auslösen können. Denkbar negativ sind auch eigenmächtige Aktionen im Hinblick auf Hausrat, Schlüssel, Konten usw. oder Interventionen gegen den anderen Ehegatten in dessen beruflicher und privater Umgebung.

Trennung – Vorbereitung und Regelungen

1. Unterschied zwischen Trennung und Scheidung

Trennung bedeutet nicht, dass es irgendwann einmal zu einer Scheidung kommt. Es gibt viele Ehegatten, die Jahre oder Jahrzehnte getrennt leben. Es gibt auch Gründe, keine Scheidung zu vollziehen, z. B. die Witwenpension oder familiäre Gründe (s. dazu das letzte Kapitel, S. 318).

Umgekehrt setzt eine Scheidung voraus, dass die Ehegatten bereits ein Jahr getrennt leben bzw. dies dem Gericht so angeben.

Getrennt leben ist auch in einer Wohnung oder in einem Haus möglich.

2. Psychische Trennungsphasen

Im Anfangsstadium einer Trennung kann es von entscheidender Bedeutung sein, dass die Ehegatten unnötige Verletzungen vermeiden und vernünftige Übergangsregelungen treffen. Dabei ist wichtig zu wissen, dass es sogenannte Trennungsphasen gibt, die Menschen durchmachen müssen, wenn sie einen Lebenspartner verlieren, sei es durch Tod, sei es durch Trennung. Es handelt sich übrigens um die gleichen Phasen, die ein Sterbender vor seinem Tod durchlebt (Kübler-Ross-Phänomen, vgl. Thalmann, FamRZ 1984, S. 634).

a) *Isolationsphase*

Kommt es überraschend zu einem Verlust des Partners, ist die erste Reaktion: Man will die neue Situation überhaupt nicht wahrhaben. Der Betroffene kapselt sich von seinen Mitmenschen ab und ist wie gelähmt. In dieser Phase können keine Probleme angemessen gelöst werden.

b) *Zornphase*

Die äußeren Umstände zwingen den Betroffenen, die neue Lage einzusehen. Die Reaktionen sind oft Trotz und Zorn, dass gerade ihm dieses Schicksal widerfahren muss. Er reagiert mit Aggressionen gegen sich selbst, gegen den Partner und andere. Für den Betroffenen ist es wichtig, dass er seine eigenen Aggressionen akzeptiert. Der Betroffene sollte nicht nur einen Anwalt einschalten, sondern auch psychologische Beratung oder Scheidungsberatung in Anspruch nehmen.

Anwälte müssen aufpassen, dass sie nicht ungefiltert die Aggressivität des Betroffenen in Anwaltsbriefe übernehmen. In dieser Phase sollte alles vermieden werden, um unnötige Verletzungen des Ehegatten zu vermeiden. Gerichtliche Schritte in dieser Phase sind meistens unangebracht und schädlich.

c) *Verhandeln*

Die Zornphase wird häufig abgelöst von einer Phase des »Verhandelns«. Darunter versteht man aber das Bemühen, das unangenehme Schicksal so lange wie möglich hinauszuschieben oder es zu zerreden. Echte Ergebnisse lassen sich auch in dieser Phase nicht erzielen.

d) *Depression – Resignation*

Wenn die Trennung als schreckliche Wahrheit immer bewusster wird, fallen manche Betroffenen in Depressionen. In dieser Phase wird der Verlust des Ehepartners in vollem Umfang schmerzlich erlebt. Gravierende Einschränkungen der bisherigen Lebensgestaltung, Lebensangst, Schwermut und Depression bis hin zu Selbstmordgedanken setzen den Betroffenen zu. Manche Betroffenen reagieren so, dass sie sagen: »Ich verzichte auf alles.« Diese Äußerung ist typisch für die Resignation.

Auch diese Phase geht, wie die anderen, in der Regel vorüber. Durch zukunftsorientierte Hilfe und Beratung, die unbedingt in Anspruch genommen werden sollte, wird der Lebensmut der Betroffenen wieder gestärkt und die Fähigkeit, das Leben wieder selbst in die Hand zu nehmen, gefestigt. Zunächst müssen aber die Gefühle wie Enttäuschung, Lebensangst, Verzweiflung usw. zugelassen und nach Möglichkeit gegenüber Therapeuten und dem Freundeskreis ausgedrückt werden.

e) *Versöhnungsphase*

Erst in dieser Phase kann der Betroffene sich akzeptieren und lernen, mit der neuen Situation zurechtzukommen und sein Leben neu zu ordnen. Die Fähigkeit, sich selbst anzunehmen, die Selbstakzeptanz, ist besonders wichtig, wenn jemand vom Verlust des Lebenspartners betroffen ist.

f) *Soziale Integration und seelische Weiterentwicklung*

Jede Trennungskrise beinhaltet die Chance, sich weiterzuentwickeln. Wer in der Trennungskrise durch eigene Anstrengung etwas gelernt hat, wird mit der Trennung und Scheidung besser zurechtkommen. Er wird seine eigenen Fähigkeiten und Talente weiterentwickeln und vieles selbst erledigen, wofür bisher der andere Ehegatte zuständig war. Er wird neue Kontakte knüpfen, sich sozial eingliedern und seelisch weiterentwickeln.

Allerdings kann es Rückfälle geben. Aggression und Resignation können immer wieder durchbrechen. Aber die Erfahrung zeigt, dass sich diese Tendenzen, wenn sie akzeptiert werden, rasch wieder verflüchtigen.

Leider gibt es auch Ehegatten, die in der Zornphase hängen bleiben und jahrelang darauf hinarbeiten, es dem anderen Ehegatten »zu zeigen«, oder ihn »büßen zu lassen«. Diesen Betroffenen ist zu wünschen, dass Berater oder der Rechtsanwalt sie von einer solchen negativen Einstellung abbringen.

3. Begriff des Getrenntlebens

Getrenntleben ist wie gesagt Voraussetzung einer Ehescheidung und auch Voraussetzung anderer Ansprüche, insbesondere des Unterhaltsanspruchs.

Getrenntleben liegt vor, wenn keine häusliche Gemeinschaft mehr besteht und ein Ehegatte die Gemeinschaft nicht wiederherstellen will, weil er sie ablehnt. Kriterien sind:

• keine intimen Beziehungen,

• keine Haushalts- und Versorgungsleistungen,

• die Mahlzeiten werden nicht mehr regelmäßig gemeinsam eingenommen (gelegentliche Ausnahmen sind unschädlich).

Getrenntleben liegt eindeutig vor, wenn die Ehegatten in verschiedenen Wohnungen leben, weil einer ausgezogen ist.

Auch in *einer* Wohnung oder in *einem* Haus ist Getrenntleben möglich, kann aber zu großen Belastungen führen, so dass es sich meistens empfiehlt, dass ein Ehegatte auszieht.

Es gibt aber auch Ehegatten, die jahrelang in einem Haus getrennt leben und damit gut zurechtkommen. Besondere Bedeutung hat das Getrenntleben im Unterhaltsrecht.

Bis zur Trennung wird Haushalts- und Taschengeld bezahlt, und es tragen beide Ehegatten durch ihr Einkommen und Vermögen zum Familienunterhalt bei. Ab dem Zeitpunkt der Trennung hat der Ehegatte, der über die geringeren finanziellen Mittel verfügt, gegen den anderen Ehegatten einen Anspruch auf Getrenntlebensunterhalt (siehe dazu unten, ab S. 198).

4. Getrenntleben und Steuer

Im Steuerrecht kommt es auf das »dauernde Getrenntleben« in einem Kalenderjahr an. Ein Versöhnungsversuch, z. B. ein gemeinsamer Urlaub, führt dazu, dass das Ehepaar im betreffenden Jahr nicht dauernd getrennt gelebt hat, so dass weiterhin die gemeinsame Veranlagung durchgeführt werden kann. Ein solcher Versöhnungsversuch unterbricht aber das Getrenntleben im Sinne des Scheidungsrechts nicht. Die Begriffe sind also unterschiedlich. Weitere Informationen über die Steuern finden Sie im Kapitel »Optimale steuerliche Gestaltung«, S. 307.

Wenn Ehegatten sich trennen, sind die Voraussetzungen für die Inanspruchnahme der Rechtsschutzversicherung nur gegeben, wenn Familienrechtsschutz vereinbart ist. Man kann dann also zum Anwalt gehen und im Rahmen einer Erstberatung wesentliche Informationen auf Kosten der Rechtsschutzversicherung erhalten. In der Regel ist allerdings nur eine Beratung versichert und keine Vertretung.

5. Ehewohnung

Die erste und oft auch wichtigste Frage ist, wie das Getrenntleben konkret aussehen soll. Probleme ergeben sich, wenn beide Ehegatten darauf bestehen, in der Ehewohnung zu bleiben. Leider kommt es vor, dass der Ehegatte, der die Trennung nicht will, abblockt und erklärt: »Wenn du die Familie verlässt, dann musst du auch ausziehen.«

Im Falle einer Scheidung muss das Gericht im Scheidungsurteil, wenn sich die Ehegatten nicht einigen, einem Ehegatten die Nutzung der Wohnung zuweisen. Während des Getrenntlebens gibt es nur in Extremfällen einen gerichtlichen Schutz, zum Beispiel bei Gewalt eines Ehegatten gegen den anderen nach dem Gewaltschutzgesetz.

6. Hausrat

Wenn ein Ehegatte auszieht, sollte vereinbart werden, welche Hausratsgegenstände er mitnimmt und ob damit der Hausrat schon aufgeteilt ist oder eine spätere Aufteilung vorbehalten bleibt. Von wenigen Ausnahmefällen abgesehen, muss dem Ausziehenden dringend davon abgeraten werden, eigenmächtig Hausratsgegenstände mitzunehmen. Dies wird vom anderen als schwere Provokation aufgefasst und kann den Paarkonflikt erheblich verschärfen.

7. Gemeinsame Konten und Bankvollmachten

Kontoverfügungen, die ein Ehegatte ohne Zustimmung des anderen Ehegatten im Zusammenhang mit der Trennung getroffen hat, sind sehr problematisch und können erhebliche Auseinandersetzungen provozieren. Nach der Rechtsprechung ist es nicht zulässig, dass ein Ehegatte vor oder nach der Trennung beispielsweise das gemeinsame Konto abräumt oder unter Ausnutzung einer Vollmacht sich beim Konto des anderen Ehegatten bedient.

Eine Vollmacht berechtigt nur der Bank gegenüber, über das Konto des anderen Ehegatten zu verfügen. Der Ehegatte, der seine Vollmacht missbraucht, ist verpflichtet, die entsprechenden Abhebungen rückgängig zu machen und einen finanziellen Ausgleich zu leisten. Unter Umständen sind auch Ehegattenunterhaltsansprüche gefährdet.

Der Ehegatte, der dem anderen eine Bankvollmacht gegeben hat, sollte überlegen, ob er im Zuge der Trennung diese Vollmacht widerruft. Der andere Ehegatte sollte nach Möglichkeit darüber informiert werden, um Ärger zu vermeiden.

Ein gemeinsames Bankguthaben ist im Zuge der Trennung grundsätzlich hälftig zu teilen, und zwar auch dann, wenn nur ein Ehegatte die Einzahlung geleistet hat. Häufig stehen die gemeinsamen Konten im Soll, dann empfiehlt es sich, in Abstimmung mit der Bank eine Aufteilung durchzuführen, um die Gefahr einer Haftung für Schulden zu vermeiden, die der andere Ehegatte macht.

8. Getrenntlebensunterhalt

Auskunftsanspruch

Die Höhe von Unterhaltsansprüchen richtet sich nach den beiderseitigen Einkommensverhältnissen. Um den Unterhalt errechnen zu können, hat jeder Ehegatte einen Auskunftsanspruch gegenüber dem anderen. Die Auskunft muss durch Vorlage einer systematischen Aufstellung aller Einnahmen und Ausgaben erteilt werden. Nicht selbständige Unterhaltspflichtige müssen Auskunft über ihr Gehalt während der letzten zwölf Monate geben und hierzu die Gehaltsabrechnungen vorlegen, ferner Belege im Hinblick auf Einkünfte aus Kapitalvermögen, Vermietung und Verpachtung, Nebenbeschäftigungen usw. Selbständige und Freiberufler müssen Auskunft über ihre Einkünfte in den letzten drei Jahren erteilen. Diese Auskünfte über das Einkommen müssen belegt werden.

Häufig empfiehlt es sich, dass der Ehegatte, der die Auskunft haben will, sich rechtzeitig Kopien aller vorhandenen Unterlagen des anderen Ehegatten anfertigt: Lohn- und Gehaltsabrechnungen, Lohnsteuerbescheinigung, Steuerbescheide und Erklärungen, Unterlagen über Lebensversicherungen, Bausparverträge, Sparguthaben usw. An dieser Stelle wird bereits darauf hingewiesen, dass Unterhaltsansprüche geltend gemacht werden müssen, damit sie nicht verfallen. Wie unten auf S. 198 ff. dargelegt wird, kann dies durch eine Mahnung über einen bestimmten Betrag oder durch ein Schreiben erfolgen, in dem der andere Ehegatte aufgefordert wird, Auskunft zu erteilen.

Weitere Informationen zum Getrenntlebensunterhalt

Gemäß § 1361 BGB kann ein Ehegatte vom anderen Ehegatten einen angemessenen Unterhalt nach den ehelichen Lebensverhältnissen sowie den Einkommens- und Vermögensverhältnissen verlangen. Zum Unterhalt haben die verschiedenen Oberlandesgerichte in Deutschland unterhaltsrechtliche Leitlinien herausgebracht, die im Wesentlichen Grundsätze enthalten, die jeder Unterhaltsbetroffene kennen sollte. Die jeweiligen unterhaltsrechtlichen Leitlinien können beim Verein Humane Trennung und Scheidung in München, Postfach 152 103, 80052 München, kostenlos angefordert werden.

Zum Unterhaltsanspruch gehört auch Krankenvorsorgeunterhalt, sofern der unterhaltsberechtigte Ehegatte nicht im Rahmen der Familienversicherung in der gesetzlichen Krankenversicherung kostenlos mitversichert ist. Altersvorsorgeunterhalt kann nur verlangt werden, wenn eine Scheidung beantragt ist.

Der Getrenntlebensunterhalt wird unterschieden von dem nachehelichen Unterhalt. Er betrifft nur den Zeitraum bis zur Rechtskraft der Scheidung. Der Getrenntlebensunterhalt ist bei einer Trennung der wesentliche Regelungspunkt. Ohne Vereinbarung über diesen Unterhalt kann der unterhaltsberechtigte Ehegatte oft nicht ausziehen, da er gar keine Wohnung bekommt, wenn er kein gesichertes Einkommen nachweisen kann. Bei der Unterhaltsberechnung ist auch das Einkommen des Unterhaltsberechtigten selbst maßgeblich. Wenn es zur Trennung kommt, besteht für diesen aber nicht sofort die Verpflichtung, eine Ganztagstätigkeit aufzunehmen. Vielmehr ist er erst ein Jahr ab Trennung verpflichtet, seine Berufstätigkeit auszuweiten oder eine Berufstätigkeit aufzunehmen. Auch hierfür spielt es also eine Rolle, wann die Trennung begonnen hat.

Weitere Informationen ab S. 198.

9. Steuerliche Fragen

Meist hat der weniger verdienende Ehegatte die Steuerklasse V und muss relativ hohe steuerliche Abzüge hinnehmen. Mit der Trennung ist aber in der Regel nicht sofort eine Änderung der Steuerklassen verbunden. Im Trennungsjahr können die Ehegatten auf jeden Fall die bestehenden Steuerklassen beibehalten, die Veranlagung gemeinsam durchführen und den Splittingvorteil ausschöpfen. Je unterschiedlicher die Einkommensverhältnisse sind, desto mehr bringt das Ehegattensplitting.

Im Trennungsjahr können die Ehegatten allerdings auch die Steuerklasse wechseln und anstelle der Kombination III und V die Kombination IV und IV wählen. Häufig ärgert sich der Ehegatte mit der ungünstigen Steuerklasse V über die hohen Abzüge. Er kann verlangen, dass der andere Ehegatte einen Ausgleich leistet, sofern dieser nicht ohnehin Ehegattenunterhalt bezahlen muss.

Der Ehegatte, der die günstige Steuerklasse III hat, möchte diese begreiflicherweise behalten. Um sicherzugehen, dass der andere Ehegatte bei einer gemeinsamen Veranlagung mitwirkt, sollte er sich von diesem eine schriftliche Bestätigung darüber geben lassen.

Ein Wechsel in die Steuerklassenkombination IV und IV während des laufenden Jahres kann nur vom Finanzamt vorgenommen werden. Der andere Ehegatte muss hierzu seine Zustimmung erteilen.

Ist klar, dass die Ehegatten im Folgejahr dauernd getrennt leben, sind sie verpflichtet, die Steuerklasse ändern zu lassen. Dann ist die Steuerklasse I zutreffend, die der Höhe nach übrigens mit Steuerklasse IV identisch ist. Die Änderung der Steuerklasse muss bei der Gemeinde beantragt werden!

Begrenztes Realsplitting

Der unterhaltspflichtige Ehegatte kann Unterhaltszahlungen an den Unterhaltsberechtigten bis zu € 13 805,00 jährlich als Sonderausgaben absetzen (begrenztes Realsplitting). Hierzu ist ein Antrag notwendig (Formular Anlage U), der von beiden Ehegatten unterschrieben werden muss. Der Unterhaltsberechtigte kann verlangen, dass ihm die steuerlichen und sonstigen Nachteile (möglicherweise bei der Krankenversicherung) ersetzt werden. Weitere Einzelheiten dazu ab S. 307.

10. Krankenversicherung

Während des Getrenntlebens kann der unterhaltsberechtigte Ehegatte, sofern er nicht selbst krankenversichert ist, weiterhin beim anderen Ehegatten in der gesetzlichen Krankenversicherung kostenlos mitversichert sein, und zwar bis zur Rechtskraft der Scheidung. Auf die private Krankenversicherung hat die Trennung keinen Einfluss!

11. Trennungsvereinbarungen

Es empfiehlt sich, vor oder nach der Trennung darüber nachzudenken, ob vertragliche Vereinbarungen oder notarielle Regelungen in Betracht kommen. Häufig sind beide Ehegatten in der ersten Phase der Trennung noch konsensfähig und dazu motiviert, sich einvernehmlich zu einigen. Diese Zeit sollte daher genutzt werden. Man sollte nicht kleinlich auf bestimmten Rechtspositionen beharren und dadurch die Chance für eine Gesamtlösung vergeben.

Welche Regelungen stehen in einer Trennungsvereinbarung?

- Vorläufige Regelungen für den Hausrat
- Regelungen über die Benutzung der Ehewohnung
- Steuerliche Regelungen
- Trennungsunterhalt
- Verteilung des gemeinsamen Vermögens
- Zugewinnausgleichsansprüche

Dies sind letztlich auch die Punkte, die in einer Scheidungsvereinbarung stehen.

Sollten in der Trennungsvereinbarung Regelungen über den Zugewinnausgleich, den Versorgungsausgleich oder über Immobilien enthalten sein, ist die notarielle Beurkundung notwendig.

Vergleichen Sie die Broschüre des Vereins Humane Trennung und Scheidung »Maßnahmen bei Trennung und Trennungsvereinbarung«.

Der Ablauf der Scheidung – das Scheidungsverfahren

1. Gibt es eine Scheidung ohne Richter bzw. ohne Rechtsanwälte?

In der Vergangenheit gab es immer wieder Rechtspolitiker, die den Vorschlag gemacht haben, eine Scheidung ohne Richter als gesetzliche Möglichkeit einzuführen, etwa beim Standesamt. Es ist nicht damit zu rechnen, dass diese Ideen Erfolg haben. Voraussichtlich wird es auch kein Scheidungsverfahren ohne Rechtsanwälte geben, z. B. dann, wenn beim Notar eine Vereinbarung erarbeitet wurde und das Gericht nur noch mit der Scheidung selbst befasst wird. Es dürfte noch Jahre und Jahrzehnte so bleiben: Ein Scheidungsverfahren und ein Scheidungstermin beim Familienrichter sind notwendig; für das Scheidungsverfahren besteht Anwaltszwang.

2. Der Ablauf der Scheidung – das Scheidungsverfahren

Wann ist eine Scheidung möglich – welche Scheidungstypen gibt es?

Seit 1.7.1977 kann eine Ehe geschieden werden, wenn sie »gescheitert« ist. Man nennt dies das Zerrüttungsprinzip. Zuvor galt das Schuldprinzip. In der Praxis kommen vier Typen der Scheidung vor:

A. Einvernehmliche Scheidung

Die einvernehmliche Scheidung ist der Normalfall und entspricht dem Leitbild des Gesetzes. Voraussetzungen:

- Die Ehegatten leben seit einem Jahr getrennt (zum Begriff des Getrenntlebens vgl. S. 162 ff.),

- beide Ehegatten stimmen der Scheidung zu, und

- im Hinblick auf die Punkte Ehegattenunterhalt, Ehewohnung und Hausrat sollen bei Gericht eine Vereinbarung protokolliert oder eine notarielle Urkunde vorgelegt werden.

Wenn diese Punkte geregelt sind, wird von Gesetzes wegen unwiderlegbar vermutet, dass die Ehe gescheitert ist, und die Ehe muss geschieden werden. Im Scheidungstermin muss der Richter die Parteien dazu anhören, seit wann sie getrennt leben und ob sie geschieden werden wollen.

Was steht im Scheidungsantrag bei einer einvernehmlichen Scheidung?

Durch den Rechtsanwalt wird bei Gericht ein Scheidungsantrag gestellt. Im Antrag steht, seit wann die Parteien getrennt leben. Außerdem ist anzugeben, wie das Getrenntleben eingeleitet wurde, z. B. durch Auszug eines Ehegatten aus der Wohnung oder durch Getrenntleben in der Ehewohnung. Weiter wird vorgetragen, dass der andere Ehegatte der Scheidung zustimmen wird und dass spätestens bis zum Scheidungstermin eine Vereinbarung vorgelegt wird. Es gibt allerdings Gerichte in manchen Teilen Deutschlands, die die ausformulierte Vereinbarung bereits bei der Einreichung der Scheidung erwarten, was naturgemäß die Angelegenheit erschwert.

Bei vielen Gerichten ist es jedoch üblich, dass die Einigung erst während des Verfahrens erarbeitet wird. Dann haben die Ehegatten Zeit bis zum Scheidungstermin, der normalerweise nach vier bis sechs Monaten bestimmt wird, an der Lösung dieser Fragen zu arbeiten. Häufig ist die Einreichung der Scheidung sinnvoll, um die Beteiligten auf den »Ernst der Lage« hinzuweisen; oft bemühen sie sich erst dann um die Erarbeitung der Scheidungsvereinbarung.

Bevor ein Ehegatte einen solchen Antrag einreicht, sollte er mit dem anderen Ehegatten abstimmen, ob dieser tatsächlich der Scheidung zustimmt und den Sachvortrag hinsichtlich des Getrenntlebens inhaltlich bestätigt.

Angaben über den Trennungszeitpunkt – sofortige Scheidung

Es gibt Fälle, in denen die Ehegatten sich zur Trennung entschließen und dann aber auch gleich die Scheidung hinter sich bringen wollen. Dies sind häufig Ehegatten, die seit Jahren mehr oder weniger nebeneinander hergelebt haben, bei denen aber nicht klar ist, ob sie im Rechtssinn getrennt waren oder nicht. Damit der Scheidungsantrag nicht vom Gericht zurückgewiesen wird, muss im Antrag stehen, dass die Ehegatten mindestens etwa zehn bis elf Monate in der Ehewohnung getrennt gelebt haben.

Dann nimmt das Verfahren seinen normalen Lauf. Die meisten Gerichte bestimmen einen Termin zur Scheidungsverhandlung erst dann, wenn seitens der Versorgungsträger die Auskünfte über die Versorgungsanwartschaften vorliegen, also erst nach einer Reihe von Monaten. Wenn dann die Parteien vom Richter persönlich angehört werden, seit wann sie getrennt leben, ist häufig bereits ein Jahr ab dem Auszug eines Ehegatten verstrichen. In solchen Fällen wird der Richter dann nicht im Einzelnen nachfragen, wie das Getrenntleben in der Ehewohnung vorher ausgesehen hat.

In der Regel wird der Richter auch nicht weiter nachforschen, wenn beide Parteien übereinstimmend und glaubhaft erklären, sie hätten in der Ehewohnung von Tisch und Bett getrennt gelebt und einander keine Versorgungsleistungen mehr erbracht.

In Ausnahmefällen kann es auch vorkommen, dass die Scheidung sofort beantragt werden kann bzw. vor Ablauf des Trennungsjahres. Dies ist dann der Fall, wenn einem Ehegatten das Abwarten des Trennungsjahres unzumutbar ist. Bis vor einigen Jahren hat es die Rechtsprechung genügen lassen, wenn der andere Ehegatte bereits in einer eheähnlichen Lebensgemeinschaft mit einem neuen Partner gelebt hat. Dies hat sich geändert. Praktisch kommen Fälle schwerer körperlicher Gewalt oder Alkoholismus in Betracht. Siehe unten, S. 181, Härtefallscheidung.

Weiteres zum Scheidungsantrag

Im gerichtlichen Scheidungsverfahren muss der sogenannte Antragsteller sich stets von einem Anwalt vertreten lassen. Es besteht Anwaltszwang. Im Scheidungsverfahren können nur von einem Rechtsanwalt Anträge gestellt werden. Der Antragsgegner benötigt dagegen für das gerichtliche Scheidungsverfahren keinen Anwalt. Er wird persönlich zur Scheidung gehört, kann aber ohne Anwalt keine Anträge stellen.

Wenn die Parteien mit einem gemeinsamen Anwalt die Scheidungsvereinbarung erarbeitet haben, sollte dieser gemeinsame Anwalt zweckmäßigerweise nicht den Scheidungsantrag für einen Ehegatten stellen, da er im Scheidungsverfahren genaugenommen nur das Interesse des einen Ehegatten vertreten kann und im Verfahren Interessengegensätze zwischen den Ehegatten auftreten können, z.B. beim Versorgungsausgleich. Spätestens dann müsste er das Mandat niederlegen.

Wird bei Gericht eine Vereinbarung protokolliert oder Rechtsmittelverzicht erklärt, ist hierfür ein zweiter Rechtsanwalt erforderlich, der aber im Übrigen im Scheidungsverfahren nicht mandatiert wird und für den daher wesentlich niedrigere Gebühren zu bezahlen sind.

Wenn jeder Ehegatte für die außergerichtliche Vertretung bereits einen Anwalt hatte, werden diese Anwälte in der Regel auch im Scheidungsverfahren tätig.

Für den Antragsgegner empfiehlt es sich, dass er einen eigenen selbständigen Scheidungsantrag stellt: Es wird beantragt: »Die Ehe der Parteien wird geschieden.«

Nur auf diese Weise ist er ebenfalls Herr des Verfahrens. Andernfalls könnte der Antragsteller seinen Scheidungsantrag zurücknehmen, und damit wäre die ganze Scheidung hinfällig, und die Ehegatten würden so dastehen, als hätte es nie ein Scheidungsverfahren gegeben. Dies betrifft insbesondere den Zuge-winnausgleich und den Versorgungsausgleich.

Was muss mindestens in einer Scheidungsvereinbarung stehen?

Die Mitteilung, dass der andere Ehegatte der Scheidung zustim-men wird und Angaben über gemeinschaftliche Kinder, sofern diese minderjährig sind.

Da wir davon ausgehen, dass die Leser dieses Buches langjäh-rig verheiratet und die Kinder bereits erwachsen sind, nehmen wir davon Abstand, Fragen der elterlichen Sorge, des Umgangs und des Kindesunterhalts in dieses Buch mit aufzunehmen, und verweisen auf die Literaturempfehlung im Anhang.

Inhalt der Scheidungsvereinbarung

- *Ehegattenunterhalt*
  Gemäß § 630 Abs. 1 Nr. 3 ZPO ist eine Regelung erforderlich, in welcher Höhe nachehelicher Ehegattenunterhalt bezahlt wird. Hier gibt es zahlreiche Gestaltungsmöglichkeiten. Ein-zelheiten finden Sie ab S. 198.

- *Ehewohnung*
  In der Regel haben die Ehegatten bereits vorher eine Klärung herbeigeführt. Dann genügt es festzuhalten:
  »Die Ehewohnung wird dem Ehemann/der Ehefrau zur wei-teren alleinigen Benutzung überlassen.«
  Oder:
  »Beide Ehegatten wirken zusammen, dass der Ehemann/die Ehefrau aus dem Mietverhältnis entlassen wird.«

- *Hausrat*

  In der Regel haben sich die Eheleute bereits über die Aufteilung des Hausrats geeinigt. Dann steht in der Vereinbarung nur noch: »Der eheliche Hausrat ist aufgeteilt. Jeder Ehegatte ist Alleineigentümer der in seinem Besitz befindlichen Hausratsgegenstände.«

  Natürlich kann in der Scheidungsvereinbarung auch stehen, welche Hausratsgegenstände ein Ehegatte an den anderen noch herausgibt.

  Weitere Beispiele für Scheidungsvereinbarungen finden Sie im Kapitel »Scheidungsvereinbarung«, S. 296 f.

Über die Wege zur einvernehmlichen Scheidung haben wir im 1. Kapitel bereits berichtet, S. 153 f.

Einigung mit Hilfe des Gerichts

Es kann Fälle geben, in denen nicht rechtzeitig bis zum Scheidungstermin eine Scheidungsvereinbarung ausgehandelt werden kann oder in denen die Vereinbarung noch nicht vollständig ist. Dann wird im Termin die Scheidung noch nicht ausgesprochen.

Häufig wird der Familienrichter darauf hinwirken, eine einvernehmliche Regelung herbeizuführen. Das Gericht ist von Gesetzes wegen verpflichtet, in jedem Verfahrensstadium auf eine vergleichsweise Regelung hinzuarbeiten. Viele Familienrichter verstehen ihr Amt auch so, dass sie im Interesse der Familie versuchen, Streitfragen einvernehmlich zu regeln.

Bei Streitigkeiten über unterhaltsrechtliche Fragen oder Zugewinnausgleichsforderungen bemühen sich die Richter in der Regel, den Rechtsstreit nicht durch ein Urteil zu erledigen, sondern einen Vergleich zustande zu bringen. Sollte in der 1. Instanz der

Richter ein Urteil erlassen müssen, legt meist eine Seite Berufung ein. In der 2. Instanz vor dem Oberlandesgericht wird dann in aller Regel ein Vergleich geschlossen. Unsere Empfehlung ist: Es ist nie zu spät, sich zu einigen. Im Interesse der Familie ist eine Einigung selbst nach längeren Auseinandersetzungen immer noch das Beste.

B. Die streitige Scheidung

Auch ohne Vereinbarung bzw. ohne Zustimmung des anderen Ehegatten kann die Ehe geschieden werden, wenn die Parteien ein Jahr getrennt gelebt haben und das Gericht davon überzeugt werden kann, dass die Ehe zerrüttet ist. Diese Form der Scheidung nennt man eine »streitige« Scheidung. Dann muss vorgetragen werden, dass die Lebensgemeinschaft der Ehegatten nicht mehr besteht und nicht erwartet werden kann, dass die Ehegatten sie wiederherstellen. Hierzu sind Tatsachen vorzutragen, z. B.:

• Aufnahme einer neuen Partnerschaft,
• Eheverfehlungen,
• Misshandlungen.

In der Praxis sind die Maßstäbe, die die Gerichte hier anlegen, nicht allzu streng. In der Regel genügt es, wenn sich das Gericht in der mündlichen Verhandlung davon überzeugt, dass der Ehegatte, der geschieden werden will, dazu fest entschlossen ist und keine ehelichen Gemeinsamkeiten mehr bestehen.

Anders als bei der einvernehmlichen Scheidung liegen bei der »streitigen« Scheidung eben keine Vereinbarungen über die Folgesachen vor, wie etwa Unterhalt und Zugewinnausgleich. Dann werden häufig im Verbund entsprechende Anträge gestellt, und im Scheidungsurteil werden diese Folgesachen dann vom Gericht geregelt.

Durch streitige Auseinandersetzungen über die Folgesachen kann das Scheidungsverfahren verzögert werden. Insbesondere beim Ehegattenunterhalt gibt es viele Probleme tatsächlicher und rechtlicher Art. Noch komplizierter können Zugewinnausgleichsverfahren werden.

Sollten Sachverständige eingeschaltet werden müssen, dauert es häufig Monate oder Jahre, bis die Gutachten vorliegen.

Eine streitige Scheidung bedeutet jedoch nicht, dass ein Rosenkrieg ausbricht.

In der Praxis wird häufig die Ehescheidung als einvernehmliche Scheidung eingeleitet, aber dann kommt die Scheidungsvereinbarung bis zum Scheidungstermin nicht zustande. Entweder einigt man sich dann noch im Termin, z. B. über den Unterhalt, und schließt hierüber einen Vergleich oder die Scheidung wird vom Gericht eben als »streitige« Scheidung behandelt.

Wenn eine Partei z. B. die Folgesache Unterhalt gerichtlich geklärt haben will, wird im Termin die Scheidung nicht ausgesprochen, sondern erst zusammen mit der Regelung über den nachehelichen Unterhalt durch Urteil entschieden.

C. Scheidung nach dreijährigem Getrenntleben

Leben die Ehegatten drei Jahre getrennt, so wird die Zerrüttung der Ehe unwiderlegbar vermutet. Dann spielt die Zustimmung des anderen Ehegatten keine Rolle mehr. Dann beschäftigt sich das Gericht auch nicht mit den Folgesachen, es sei denn, eine Partei macht eine Folgesache anhängig.

D. Härtefallscheidung vor Ablauf des Trennungsjahres

Wer vor Ablauf des Trennungsjahres geschieden werden will, muss vortragen, dass eine unzumutbare Härte vorliegt, so dass es nicht zumutbar ist, den Ablauf des Trennungsjahres abzuwarten. Noch vor einigen Jahren hat es genügt vorzutragen, dass der andere Ehegatte bereits mit einem neuen Partner eheähnlich zusammenlebt. Inzwischen sind die Maßstäbe hier strenger geworden; dies allein genügt nicht.

Wer sich auf die unzumutbare Härte beruft, ist dafür darlegungs- und beweispflichtig. Wenn das Gericht den Termin zur mündlichen Verhandlung bestimmt und dieser Sachvortrag nicht bewiesen werden kann, kann der Scheidungsantrag kostenpflichtig zurückgewiesen werden. Eine vorzeitige Scheidung ist daher nur zu empfehlen, wenn die Rechtsprechung des lokalen Gerichts bekannt ist. In jüngster Zeit gehen die Gerichte mit Härteanträgen restriktiv um. Diese werden dann zurückgewiesen, oder die Parteien werden angehalten, bis zum Ablauf des Trennungsjahres das Verfahren ruhen zu lassen. Wem es auf eine schnelle Scheidung ankommt, der sollte mit dem anderen Ehegatten eine Absprache über den Beginn des Getrenntlebens treffen.

3. Verzögerung der Scheidung

Keine Verzögerung bei einjährigem Getrenntleben

Eine Berufung auf die Dreijahresfrist kann die Scheidung in aller Regel nicht verzögern. Dem anderen Ehegatten wird es fast immer gelingen, Tatsachen vorzubringen, aus denen das Gericht die Zerrüttung der Ehe schließt. Anders als beim alten Scheidungsrecht kann der »ehetreue« Ehegatte die Scheidung nicht verhindern bzw. nur geringfügig verzögern.

Selbst wenn die Einjahresfrist nicht ganz eingehalten wird, wird der Scheidungsantrag in der Regel nicht zurückgewiesen. Die meisten Richter suchen dann nach einem Weg, den Scheidungstermin hinauszuzögern, bis das Trennungsjahr abgelaufen ist.

Motive für eine Verzögerung der Scheidung

Hier gibt es verschiedene persönliche Gründe (Bindung an die Ehe, religiöse Motive, der Wunsch, dem anderen Ehegatten die Freiheit nicht zu geben usw.). Es gibt aber auch wirtschaftliche Gesichtspunkte, die allein oder zusammen mit den persönlichen Motiven die Verzögerung sinnvoll erscheinen lassen.

Was kann für eine Verzögerung der Scheidung sprechen?

- Ein Ehegatte erhält einen hohen Getrenntlebensunterhalt vom anderen Ehegatten, den er voraussichtlich nach der Scheidung nicht mehr weiter bekommt.

- Ehegatten von Beamten verlieren mit Rechtskraft der Scheidung ihre Beihilfeberechtigung und müssen dann für die private Krankenversicherung hohe Beiträge zahlen.

- Mit Rechtskraft der Scheidung entfällt die Familienhilfe in der gesetzlichen Krankenversicherung. Ab Rechtskraft der Scheidung müssen eigene Krankenversicherungsbeiträge bezahlt werden.

- Ehegatten, die kurz vor der Pensionierung stehen, erhalten nur dann die volle Rente oder Pension, wenn die Scheidung erst ausgesprochen wird, sobald die Rente bewilligt ist. Die Rente wird durch die Scheidung dann nicht gekürzt (sogenanntes Rentnerprivileg).

- Mit Rechtskraft der Scheidung wird der Zugewinnausgleichsanspruch fällig und ist von diesem Zeitpunkt an zu verzinsen.

Siehe dazu das Kapitel »Wirtschaftliche Vor- und Nachteile der Scheidung«, S. 318 f.

Möglichkeiten, die Rechtskraft der Scheidung zu verzögern

Hier gibt es eine Vielzahl von Möglichkeiten, die im Einzelnen mit dem Rechtsanwalt abzustimmen sind. Einige Beispiele werden hier genannt:

- Im Scheidungstermin stellt eine Partei einen Stufenantrag im Hinblick auf den Unterhalt oder den Zugewinnausgleich. Unter Stufenantrag versteht man einen Antrag auf Auskunft und Zahlung des sich aus der Auskunft ergebenden Betrags.

- Es wird in letzter Minute eine Folgesache anhängig gemacht, z. B. die Aufteilung des ehelichen Hausrats.

- Der Ehegatte, der zur Auskunft verpflichtet ist, verzögert die Auskunft, lässt sich verurteilen und legt gegen das Auskunftsurteil eventuell sogar Berufung ein.

- Die Formulare zum Versorgungsausgleich werden nur mit Verzögerung ausgefüllt und an das Gericht zurückgegeben. Anfragen der Rentenversicherung werden nicht beantwortet.

- Der Ehegatte erscheint nicht zum Scheidungstermin, sondern lässt sich wegen Krankheit entschuldigen. Dies kann mehrfach wiederholt werden!

- Der Rechtsanwalt beantragt eine Terminverlegung wegen anderer Gerichtstermine, Seminaren oder Urlaub.

- In der Folgesache Zugewinnausgleich müssen diverse Sachverständigengutachten zur Ermittlung des Wertes bestimmter Vermögensgegenstände erstellt werden, z. B. Immobilien, Unternehmen etc.

- Es wird Berufung gegen das Scheidungsurteil oder die Folgesachen eingelegt.

Ist eine Verzögerung ratsam?

Ob eine Verzögerung ratsam ist, kann nur im Rahmen einer umfassenden Abwägung der verschiedenen Vor- und Nachteile entschieden werden. Eine Verzögerungsstrategie nur aus emotionalen Gründen empfiehlt sich nicht. Langandauernde Prozesse zwischen den Ehegatten erhöhen die Kosten und das Risiko, die persönlichen Beziehungen und damit das Wohl der Nachscheidungsfamilie zu gefährden.

Nicht selten kommt es vor, dass ein Ehegatte die Scheidung nicht aus wirtschaftlichen Gründen verzögert, sondern weil er sich entweder vom anderen Ehegatten nicht ablösen kann und an der Ehe festhalten will oder weil er dem anderen seine »Freiheiten nicht gönnt«. Diese Motive sind verständlich und sollten mit Hilfe von Therapeuten oder einem psychologischen Berater bearbeitet werden. Sie sollten aber nicht die Grundlage einer langjährigen Verzögerungsstrategie sein.

4. Einreichung des Scheidungsantrags bei Gericht

Der Rechtsanwalt des Antragstellers reicht den Scheidungsantrag beim örtlich zuständigen Gericht ein. Dies ist in der Regel das Gericht, bei dem

- die Ehegatten ihren gemeinsamen gewöhnlichen Aufenthalt haben oder
- ihren gemeinsamen Aufenthalt hatten, falls ein Ehegatte noch im Gerichtsbezirk lebt.

5. Gerichtskostenvorschuss – Prozesskostenhilfe

Damit der Scheidungsantrag zugestellt wird, muss an das Gericht ein Kostenvorschuss bezahlt werden. Er richtet sich nach dem Streitwert, in der Regel das dreifache Monatseinkommen beider Ehegatten. Beträgt das Nettoeinkommen z. B. € 3000,00, ist ein Kostenvorschuss von € 362,00 zu bezahlen. Hinzu kommt der Kostenvorschuss für den Rechtsanwalt, der bei einem Streitwert von € 9000,00 maximal € 1359,58 beträgt.

Wer geschieden werden will und nicht die eigenen Mittel hat, einen Prozess zu führen, kann den Rechtsanwalt bitten, Prozesskostenhilfe zu beantragen. Auf einem Formular muss eine Erklärung über die persönlichen und wirtschaftlichen Verhältnisse abgegeben und müssen entsprechende Belege beigefügt werden.

Die Prozesskostenhilfe kann ohne Raten gewährt werden, oder es wird eine Rate festgesetzt. Die Höhe der Rate richtet sich nach dem Einkommen. Maximal sind 48 Raten zu zahlen. Die Prozesskostenhilfe lohnt sich dann, wenn keine oder eine niedrige Rate bezahlt wird. Dadurch ergibt sich eine endgültige Ersparnis.

Wer Prozesskostenhilfe beantragen will, muss seine gesamte Einkommens- und Vermögenssituation darlegen. Er darf insbesondere kein Vermögen haben, das ein Schonvermögen von € 2500,00 übersteigt.

Das Gericht entscheidet dann, ob Prozesskostenhilfe mit oder ohne Ratenzahlung gewährt wird. Voraussetzung für die Gewährung von Prozesskostenhilfe ist, dass die beabsichtigte Rechtsverfolgung aussichtsreich ist. Ob dies der Fall ist, prüft das Gericht nur summarisch in tatsächlicher und rechtlicher Hinsicht. Soweit es um das Scheidungsverfahren geht, wird jedem Ehegatten zugebilligt, dass er sich anwaltlich vertreten lässt.

Die Prozesskostenhilfe bedeutet, dass an das Gericht keine Gerichtsgebühren und kein Gerichtskostenvorschuss zu bezahlen ist und die Kosten des eigenen Anwalts über die Staatskasse abgerechnet werden. Je niedriger die Rate ist, desto größer ist die Ersparnis. Maximal sind 48 Raten zu zahlen. Bei höheren Raten müssen letztlich die vollen Gerichts- und Anwaltskosten durch eine entsprechende Zahl von Raten abgezahlt werden.

6. Prozesskostenvorschuss vom anderen Ehegatten

Bevor das Gericht Prozesskostenhilfe gewährt, prüft es in der Regel, ob der andere Ehegatte verpflichtet ist, einen Prozesskostenvorschuss zu bezahlen. Gemäß § 1360 a BGB ist der Anspruch auf Prozesskostenvorschuss Bestandteil des Unterhaltsanspruchs.

Wenn der andere Ehegatte selbst Prozesskostenhilfe beantragen kann, da seine Einkommenssituation bescheiden ist, ist kein Anspruch auf Prozesskostenvorschuss gegeben. Bei voller Unterhaltszahlung besteht in der Regel ebenfalls kein Anspruch auf Prozesskostenvorschuss. Es handelt sich nur um einen Vorschuss. Er ist zurückzuzahlen, wenn im Zuge der Vermögensauseinandersetzung der Empfänger des Vorschusses zu Geld kommt.

7. Zustellung des Scheidungsantrages und seine Auswirkungen

Der Scheidungsantrag wird entweder dem anderen Ehegatten oder seinem Anwalt zugestellt. Bei der Zustellung an den Ehegatten hält der Postbote das Datum der Zustellung auf dem Umschlag fest. Bei der Zustellung an den Anwalt muss der Anwalt ein Empfangsbekenntnis unterschreiben.

Die Zustellung des Scheidungsantrages hat erhebliche Auswirkungen:

a) Versorgungsausgleich

Beim Versorgungsausgleich kommt es auf das sogenannte Ende der Ehezeit an. Die Ehezeit endet am Ende des Monats, welcher der Zustellung vorausgeht.

b) Zugewinnausgleich

Von ganz besonderer Bedeutung ist das Datum der Zustellung für den Zugewinnausgleich.

Maßgeblicher Zeitpunkt für die Beendigung des Güterstandes ist nämlich der Tag der Zustellung. Dies bedeutet, dass für die Berechnung des Zugewinnausgleichs die Vermögensverhältnisse beider Ehegatten an diesem bestimmten Tag maßgebend sind und maßgebend bleiben.

An dieser Stelle sei noch einmal darauf hingewiesen, dass der Antragsgegner überlegen sollte, ob er nicht einen eigenen Antrag stellt. Wenn der Antragsteller nämlich seinen Antrag zurücknimmt, entfällt der Stichtag für die Zugewinnausgleichsberechnung.

c) Ehegattenerbrecht

Wenn der Scheidungsantrag dem anderen Ehegatten zugestellt

ist, führt dies zum Verlust des Ehegattenerbrechts des anderen Ehegatten.

Hat dagegen nur der überlebende Ehegatte die Scheidung beantragt und ist es nicht zur Scheidung gekommen, bleibt das gesetzliche Erbrecht des überlebenden Ehegatten erhalten!

d) Ehegattenunterhalt

Auch für die sogenannte Ehedauer spielt das Datum der Zustellung des Scheidungsantrages eine Rolle. Bei einer kurzen Ehe (bis etwa drei Jahre) ist der nacheheliche Unterhalt in der Regel begrenzt oder befristet.

8. Scheidungstermin

Während des Scheidungsverfahrens ermittelt das Gericht die Versorgungsanwartschaften beider Ehegatten in der gesetzlichen Rentenversicherung, bei Betriebsrenten und privaten Rentenversicherungen. Wenn alle Auskünfte vorliegen, wird Termin zur mündlichen Verhandlung bestimmt.

Bei einer einverständlichen Scheidung wird beim Termin dem Gericht entweder eine notarielle Urkunde vorgelegt oder eine Scheidungsvereinbarung, die bei Gericht protokolliert wird.

Haben sich die Ehegatten nicht über eine Scheidungsvereinbarung verständigt, sollten spätestens beim Scheidungstermin die Folgesachen, wie z.B. Ehegattenunterhalt sowie eventueller Zugewinnausgleich, anhängig gemacht werden.

Konnten sich die Ehegatten nicht über die Scheidungsvereinbarung verständigen, besteht nämlich die Gefahr, dass im Termin ein Scheidungsurteil ergeht und dadurch ein Ehegatte Nachteile hat, weil z.B. der Unterhalt oder der Zugewinnausgleich nicht geregelt ist. Dann sollte der betreffende Ehegatte spätestens im Scheidungstermin noch einen Antrag auf Regelung dieser Folgesachen stellen.

9. Wirksamwerden der Scheidung

Der Scheidungsausspruch wird dann wirksam, wenn Rechtskraft eingetreten ist. Dies ist der Fall, wenn

- im Termin Rechtsmittelverzicht erklärt wurde;

- die einmonatige Frist für die Einlegung einer Berufung nach Zustellung des Urteils ungenutzt abgelaufen ist;

- falls Berufung oder Beschwerde gegen eine Folgesache eingereicht wurde, ein Monat ab Zustellung der Begründung dieses Rechtsmittels.

10. Scheidungsverbund

Seit 1977 gibt es das Familiengericht und den Scheidungsverbund.

Scheidungsverbund bedeutet, dass die Scheidung erst ausgesprochen wird, wenn gleichzeitig über die Folgesachen entschieden wird. Durch diese Verbindung von Scheidung und Folgesachen entsteht für beide Ehegatten der Druck, sich über die Regelung der Folgesachen zu einigen. Der Ehegatte, dem an der Scheidung liegt, wird alles tun, um an einer Regelung der Folgesachen mitzuwirken. Der Ehegatte, dem z. B. an einer Regelung des Unterhalts oder des Zugewinnausgleichs liegt, kann die

Scheidung so lange blockieren, bis über die Folgesachen entschieden ist.

Entstehen des Verbunds

Der Versorgungsausgleich muss immer von Amts wegen durchgeführt werden. Im Übrigen entsteht der Verbund, wenn entsprechende Anträge gestellt werden.

• Nachehelicher Unterhalt

• Zugewinnausgleich

• Benutzung der Ehewohnung (auch gegen den Willen des Vermieters)

• Hausrat

Nicht in den Verbund gehört der Unterhalt bis zur Scheidung (Getrenntlebensunterhalt).

Nicht in den Verbund gehören Angelegenheiten, die nach der derzeitigen Regelung keine Familiensachen sind.

• Vermögensauseinandersetzung (Aufteilung des gemeinsamen Vermögens oder gemeinsamer Immobilien)

• Nutzungsentschädigung für Haus oder Eigentumswohnung

• Erstattungsansprüche für die Tilgung von Schulden

• steuerliche Streitigkeiten

Für diese Fragen ist zurzeit noch das allgemeine Zivilgericht zuständig. Es ist allerdings vorgesehen, ein »großes Familiengericht« einzuführen, das für alle Streitigkeiten unter Ehegatten zuständig sein wird.

Abtrennung von Scheidungsfolgesachen

Ausnahmsweise wird die Scheidung vorab ausgesprochen, bevor eine Folgesache entschieden werden kann, wenn die gleichzeitige Entscheidung über die Folgesache den Scheidungsausspruch so außergewöhnlich verzögern würde, dass der Aufschub eine unzumutbare Härte darstellen würde.

Dies kann der Fall sein, wenn das Scheidungsverfahren zwei Jahre gedauert hat und z. B. der Versorgungsausgleich noch nicht geklärt ist. Beim Versorgungsausgleich sind die Gerichte mit der Abtrennung, wenn beide Ehegatten dies wünschen, relativ großzügig.

Demgegenüber trennen die Gerichte selten ab, wenn der Unterhalt noch nicht geklärt ist. Unterschiedlich ist die Handhabung, wenn sich die Folgesache Zugewinnausgleich wegen diverser Gutachten sehr lange hinzieht.

11. Vorläufiger Rechtsschutz durch einstweilige Anordnung

Von großer praktischer Bedeutung ist die Möglichkeit, insbesondere für den Ehegattenunterhalt eine einstweilige Anordnung zu beantragen.

In diesem Verfahren wird sehr rasch eine gerichtliche Regelung getroffen, häufig innerhalb weniger Wochen, während es in einem Hauptsacheverfahren Monate oder Jahre dauern kann, wenn etwa unklare Einkommensverhältnisse bestehen.

Im Verfahren einstweilige Anordnung entscheidet das Gericht in der Regel ohne mündliche Verhandlung oder bestimmt sehr rasch einen Termin. Es hat in der Praxis eine große Bedeutung, da es eine zeitnahe Klärung wichtiger Fragen mit sich bringt. In der Regel kommt es beim Termin zu einer Einigung der Parteien im Vergleichswege auf Vorschlag des Gerichts, oder das Gericht entscheidet durch einen Beschluss, der nicht angefochten werden kann.

Wenn kein Unterhalt bezahlt wird, sollte der Unterhaltsberechtigte sofort eine einstweilige Anordnung beantragen. Eile ist auch deshalb geboten, da per einstweiliger Anordnung rückständiger Unterhalt nicht zugesprochen werden kann.

In der Regel bekommt der Unterhaltsberechtigte sofort einen Titel durch Gerichtsbeschluss, oder es wird vor Gericht ein Vergleich geschlossen. Aus dem Titel kann dann sofort die Vollstreckung durchgeführt werden.

Wenn ein Scheidungsverfahren läuft, kann auch der laufende Unterhalt, also der Unterhalt bis zur Rechtskraft der Scheidung, im Wege der einstweiligen Anordnung im Rahmen des Scheidungsverfahrens geregelt werden.

Im Übrigen kann in jedem isolierten Unterhaltsverfahren, z. B. wegen Trennungsunterhalt oder in einem Unterhaltsverfahren nach der Scheidung, jederzeit ebenfalls eine einstweilige Anordnung beantragt werden, um eine schnelle Regelung zu erreichen.

Mit der einstweiligen Anordnung wird in der Regel der volle Unterhalt zuerkannt.

Hat der Richter die einstweilige Anordnung nicht auf den Zeitpunkt der Rechtskraft der Scheidung beschränkt, gilt sie auch nach Rechtskraft der Scheidung weiter.

Die einstweilige Anordnung tritt außer Kraft, wenn eine anderweitige Entscheidung, z. B. ein Urteil, ergeht.

Der Unterhaltspflichtige kann sich gegen eine einstweilige

Anordnung nur verhältnismäßig schwer zur Wehr setzen. Er kann eine negative Feststellungsklage einreichen mit dem Ziel, dass der Unterhalt im Hauptsacheverfahren reduziert wird. Zugleich müsste er einen Vollstreckungsschutzantrag stellen, also beantragen, dass die Zwangsvollstreckung aus der einstweiligen Anordnung ganz oder teilweise eingestellt wird, und zusätzlich den Antrag stellen, dass zu Unrecht bezahlter Unterhalt zurückgezahlt wird.

Kosten der Scheidung

1. Kosten für das gerichtliche Scheidungsverfahren

Gerichtskosten

Maßgebend für Gerichts- und Rechtsanwaltskosten ist der Gegenstandswert der Scheidung. Er wird gebildet aus dem dreifachen Einkommen beider Ehegatten. Beträgt dieses z. B. € 4000,00, ist der Streitwert insoweit € 12 000,00.

Viele Gerichte rechnen noch 5 % des Vermögens nach Abzug von Schulden und Freibeträgen hinzu. Der Versorgungsausgleich wird pauschal mit € 1000,00 bzw. € 2000,00 hinzugesetzt. Der Streitwert erhöht sich, wenn Folgesachen zusätzlich anhängig gemacht werden, z. B. der nacheheliche Unterhalt. Hier ist der Streitwert das 12fache des monatlichen Unterhalts. Bei der Ehewohnung ist es der Jahresnettomietwert. Beim Hausrat ist es der Verkehrswert des Hausrats. Beim Zugewinnausgleich ist es der Wert des verlangten Ausgleichsanspruchs.

Im Vergleich zu den Rechtsanwaltskosten sind die Gerichts-

kosten allerdings relativ moderat. Beträgt der Streitwert z. B.
€ 100 000,00 und wird der Prozess durch Urteil erledigt, entfallen
auf jeden Ehegatten € 856,00 Gerichtskosten.

Anwaltskosten für gerichtliche Verfahren

Im Scheidungsverfahren trägt jede Partei grundsätzlich die eigenen Anwaltskosten selbst. Ausnahmsweise kann das Gericht gem.
§ 93 a ZPO eine andere Kostenteilung anordnen, z. B. dann, wenn
ein Ehegatte bei der Folgesache Unterhalt oder Zugewinnausgleich ganz oder teilweise unterlegen ist.

Die Rechtsanwaltskosten für das reine Scheidungsverfahren
ohne Folgesachen betragen z. B. bei einem Gegenstandswert von
€ 8000,00 € 1249,50; bei € 16 000,00 € 1707,65 und bei € 50 000,00
€ 3135,65.

Streiten die Parteien über einen Zugewinnausgleich in Höhe von
€ 450 000,00, entstehen für die Scheidung und die Folgesachen bei
jedem Ehegatten Anwaltsgebühren in Höhe von € 8585,85.

Im Hinblick auf die gerichtlichen Anwaltskosten ist keine Honorarvereinbarung mit einem niedrigeren als dem gesetzlichen
Honorar möglich. Der Rechtsanwalt ist gesetzlich verpflichtet,
die aus dem Rechtsanwaltsvergütungsgesetz (RVG) sich ergebenden Gebühren zu berechnen.

Dagegen kann ein höheres Honorar schriftlich vereinbart werden.

Anwaltskosten der Scheidungsvereinbarung

Wird eine Scheidungsvereinbarung erarbeitet und im Termin gerichtlich protokolliert, setzt das Gericht den Gegenstandswert der
einzelnen Regelungen fest und ermittelt für die Vereinbarung
einen gesonderten Gegenstandswert. So ergeben sich

bei einem monatlichen Ehegattenunterhalt von € 500,00	€ 6 000,00
bei einem Zugewinn von € 10 000,00	€ 10 000,00
bei einem Wohnwert von € 1000,00	€ 12 000,00
Das ergibt einen Gesamtwert von	**€ 28 000,00**

Aus diesem Gegenstandswert errechnen sich die Rechtsanwaltsgebühren. Sie betragen in diesem Fall ca. € 3100,00.

Wird die Scheidungsvereinbarung nur vom Anwalt einer Partei erarbeitet, besteht die Möglichkeit, dass die andere Partei im Termin einen Anwalt nur zum Zwecke der gerichtlichen Protokollierung der Scheidungsvereinbarung zuzieht. Hierfür wird in der Regel ein Pauschalhonorar bezahlt. Auch bei einer gerichtlichen Protokollierung der Scheidungsvereinbarung sind die Rechtsanwälte gesetzlich verpflichtet, die Gebühren nach dem Rechtsanwaltsvergütungsgesetz (RVG) zu berechnen.

2. Außergerichtliche Scheidungsvereinbarungen

Auch hier richten sich die gesetzlichen Gebühren des Rechtsanwalts nach den Gegenstandswerten. Die gesetzlichen Gebühren sind im Ergebnis nicht wesentlich unterschiedlich, ob der Gang zum Notar gewählt wird oder bei Gericht die Scheidungsvereinbarung protokolliert wird.

Im Falle von außergerichtlichen Regelungen können die Parteien mit ihren Rechtsanwälten eine schriftliche Honorarvereinbarung treffen. Es kann ein Stundenhonorar vereinbart werden. Es können Pauschalen vereinbart werden für bestimmte Gegenstände. Es kann auch ein niedrigerer Gegenstandswert als der gesetzliche vereinbart werden.

Wenn der Anwalt beauftragt wird, im Rahmen der Scheidungsvereinbarung bei der Übertragung einer Immobilie mitzuwirken, empfiehlt sich mit Rücksicht auf den hohen Gegenstandswert stets eine Honorarvereinbarung.

Die Empfehlung geht dahin, sich möglichst frühzeitig vor dem Scheidungstermin zu einigen und das Augenmerk mehr auf die Einigung als auf die Rechtsanwaltsgebühren zu richten.

Häufig werden in einer Scheidungsvereinbarung güterrechtliche Regelungen getroffen, oder es sind Regelungen über Grundstücke enthalten. Dann ist die notarielle Beurkundung üblich. Allerdings können auch bei Gericht Grundstücksübertragungen protokolliert werden.

Soweit es um außergerichtliche Angelegenheiten geht, empfiehlt es sich, mit dem Rechtsanwalt eine schriftliche Honorarvereinbarung zu treffen, z.B. die Abrechnung auf Stundenhonorarbasis oder eine Vereinbarung über die Höhe des Gegenstandswertes. Insbesondere wenn es um Immobilien geht, empfiehlt es sich, den Rechtsanwalt nur dann einzuschalten, wenn dies unbedingt nötig ist.

Die Vereinbarung eines Honorars, das niedriger ist als die gesetzlichen Gebühren, ist für außergerichtliche Angelegenheiten stets möglich.

Die Auseinandersetzung einer gemeinsamen Immobilie, z.B. der Verkauf, ist eine Angelegenheit, für die die Einschaltung eines Rechtsanwalts in der Regel nicht notwendig ist. Dies können die Parteien allein regeln. Sollten sie trotzdem einen Anwalt beauftragen, sollte eine schriftliche Honorarvereinbarung getroffen werden.

Abschließend lässt sich zu den Kosten der Scheidung Folgendes sagen:

Viele Ehegatten lassen sich aus Angst vor hohen Gerichts- und Anwaltskosten von einer Scheidung abhalten. Dies ist meist nicht gerechtfertigt. Wenn kein Vermögen da ist, ist der Gegenstandswert des gerichtlichen Verfahrens bzw. der Scheidungsvereinbarung relativ niedrig. Ist Vermögen da, können in der Regel die Rechtsanwaltskosten auch bezahlt werden, zumal wenn eine Vergütungsvereinbarung getroffen wird.

Je mehr Punkte die Ehegatten direkt regeln, desto niedriger sind die Kosten.

Ehegattenunterhalt – Einkommen – Auskunft – Verzug

I. Ermittlung des unterhaltsrechtlich relevanten Einkommens

Grundlage der Unterhaltsberechnung ist die Ermittlung des unterhaltsrelevanten Einkommens (gleich bereinigten Nettoeinkommens). Es wird so errechnet, dass vom Bruttoeinkommen bestimmte Geldbeträge abgezogen werden, die den Ehegatten auch während ihres Zusammenlebens nicht zur Verfügung standen. Hier gibt es allerdings zahlreiche Streitfragen.

a) Unterhaltsrechtliche Leitlinien der Oberlandesgerichte
Wichtige unterhaltsrechtliche Grundsätze, insbesondere auch zur Ermittlung des unterhaltsrelevanten Einkommens, stehen in den Unterhaltsrechtlichen Leitlinien der Oberlandesgerichte.

In diese Leitlinien ist auch die Düsseldorfer Tabelle hinsichtlich des Kindesunterhalts eingearbeitet. Wir können diese Leitlinien im Rahmen dieses Buches nicht abdrucken und empfehlen daher, beim zuständigen Oberlandesgericht nach den Leitlinien zu fragen bzw. diese im Internet abzurufen (z. B. die Süddeutschen Leitlinien oder die Unterhaltsrechtlichen Leitlinien des Oberlandesgerichts Düsseldorf oder die Leitlinien des Kammergerichts Berlin).

Die Leitlinien sind von der Struktur her identisch und weisen nur relativ geringfügige Abweichungen in einzelnen Punkten auf.

b) Einkünfte und Abzüge

Bei beiden Ehegatten zählen grundsätzlich alle Einkünfte zum unterhaltsrechtlich relevanten Einkommen, also Einkünfte aus selbständiger und nichtselbständiger Tätigkeit, aus Kapitalvermögen, aus Vermietung und Verpachtung, Renten, Pensionen usw.

Diverse Abzüge von diesen Bruttoeinkünften werden anerkannt:

- Lohnsteuer, Einkommen- und Kirchensteuer in der tatsächlich angefallenen Höhe

- Vorsorgeaufwendungen für Krankheit, Alter, Invalidität und Arbeitslosigkeit

- berufsbedingte Aufwendungen Nichtselbständiger

- eheprägende Schulden.

Wesentliche Informationen über das unterhaltsrechtliche Einkommen ergeben sich aus den Leitlinien der jeweiligen Oberlandesgerichte, von denen es eine erhebliche Anzahl gibt, wobei sich allerdings die Oberlandesgerichte in Bayern, Baden-Württemberg und Zweibrücken auf einheitliche Richtlinien verständigt haben.

Bei Nichtselbständigen werden Leistungen, die nicht monatlich anfallen, wie Weihnachts- und Urlaubsgeld, Erfolgsvergütungen usw., jeweils auf ein Jahr umgelegt. Einmalige Zahlungen wie Abfindungen werden auf mehrere Jahre verteilt.

Einkünfte aus Nebenbeschäftigungen werden ebenfalls berücksichtigt, solange sie ausgeübt werden, wobei jeder Ehegatte berechtigt ist, neben einer Ganztagstätigkeit Nebenbeschäftigungen aufzugeben.

Bei der Ermittlung des Einkommens eines Selbständigen ist in der Regel der Gewinn der letzten drei Jahre zugrunde zu legen.

Steuerzahlungen oder Steuererstattungen sind in der Regel im Kalenderjahr der tatsächlichen Leistung zu berücksichtigen und werden umgelegt.

Auch bestimmte Sozialleistungen werden als Einkommen angerechnet wie Arbeitslosengeld und Krankengeld, Unfallrenten, Leistungen aus der Pflegeversicherung, Blindengeld, Versorgungsrenten usw.

Hinzuzurechnen sind auch geldwerte Zuwendungen des Arbeitgebers, wie beispielsweise Firmenwagen.

c) Wohnwert

Eine besondere Rolle spielt der Wohnvorteil durch mietfreies Wohnen im eigenen Heim bzw. im Heim, das im Miteigentum beider Ehegatten steht. Es wird unterhaltsrechtlich wie Einkommen behandelt.

Nach der Scheidung ist vom vollen Mietwert auszugehen, wobei vom Wohnwert der Schuldendienst, erforderliche Instandhaltungskosten und die verbrauchsunabhängigen Kosten, mit denen ein Mieter üblicherweise nicht belastet wird, abzuziehen sind.

Ausnahmsweise wird nicht der volle Wohnwert angesetzt, wenn es nicht möglich oder zumutbar ist, die Wohnung aufzugeben und das Objekt zu vermieten oder zu veräußern. Dann kann stattdessen die ersparte Miete angesetzt werden, die angesichts der wirtschaftlichen Verhältnisse angemessen wäre. Dies kommt insbesondere für die Zeit bis zur Scheidung in Betracht, wenn ein Ehegatte das Eigenheim allein bewohnt.

d) Weitere Grundsätze

Von dem verbleibenden Einkommen kann der sogenannte Arbeitsanreiz abgezogen werden, der z. B. nach den süddeutschen Leitlinien 1/10, nach anderen Leitlinien 1/7 beträgt.

Bei der Berechnung des Ehegattenunterhalts ist von Interesse, dass jeder Ehegatte vom Nettoeinkommen zunächst 5 % berufsbezogene Aufwendungen abziehen kann, wobei es hier teilweise Obergrenzen nach den unterschiedlichen OLG-Richtlinien gibt. Auch können Fahrtkosten für die Fahrt zum Arbeitsplatz mit € 0,3 pro gefahrenem Kilometer abgezogen werden, wenn auch mit gewissen Einschränkungen.

Kann der Unterhaltsberechtigte Altersvorsorgeunterhalt verlangen oder Kranken- und Pflegeversicherungskosten, sind diese vom Einkommen des Unterhaltspflichtigen vorweg abzuziehen.

Weiter gilt der Grundsatz, dass der Unterhaltsberechtigte grundsätzlich ganztags erwerbspflichtig ist.

Bei Einkünften, die nicht aus einer Erwerbstätigkeit resultieren, gibt es nicht den Abzug von 1/10 bzw. 1/7 Arbeitsanreiz. Dies gilt insbesondere für Renten- und Pensionseinkünfte, für Einkünfte aus Vermietung und Kapitalvermögen.

e) Konkrete Bedarfsberechnung

Bei sehr guten Einkommensverhältnissen des Unterhaltspflichtigen, z. B. über € 10 000,00 netto, kommt eine konkrete Bedarfsberechnung in Betracht.

Dann muss der Unterhaltsberechtigte darlegen und beweisen, welche Beträge er für die Deckung seines Unterhaltsbedarfs benötigt, also z. B. für Wohnen, Reisen, Pkw, Kleidung, Verpflegung, Kultur, Friseur, Kosmetik.

f) Fiktive Einkünfte

Unter Umständen wird Einkommen zugerechnet, das tatsächlich nicht erzielt wird, d. h., ein Ehegatte wird unterhaltsrechtlich so gestellt, als ob er über Einkommen in entsprechender Höhe verfügen würde, und auf dieser Basis wird dann der Ehegattenunterhalt berechnet. Hier sind folgende Fälle wichtig:

- Der unterhaltsberechtigte oder -verpflichtete Ehegatte unterlässt es, eine ihm zumutbare Erwerbstätigkeit auszuüben.
  Bemüht sich z. B. die unterhaltsberechtigte Ehefrau nicht hinreichend um eine Arbeitsstelle, obwohl sie weder durch Krankheit noch altersbedingt an einer Erwerbstätigkeit gehindert ist, so wird ihr fiktiv das Einkommen zugerechnet, welches sie aufgrund ihrer Ausbildung bzw. Berufspraxis erzielen könnte. Das Gleiche gilt für den unterhaltspflichtigen Ehegatten, wenn dieser z. B. grundlos eine gutbezahlte Stelle aufgibt oder grundlos eine Vorruhestandsregelung in Anspruch nimmt. Ihm wird dann weiter das Einkommen zugerechnet, welches er vorher erzielt hat.

- Verschleudert der Unterhaltspflichtige oder -berechtigte vorhandenes Vermögen, kann ihm ebenfalls fiktiv das Einkommen angerechnet werden, welches er in zumutbarer Weise aus dem Vermögen hätte erzielen können.

- Führt der unterhaltsberechtigte Ehegatte einem neuen Partner oder einem Familienangehörigen den Haushalt, so wird ihm hierfür ein fiktives Einkommen zugerechnet, selbst wenn er tatsächlich keine Vergütung ausbezahlt bekommt.
  Nach den süddeutschen Leitlinien sind dies € 200,00 bis € 550,00.

- Der wichtigste Fall eines fiktiven Einkommens ist die bereits oben dargestellte Wohnwertanrechnung.

g) *Prägende Einkünfte – nichtprägende Einkünfte*

Bei der Berechnung des Ehegattenunterhalts sind bei beiden Ehegatten nur solche Einkünfte zu berücksichtigen, die bereits prägend für die ehelichen Lebensverhältnisse waren. Bei der Hausfrauen-Ehe wird als prägendes Einkommen aber auch das Einkommen angesehen, das die frühere Hausfrau nach Trennung und Scheidung erzielt, wenn sie eine Erwerbstätigkeit, ja sogar eine Ganztagestätigkeit aufnimmt. In aller Regel verdient die Ehefrau aber auch dann weniger als der Ehemann, so dass sie weiterhin den Anspruch auf Aufstockungsunterhalt hat. Je nach Ehedauer kann dieser Anspruch unbefristet, also lebenslang, sein oder auf einige Jahre befristet und der Höhe nach beschränkt werden.

Die Reform des Unterhaltsrechts zielt darauf ab, den lebenslangen Aufstockungsunterhalt eher zur Ausnahme zu machen. Näheres dazu im nächsten Kapitel S. 229 f.

Eheprägend sind auch Vermögenseinkünfte, die bereits in der Ehe bezogen wurden oder der Wohnwert aufgrund des Wohnens im eigenen Haus. Wird das Familienheim veräußert, treten anstelle des Wohnwerts die Zinsen aus dem Erlös. Auch diese Zinsen sind eheprägend, selbst wenn sie den früheren Wohnwert übersteigen. Sind bei beiden Ehegatten die Zinsen gleich hoch, wenn ein im hälftigen Miteigentum stehendes Familienheim veräußert und der Erlös geteilt wird, dann heben sich die Zinseinkünfte beider Ehegatten auf und wirken sich auf die Unterhaltsberechnung nicht aus. Dies sollte zur Klarstellung bei einer Unterhaltsvereinbarung ausdrücklich so geregelt werden.

Renten und Pensionseinkünfte, insbesondere auch aus dem Versorgungsausgleich stammende Renten, sind als prägendes Einkommen zu bewerten.

Erzielt der Unterhaltspflichtige nichtprägende Einkünfte, wirken sich diese auf die Höhe des Ehegattenunterhalts nicht mehr aus. Dazu gehören

- Einkommen, das der Unterhaltspflichtige aufgrund eines unvorhersehbaren Karrieresprungs oder eines Wechsels der Berufstätigkeit erzielt;

- Zins- oder Vermögenseinkünfte, die erst nach Trennung und Scheidung aufgrund von Erbschaft, Schenkung, Lottogewinn usw. erzielt werden;

- Zinsen aus dem Vermögen, das ihm Rahmen des Zugewinnausgleichs zugeflossen ist.

Erzielt dagegen der unterhaltsberechtigte Ehegatte derartige Einkünfte, werden sie von seinem Unterhalt zu 100 % abgezogen. Insoweit werden Unterhaltsberechtigter und Unterhaltsverpflichteter nicht gleich behandelt!

h) Einkommensentwicklung des unterhaltspflichtigen Ehegatten nach der Scheidung

Der geschiedene unterhaltsberechtigte Ehegatte ist an Einkommensverbesserungen des anderen beteiligt, wenn diese Einkunftsquellen bereits vor der Scheidung/Trennung vorhanden waren und die Einkommensentwicklung dem Normalverlauf entspricht. Dies ist z. B. bei üblichen Gehaltssteigerungen bei normalem beruflichen Aufstieg zu bejahen oder wenn eine berufliche Entwicklung bereits während der Ehe geplant oder absehbar war. Das Einkommen erhöht sich auch dann und damit der Unterhalt, wenn die Unterhaltszahlungen für unterhaltsberechtigte Kinder wegfallen oder wenn ehebedingte Schulden abbezahlt sind.

i) Berechnungszeitraum

Bei Arbeitnehmern errechnet sich das unterhaltsrechtlich relevante Einkommen in der Regel aus dem durchschnittlichen monatlichen Nettoeinkommen der letzten 12 Monate oder des letzten Kalenderjahres.

Jährlich wiederkehrende Sonderzuwendungen wie Urlaubs- und Weihnachtsgeld, Tantiemen, Gewinnbeteiligungen werden auf den Jahresdurchschnitt umgelegt. Höhere einmalige Sonderzuwendungen wie Abfindungen, Jubiläumszuwendungen, Übergangsbeihilfen sind auf mehrere Jahre zu verteilen.

Bei Selbständigen, also bei Gewerbetreibenden und freiberuflich Tätigen, sowie bei schwankenden Miet- und Kapitaleinkünften wird ein Mehrjahresschnitt, in der Regel der Schnitt der letzten drei Jahre, zugrunde gelegt. Ausnahmsweise kann auch bei diesen Einkünften im Einzelfall das zuletzt erreichte Einkommen der Unterhaltsberechnung zugrunde gelegt werden, und zwar dann, wenn mit einer stetigen Weiterentwicklung auf dem zuletzt erreichten Niveau zu rechnen ist. Dies wäre z. B. der Fall, wenn bei einem Arzt das Einkommen von einem Jahr zum anderen aufgrund von Gesetzesänderungen zurückgeht oder wenn ein Vertreter von drei Kunden einen verliert.

2. Die unterhaltsrechtliche Auskunftspflicht

Damit die Höhe des Unterhalts errechnet werden kann, müssen das Einkommen und auch das Vermögen der Beteiligten ermittelt werden. Es besteht wechselseitige Auskunftspflicht. Getrenntlebende und geschiedene Ehegatten sind verpflichtet, einander auf Verlangen über ihre Einkünfte und ihr Vermögen Auskunft zu erteilen.

Inhalt und Umfang des Auskunftsanspruchs

Ausnahmsweise ist kein Auskunftsanspruch gegeben, wenn das Einkommen des Unterhaltspflichtigen überdurchschnittlich hoch ist. Dann richtet sich die Höhe des Unterhaltsanspruchs des Unterhaltsberechtigten nicht nach dem Einkommen des Unterhaltspflichtigen, sondern es ist eine konkrete Bedarfsberechnung durchzuführen.

Die Auskunft ist durch die Vorlage einer systematischen Aufstellung der erforderlichen Angaben zu erteilen und persönlich zu unterschreiben. Sie erstreckt sich auf den für die Einkommensermittlung maßgebenden Zeitraum:

* bei Selbständigen auf die letzten 3 Jahre,
* bei Nichtselbständigen auf die letzten 12 Monate.

Vorzulegen ist eine Vielzahl von Belegen:

Selbständige müssen neben dem Einkommensteuerbescheid auch eine Kopie der Einkommensteuererklärung mit sämtlichen Anlagen vorlegen, insbesondere auch den Anlagen V (Einkünfte aus Vermietung und Verpachtung), ferner die Gewinn-und-Verlust-Rechnung und die Bilanz, weiter Belege über Einkünfte aus Vermögen, Vermietung und Verpachtung, Lohn- und Kirchensteuererstattungen, Mieteinnahmen.

Nichtselbständige müssen die letzten 12 Gehaltsabrechnungen und die letzte Lohnsteuerbescheinigung vorlegen, Bei Unklarheiten über Sonderzuwendungen und Sachbezüge kann auch die Vorlage des Arbeitsvertrages gefordert werden. Im Übrigen müssen wie bei den Selbständigen in der Regel der Einkommensteuerbescheid sowie alle sonstigen Einkommensunterlagen vorgelegt werden.

Eidesstattliche Versicherung

Besteht Grund zu der Annahme, dass die in dem Verzeichnis gemachten Angaben nicht mit der erforderlichen Sorgfalt aufgestellt worden sind, muss der Verpflichtete auf Verlangen an Eides statt versichern, dass die Auskunft nach bestem Wissen so vollständig abgegeben worden ist, wie der Verpflichtete hierzu in der Lage war. Sollte der Unterhaltspflichtige verurteilt werden, eine eidesstattliche Versicherung abzugeben, wird er spätestens dann alles unternehmen müssen, um eine vollständige Auskunft zu erteilen.

Auskunft alle 2 Jahre

Vor Ablauf der Zweijahresfrist kann eine Auskunft nur dann neu verlangt werden, wenn glaubhaft gemacht wird, dass der Auskunftspflichtige inzwischen wesentlich höhere Einkünfte oder weiteres Vermögen erworben hat. Wurde Auskunft zur Ermittlung des Trennungsunterhalts erteilt, läuft hinsichtlich des nachehelichen Ehegattenunterhalts die Zweijahresfrist nicht, weil es sich dabei um unterschiedliche Unterhaltatbestände handelt.

Auskunftseinholung durch das Gericht

Auch das Familiengericht hat die Möglichkeit, bei allen Unterhaltsverfahren von Amts wegen von den Parteien Auskünfte über die unterhaltsrelevanten Umstände, d. h. über Einkünfte, Vermögen und sonstige wirtschaftliche und persönliche Verhältnisse, zu verlangen, soweit dies für die Unterhaltsbemessung von Bedeutung ist. Das Gericht kann sogar unmittelbar Auskunft vom Arbeitgeber einholen.

Verzug durch Auskunftsverlangen

Wenn der unterhaltsberechtigte Ehegatte vermeiden will, dass Unterhaltsansprüche verfallen, sollte er umgehend vom anderen Ehegatten Auskunft über dessen Einkommen verlangen. Es ist nicht notwendig, einen konkreten Unterhalt zu fordern. Vielmehr reicht es aus, einen Unterhaltspflichtigen aufzufordern, die üblichen Angaben zu machen und Belege vorzulegen: Lohnsteuerbescheinigung, die letzten 12 Gehaltsabrechnungen, Auskunft über Zinseinnahmen unter Vorlage von Bankbestätigungen, Auskunft über Einkünfte aus Nebenbeschäftigungen, Auskunft über Einkünfte aus selbständiger Tätigkeit, Vermietung und Verpachtung, die letzten Einkommensteuerbescheide.

Während beim Trennungsunterhalt das reine Auskunftsbegehren ausreicht, ist beim nachehelichen Unterhalt die sog. Stufenmahnung notwendig. Dem Auskunftsverlangen muss deshalb sinngemäß hinzugefügt werden, »dass die Auskunft notwendig ist, um den nachehelichen Ehegattenunterhalt zu ermitteln«.

Hinzuzufügen ist der Satz: »Weiterhin fordere ich dich auf, auf der Grundlage der zu erteilenden Auskünfte einen noch zu beziffernden Unterhalt an mich zu bezahlen, und zwar monatlich im Voraus jeweils bis zum dritten Werktag eines jeden Monats.«

Stufenklage

Der Auskunftsanspruch kann auch im Rahmen einer sog. Stufenklage auf Auskunft und Zahlung gerichtlich durchgesetzt werden.

In der ersten Stufe geht es dann um die Auskunft nebst Belegen. In der zweiten Stufe wird eventuell die Ableistung der eidesstattlichen Versicherung beantragt, und in der dritten Stufe wird dann ein bezifferter Zahlungsantrag gestellt, wenn die erste Stufe erledigt ist.

Daneben kann auch eine reine Auskunftsklage eingereicht werden. Es ergeht dann ein Auskunftsurteil, aus dem die Zwangsvollstreckung betrieben werden kann. Wird die Auskunft dann nicht innerhalb einer angemessenen Frist erteilt, kann die Festsetzung eines Zwangsgeldes beantragt werden.

3. Berechnungsbeispiel für Unterhalt

a) Einkommen Ehemann

Monatliches Netto aus Gehalt in Stkl. III	€ 3500,00
+ anteiliges Weihnachtsgeld € 200,00	
+ Tantieme € 300,00	
	€ 4000,00
− 5 % berufsbezogene Aufwendungen € 200,00	
	€ 3800,00
− $^1/_{10}$ Arbeitsanreiz € 380,00	
	€ 3420,00
+ Wohnwert € 1500,00	
− Zins und Tilgung € 800,00	
	€ 4120,00
+ Zinsen € 100,00	
+ Mieteinnahmen € 300,00	
+ anteilige Steuererstattung € 200,00	
Einsatzeinkommen	**€ 4720,00**

b) Einkommen Ehefrau

Monatliches Netto	€ 1500,00
+ anteiliges Weihnachtsgeld € 100,00	
	€ 1600,00
− 5 % Werbungspauschale € 80,00	
	€ 1520,00
− $^1/_{10}$ Arbeitsanreiz	€ 152,00
	€ 1368,00
+ Mieteinnahmen € 400,00	
Einsatzeinkommen	**€ 1768,00**

c) Berechnung des Ehegattenunterhalts

Einsatzeinkommen Ehemann	€ 4720,00
+ Einsatzeinkommen Ehefrau	€ 1768,00
Gesamteinkommen	€ 6488,00
hiervon ½ Unterhaltsbedarf	€ 3244,00
− Eigeneinkommen Ehefrau	€ 1768,00
Ehegattenunterhalt	**€ 1476,00**

4. Unterhalt für die Vergangenheit

Gemäss § 1613 Abs. 1 BGB kann rückständiger Unterhalt ab Zugang der Aufforderung zur Auskunftserteilung, die zum Zwecke der Geltendmachung eines Unterhaltsanspruchs verlangt wurde, beantragt werden. Wenn sich die Ehegatten allerdings trennen und der unterhaltsberechtigte Ehegatte versäumt, eine solche Auskunft zu verlangen, verfällt der rückständige Unterhalt.

Beim Getrenntlebensunterhalt genügt also ein Schreiben, in dem Auskunft über das Einkommen gefordert wird. Bei nachehelichem Unterhalt ist, wie dargelegt, der Zusatz notwendig, dass die Auskunftserteilung verlangt wird, damit der nacheheliche Ehegattenunterhalt berechnet werden kann.

Zu beachten ist, dass eine den Trennungsunterhalt betreffende Mahnung nicht auf den nachehelichen Unterhalt fortwirkt, da es sich um unterschiedliche Ansprüche handelt!

5. Sonderbedarf

Neben dem laufenden Unterhalt kann es einen Anspruch auf Zahlung eines unregelmäßigen und außergewöhnlich hohen Bedarfs geben, der bei der Bemessung des laufenden Unterhalts außer Betracht bleibt und überraschend und der Höhe nach nicht abschätzbar auftritt, zum Beispiel:

- Prozesskostenvorschuss

- Umzugskosten

- aufwendige Zahnarztbehandlung

- medizinische oder heilpädagogische Behandlung.

Nicht dagegen gelten als Sonderbedarf:

- Altenpflegekosten

- Brillenaufpreis.

6. Rückforderung von zu viel bezahltem Unterhalt

In der Praxis scheitert die Rückforderung von zu viel bezahltem Unterhalt in der Regel daran, dass sich der Unterhaltsempfänger darauf berufen kann, er habe das Geld verbraucht und sich nicht daran bereichert.

Aus der Sicht des Unterhaltspflichtigen ist es daher sinnvoll, eine Vereinbarung wegen eventueller Überzahlungen zu treffen. Man kann vereinbaren, dass Überzahlungen mit anderen Ansprüchen, insbesondere auch künftigen Unterhaltszahlungen, in einer angemessenen Höhe verrechnet werden.

Sollte der Unterhalt aufgrund einer einstweiligen Anordnung oder eines Titels, auf dessen Abänderung geklagt wird, bezahlt werden, ist es aus der Sicht des Unterhaltszahlers notwendig, mit der Klage den Antrag zu verbinden, dass der Unterhaltsempfänger ab Rechtshängigkeit dieser Klage erhaltene Unterhaltsleistungen zurückzuzahlen hat. Nur auf diese Weise kann im Streitfall erreicht werden, dass sich der Unterhaltsempfänger nicht mehr auf den Bereicherungswegfall berufen kann.

Getrenntlebensunterhalt und nachehelicher Unterhalt – Rechtslage

Vorbemerkung:
Das seit 1977 gültige Ehegattenunterhaltsrecht ist äußerst kompliziert. Es gibt eine Reihe von Punkten, über die gestritten werden kann. Prozesse sind mit erheblichen Risiken verbunden, und die Rechtsprechung ändert sich immer wieder.

Nicht bewältigte Partnerschaftskonflikte können mit Hilfe von Rechtsanwälten und Gerichten über lange Zeit ausgetragen werden. Manche Ehegatten meinen, den anderen durch Nichtzahlung des Unterhalts »bestrafen« zu können. Auf der anderen Seite gibt es überzogene Unterhaltsforderungen, die zur Zerstörung der wirtschaftlichen Existenz des Unterhaltszahlers führen können.

Deswegen ist es besonders wichtig, für den Ehegattenunterhalt eine individuelle Vereinbarung zu erarbeiten, die einen gerechten Interessenausgleich darstellt.

1. Getrenntlebensunterhalt

Mit dem Getrenntleben der Ehegatten entsteht der Anspruch auf Getrenntlebensunterhalt. Ohne Trennung gibt es den Anspruch nicht.

Im Falle der Trennung sollte der Ehegattenunterhalt vorrangig geregelt werden.

Der wirtschaftlich schwächere Ehegatte hat gegen den wirtschaftlich stärkeren Ehegatten einen Anspruch auf Getrenntlebensunterhalt.

Der angemessene Unterhalt richtet sich dabei nach den Lebens-, Erwerbs- und Vermögensverhältnissen der Ehegatten.

Unterhalt kann verlangen, wer seinen Unterhaltsbedarf (= Lebensstandard) nicht durch eigene Mittel decken kann. Der andere Ehegatte muss leistungsfähig sein.

Zum Ehegattenunterhalt gehören auch der Krankenvorsorgeunterhalt und ab Rechtshängigkeit des Scheidungsantrags der Altersvorsorgeunterhalt sowie ein Anspruch auf Prozesskostenvorschuss. Der Getrenntlebensunterhalt endet mit Rechtskraft der Scheidung.

Der Unterhalt nach der Scheidung ist ein anderer Gegenstand und wird auch verfahrensmäßig in einem gesonderten Prozess, in der Regel im Rahmen des Scheidungsverbunds, geregelt.

Erwerbsobliegenheit des unterhaltsberechtigten Ehegatten

Im ersten Jahr nach der Trennung ist der unterhaltsbedürftige Ehegatte in der Regel nicht verpflichtet, eine Erwerbstätigkeit aufzunehmen, sofern er zum Zeitpunkt der Trennung nicht erwerbstätig war.

Entsprechendes gilt für die Obliegenheit, eine bereits bestehende Tätigkeit auszuweiten.

Je kürzer die Ehe bis zur Trennung gedauert hat, desto eher wird der bedürftige Ehegatte eine Erwerbstätigkeit aufnehmen müssen. Bei einer besonders langen Ehedauer kann eine Erwerbsobliegenheit dagegen während der Trennung entfallen.

Wenn eine Erwerbsobliegenheit besteht, führt dies allein noch nicht zur Fiktion eines entsprechenden Einkommens. Maßgeblich sind auch Erwerbsbemühungen und das Vorhandensein einer realen Beschäftigungschance.

Insgesamt besteht eine Verpflichtung, berufstätig zu werden oder eine bisherige Teilzeittätigkeit auszuweiten, nur unter wesentlich engeren Voraussetzungen als für die Zeit nach der Scheidung.

Kein Verzicht auf Trennungsunterhalt

Auf Trennungsunterhalt für die Zukunft können die Ehegatten nicht verzichten. Dies würde dem Wesen der Ehe widersprechen. Auch ein Teilverzicht, der über 20 % des gesetzlichen Unterhalts hinausgeht, kann unwirksam sein.

2. Nachehelicher Unterhalt

Nachehelicher Unterhalt wird für die Zeit ab Rechtskraft der Scheidung bezahlt. Voraussetzung ist, dass ein Unterhaltstatbestand gegeben ist.

Es gibt gem. § 1569 BGB den Grundsatz der Eigenverantwortung. Dieser Grundsatz wird allerdings durch die Unterhaltstatbestände und die Rechtsprechung nahezu ins Gegenteil verkehrt, so dass man sagen kann: Nach der Scheidung zahlt der Besserverdienende an den weniger Verdienenden in aller Regel Unterhalt.

Die wichtigsten Unterhaltstatbestände sind:

a) Betreuungsunterhalt

Der geschiedene Ehegatte kann von dem anderen Unterhalt verlangen, solange und soweit von ihm wegen der Pflege oder Erziehung eines gemeinschaftlichen Kindes eine Erwerbstätigkeit nicht erwartet werden kann. Bei den Lesern dieses Buches gehen wir davon aus, dass bei einer lange dauernden Ehe die Kinder schon älter als fünfzehn Jahre sind, so dass normalerweise eine Betreuung nicht mehr notwendig ist.

Bei Krankheit oder Unfall kann jedoch auch ein erwachsenes Kind betreuungsbedürftig werden, so dass der betreuende Ehegatte unter Umständen noch einen Anspruch auch nach der Scheidung erwerben kann.

b) Unterhalt wegen Alters

Der Anspruch ist gegeben, soweit vom Unterhaltsberechtigten zum Zeitpunkt der Ehescheidung wegen Alters eine Erwerbstätigkeit nicht mehr erwartet werden kann.

Wer nicht »alt« im Sinne des § 1571 BGB ist, den trifft grundsätzlich eine volle Erwerbsobliegenheit.

Der Begriff des Alters ist nicht gesetzlich definiert.

Allein der Rentenbezug aufgrund einer vorgezogenen Rente lässt die Erwerbsobliegenheit nicht immer entfallen.

Maßgeblich ist im Einzelfall:

- Kann ein bestimmter Beruf im Alter noch ausgeübt werden?

- Ist auf dem Arbeitsmarkt noch eine angemessene Tätigkeit zu finden? Bei langer Ehedauer oder guter beruflicher Stellung des Unterhaltspflichtigen kann dieser Anspruch schon bei einem Alter weit unter sechzig Jahren in Betracht kommen.

- Auch kann einer sechzigjährigen Frau, die vorgezogenes Altersruhegeld bezieht, eine Nebenbeschäftigung zumutbar sein.

- Auch von einer fünfzigjährigen Frau, die während der Ehe zwanzig Jahre lang Hausfrau war, kann u. U. verlangt werden, nach der Scheidung noch eine Berufstätigkeit aufzunehmen, eventuell lediglich eine Teilzeitbeschäftigung.

Die allgemeine Altersgrenze von 65 Jahren reicht allerdings stets aus. Bezieht der unterhaltsberechtigte Ehegatte Rente, wird dieses Einkommen als eheprägend in die Unterhaltsberechnung eingestellt, auch wenn sich die Rente durch den Versorgungsausgleich erhöht hat.

c) Unterhalt wegen Krankheit

Nach dieser Vorschrift kann der Ehegatte Unterhalt verlangen, »solange« und »soweit« durch die Krankheit eine Erwerbstätigkeit nicht erwartet werden kann.

Wichtig ist hier der Einsatzzeitpunkt:

Die körperlichen Beeinträchtigungen müssen zum Zeitpunkt

der Scheidung oder im Anschluss an eine Arbeitslosigkeit vorliegen. Hat dagegen der Unterhaltsberechtigte nach der Scheidung zunächst durch eine eigene Erwerbstätigkeit sein Unterhaltsbedarf selbst gedeckt, trägt er das Risiko einer späteren Erkrankung selbst.

Wer sich auf Krankheit beruft, ist dafür beweispflichtig.

Der Richter wird stets ein arbeitsmedizinisches Sachverständigengutachten einholen.

Erfahrungsgemäß bestätigen die Sachverständigen die Erwerbsunfähigkeit in der Regel nicht, so dass die Gerichte dann meist ein fiktives Einkommen in die Unterhaltsberechnung einstellen.

d) Erwerbslosenunterhalt

Auch hierbei kommt es auf den Einsatzzeitpunkt an:

Die Erwerbslosigkeit muss grundsätzlich bei der Scheidung vorliegen oder wenn einer der Tatbestände wie Alter oder Krankheit beendet ist.

Wenn bei der Scheidung der Unterhalt noch nicht nachhaltig gesichert ist, da die Tätigkeit noch nicht als eine Dauerbeschäftigung anzusehen ist, so kann er auch einige Zeit nach der Scheidung noch aufleben.

Auch hier gelten strenge Maßstäbe.

Der unterhaltsberechtigte Ehegatte, der Unterhalt wegen Erwerbslosigkeit beanspruchen will, trägt die Darlegungs- und Beweislast dafür, dass er keine angemessene Stelle finden kann bzw. dass bei Verlust des Arbeitsplatzes eine nachhaltige Sicherung seines Unterhalts nicht zu erlangen war.

Die Gerichte verlangen in der Regel die Vorlage von zwanzig bis dreißig Bewerbungen im Monat. Keinesfalls genügt die Meldung bei der Arbeitsagentur.

Bei relativ kurzer Ehedauer ist eine zeitliche Begrenzung des Erwerbslosenunterhalts gesetzlich vorgesehen, soweit »insbesondere unter Berücksichtigung der Dauer der Ehe sowie der Gestaltung von Haushaltsführung und Erwerbstätigkeit ein zeitlich unbegrenzter Unterhaltsanspruch unbillig wäre«.

In der Praxis bedeutet dies: Bei einer relativ kurzen Ehedauer von z. B. neun Jahren wurde der Unterhalt von der Rechtsprechung auf vier bis fünf Jahre beschränkt, bei einer fünfeinhalbjährigen Ehe auf zwei Jahre.

Die Zeit der Kindesbetreuung wird der Ehedauer allerdings zugerechnet, so dass diese Begrenzung meist nur bei kinderlosen Ehen zum Zuge kommt.

e) Aufstockungsunterhalt

Dieser Unterhaltstatbestand spielt in der Praxis eine besondere Rolle. Wenn der Unterhaltsberechtigte eine angemessene Erwerbstätigkeit ausübt und trotzdem seinen vollen Unterhaltsbedarf (gleich eheangemessenen Bedarf) nicht decken kann, steht ihm ein Aufstockungsunterhalt zu, wenn der andere Ehegatte besser verdient.

Wie sich der Aufstockungsunterhalt errechnet, ist aus dem Rechenbeispiel ersichtlich, vgl. S. 209 f.

Dieser Unterhalt ist oft lebenslang oder bis zum Rentenbeginn zu zahlen.

Wird z. B. der Unterhaltsbedarf einer Sekretärin, die mit einem Steuerberater verheiratet ist, auf € 2500,00 festgelegt, so dürfte die Sekretärin niemals ein entsprechendes Nettoeinkommen erzielen und deshalb eventuell lebenslang oder bis zum Rentenalter unterhaltsberechtigt bleiben.

Geringfügige Einkommensunterschiede, die einen Unterhaltsanspruch von € 50,00 zur Folge hätten, bleiben außer Betracht.

Es fragt sich, ob dieser Aufstockungsunterhalt zeitlich befristet ist. In den Fällen der relativ kurzen Ehedauer gelten dieselben Grundsätze wie oben beim Erwerbslosenunterhalt.

Danach kann der Lebensstandard nach einer Anzahl von Jahren auf einen angemessenen Lebensbedarf reduziert werden bzw. kommt eine Befristung des Aufstockungsunterhalts in Betracht.

Hier bringt die Neuregelung des Unterhaltsrechts eine gewisse Änderung.

In Zukunft werden die Gerichte von den Möglichkeiten der Befristung des nachehelichen Aufstockungsunterhalts bzw. von einer Begrenzung wesentlich mehr Gebrauch machen können, vor allem dann, wenn es keine ehebedingten Nachteile gibt.

3. Verwirkung des Unterhalts

In § 1579 BGB ist eine Reihe von Tatbeständen geregelt, bei denen das Gericht prüft, ob der Ehegattenunterhaltsanspruch zu versagen, herabzusetzen oder zeitlich zu begrenzen ist.

Voraussetzung ist, dass die Inanspruchnahme des Unterhaltspflichtigen grob unbillig wäre.

Auch der Getrenntlebensunterhalt kann nach diesen Vorschriften verwirkt werden. Folgende Fälle sind in der Praxis wichtig:

a) Straftaten gegen den Verpflichteten
Der wichtigste Fall in der Praxis ist Betrug zu Lasten des Unterhaltspflichtigen. Verschweigt ein unterhaltsberechtigter Ehegatte z. B. im Unterhaltsprozess sein Einkommen, so liegt ein Prozessbetrug vor, der die Verwirkung des Unterhaltsanspruchs zur Folge haben kann.

Ein versuchter Betrug reicht aus.

b) mutwillige Herbeiführung der Bedürftigkeit durch den Unterhaltsberechtigten

Hier genügt eine »unterhaltsbezogene« Leichtfertigkeit. Beispiele:

- Verschleudern eines größeren Vermögens für Luxuszwecke;

- nicht zweckentsprechende Verwendung des Vorsorgeunterhalts, sofern nicht eine Notlage vorlag;

- Verlust oder Aufgabe des Arbeitsplatzes wegen Arbeitsscheu oder Selbstverwirklichung;

- Unterlassung ärztlicher Behandlung z. B. bei schweren Krankheiten.

Bei Suchtkrankheiten wie Alkoholismus kann Mutwilligkeit zu verneinen sein, wenn der Unterhaltsberechtigte aufgrund mangelnder Steuerungsfähigkeit und Willensstärke nicht in der Lage ist, eine Entziehung durchzustehen.

Die Beweislast für die unterhaltsbezogene Mutwilligkeit liegt beim Unterhaltspflichtigen.

c) Mutwilliges Hinwegsetzen über schwerwiegende Vermögensinteressen des Unterhaltspflichtigen

Darunter fallen sämtliche Verhaltensweisen des Unterhaltsberechtigten, durch die das Vermögen oder Einkommen des anderen geschädigt oder gefährdet wird.

Typische Fälle:

- Anschwärzen beim Arbeitgeber;

- Erstattung einer Strafanzeige mit der Folge einer Freiheitsstrafe;

- Anzeige beim Finanzamt.

e) Längere Zeit andauernde gröbliche Verletzung der Verpflichtung, in der Zeit vor der Trennung zum Familienunterhalt beizutragen

Hierunter fallen z. B. die Vernachlässigung der Haushaltsführung oder Verstöße gegen Mitarbeitspflichten im Beruf oder im Geschäft des anderen Ehegatten.

Nur gelegentliche Verstöße gegen diese Pflichten reichen nicht aus.

f) Offensichtlich schwerwiegendes, eindeutig beim Unterhaltsberechtigten liegendes Fehlverhalten gegen den Unterhaltspflichtigen

Auf diese Vorschrift berufen sich in der Praxis viele Unterhaltspflichtige, fast immer erfolglos. Darunter fallen nach der Rechtsprechung insbesondere Verstöße gegen die ehelichen Treuepflichten, also das einseitige Abwenden von einer bislang intakten oder zumindest normal verlaufenden Ehe.

Es muss ein *einseitiges* Fehlverhalten vorliegen. Dieser Tatbestand kann also vorkommen bei der Aufnahme einer eheähnlichen Lebensgemeinschaft aus einer intakten Ehe heraus.

Um ein einseitiges Fehlverhalten festzustellen, bedarf es einer »Verschuldensanalyse«. In dieser Vorschrift haben sich die Reste des Schuldprinzips, das bis 1977 galt, gehalten.

Die Beweislast für das Fehlverhalten, insbesondere auch dafür, dass es einseitig war, trägt der unterhaltspflichtige Ehegatte.

g) Vorliegen eines ebenso schwerwiegenden Grundes, insbesondere Eingehung einer neuen Lebensgemeinschaft

Darunter fallen Fälle, in denen zwar kein einseitiges Fehlverhalten des Unterhaltsberechtigten vorliegt, in denen es aber aufgrund von objektiven, in der Ehe oder in der Person des anderen Ehegatten liegenden Umständen dem Unterhaltsschuldner nicht zumutbar ist, weiter Ehegattenunterhalt zu zahlen.

Hauptanwendungsfall ist die Eingehung einer neuer Partnerschaft durch den Unterhaltsberechtigten. Hierzu gibt es inzwischen eine umfangreiche Rechtsprechung.

Außerdem bringt die gesetzliche Neuregelung des Unterhalts hierzu eine gewisse Verschärfung.

Die Aufnahme einer intimen Beziehung nach der Ehescheidung zu einem Partner führt allein noch nicht zur Verwirkung. Vielmehr ist eine gewisse Intensität der Verbindung Voraussetzung.

Nach der bisherigen Rechtsprechung spielte hier die Dauer eine Rolle. In der Regel wurde ein zweijähriges Zusammenleben verlangt, eventuell auch kürzer, wenn z. B. ein gemeinsames Haus erworben wurde.

Feste soziale Verbindung – Hauptfall der Unzumutbarkeit

Auch wenn der neue Partner finanziell nicht leistungsfähig ist, kann ein Härtegrund gegeben sein, und zwar dann, wenn sich die neue Partnerschaft in einer Weise verfestigt hat, »dass damit gleichsam ein nichteheliches Zusammenleben an die Stelle einer Ehe getreten ist«.

Das Erscheinungsbild dieser Verbindung in der Öffentlichkeit kann dazu führen, dass die Fortdauer der Unterhaltsbelastung für den Unterhaltsverpflichteten Ehegatten unzumutbar wird.

Als Kriterium für eine feste soziale Verbindung hat der BGH in der Vergangenheit das Zusammenleben von zwei bis drei Jahren angesehen.

Auch bei der Beibehaltung von getrennten Wohnungen kann eine dauerhafte Verbindung je nach ihrem Erscheinungsbild in der Öffentlichkeit zu einer Verwirkung führen.

Die Neuregelung des Unterhaltsrechts bringt den Begriff der »verfestigten Lebensgemeinschaft«. Die Rechtsprechung zu diesem Begriff wird sich erst entwickeln. Es ist davon auszugehen, dass ein Zusammenleben und gemeinsames Wirtschaften darunter fällt, ohne dass hier eine Zeitdauer von zwei bis drei Jahren gefordert wird. Auch sogenannte Wochenendbeziehungen aus beruflichen Gründen können davon erfasst werden.

Rechtsfolgen eines Verwirkungstatbestands

Gelingt dem Unterhaltspflichtigen der Nachweis eines solchen Tatbestands, so kann dies zu einer »völligen« Versagung, zu einer »Herabsetzung« oder zur »zeitlichen Begrenzung« des Ehegattenunterhalts führen. Hier hat der Richter ein weites Ermessen.

Auch eine Kombination ist möglich, z. B. eine zeitliche Befristung und gleichzeitige Reduzierung des Unterhaltsanspruchs. Ganz zu versagen ist der Unterhaltsanspruch, wenn der Partner sein Auskommen in einer neuen Partnerschaft finden oder den angemessenen Unterhalt durch eigene Erwerbstätigkeit decken kann.

h) Wiederaufleben eines verwirkten Unterhaltsanspruchs

Nach der Rechtsprechung kann der Unterhaltsanspruch wiederaufleben, wenn die nichteheliche Lebensgemeinschaft, die zur Verwirkung geführt hat, später wieder auseinandergeht.

Bei langer Ehedauer kann es eher zu einem Wiederaufleben des Anspruchs kommen. Dabei wird eine Rolle spielen, wie lange die Partnerschaft gedauert hat, ob der Unterhaltspflichtige wegen des langen Zeitablaufs auch nach Wegfall seiner Unterhaltsansprüche bereits darauf vertrauen konnte, dass er nicht mehr auf Unterhalt in Anspruch genommen würde, und entsprechend disponiert hat.

4. Geltendmachung durch einstweilige Anordnung

In der Praxis werden Ansprüche auf Getrenntlebensunterhalt und nachehelichen Unterhalt sehr häufig im Wege des vorläufigen Rechtsschutzes durch Beantragung einer einstweiligen Anordnung durchgesetzt. Dieses Verfahren hat für denjenigen, der rasch eine gerichtliche Regelung erreichen will, erhebliche Vorteile. Innerhalb weniger Wochen legt das Gericht in der Regel den Unterhalt fest, während im sog. Hauptsacheverfahren oft Monate oder Jahre bis zur ersten Entscheidung vergehen können.

Im Verfahren »einstweilige Anordnung« entscheidet das Gericht meist ohne mündliche Verhandlung, oder es bestimmt sehr schnell einen Termin. In der Praxis hat das Verfahren sehr große Bedeutung, da es eine rasche Klärung der Fragen ermöglicht, die bei einer Unterhaltsauseinandersetzung häufig streitig sind.

Eine einstweilige Anordnung wegen des Getrenntlebensunterhalts kann beantragt werden, wenn ein Hauptsacheverfahren Getrenntlebensunterhalt gleichzeitig anhängig gemacht wird, wobei auch ein Prozesskostenhilfeantrag genügt.

Wenn bereits das Scheidungsverfahren läuft und es Probleme mit dem laufenden Unterhalt gibt, kann ebenfalls hinsichtlich des laufenden Getrenntlebensunterhalts im Scheidungsverfahren eine einstweilige Anordnung beantragt werden. Voraussetzung ist, dass die Leistungsfähigkeit des Unterhaltspflichtigen durch Unterlagen oder auch eidesstattliche Versicherung glaubhaft gemacht werden kann. Zeugen werden im einstweiligen Anordnungsverfahren nicht gehört. In der Regel gehen die Richter von den tatsächlichen Einkommensverhältnissen aus und berücksichtigen nicht die Frage, ob ein fiktives Einkommen vorliegt usw.

5. Haushaltsleistungen für den neuen Ehepartner

Wenn der Unterhaltsberechtigte für den neuen Partner Haushaltsleistungen erbringt, muss er sich dafür, unabhängig davon, ob der Unterhaltsanspruch bereits wegen einer festen sozialen Verbindung ganz oder teilweise verwirkt ist oder nicht, ein fiktives Entgelt unterhaltsmindernd anrechnen lassen. Dieses Entgelt wird nach Umfang der Leistungen mit ca. € 200,00 bis € 550,00 pro Monat angesetzt.

6. Erlöschen des Unterhaltsanspruchs wegen Wiederheirat

Heiratet der Unterhaltsberechtigte ein weiteres Mal, erlöschen die Ansprüche.

7. Tod des Unterhaltspflichtigen

Nach dem Tod des Unterhaltspflichtigen geht die Unterhaltspflicht auf den Erben über. Die Haftung ist allerdings auf einen fiktiven Pflichtteil von 1/8 des Nachlassvermögens begrenzt (vgl. das Kapitel »Erbrechtliche Tipps«, S. 315 f.).

8. Beendigung der Unterhaltszahlungen durch Verringerung der Leistungsfähigkeit

Der Unterhaltspflichtige ist gehalten, alles zu tun, damit sich sein Einkommen und damit seine Leistungsfähigkeit nicht verringert. Verstößt er gegen diese Pflicht, muss er sich so behandeln lassen, als hätte er noch sein bisheriges Einkommen. Verliert der Unterhaltspflichtige also durch verantwortungsloses oder zumindest leichtfertiges Verhalten seinen Arbeitsplatz, so wird der Unterhaltsberechnung ein fiktives Einkommen zugrunde gelegt, welches er bei Beibehaltung seines Arbeitsplatzes erzielen könnte. Dies gilt insbesondere bei leichtfertiger Kündigung des Arbeitsplatzes oder bei einer vom Verpflichteten leichtfertig verschuldeten Kündigung durch den Arbeitgeber.

Gibt der Erwerbstätige seine Angestelltentätigkeit auf und macht er sich selbständig, so wird dies unterhaltsrechtlich anerkannt, wenn es der ehelichen Lebensplanung entsprach. Andernfalls muss der Unterhaltsschuldner, wenn er seine Stelle kündigt, um sich selbständig zu machen, vorher sicherstellen, dass er seine Unterhaltspflichten auch bei einer hiermit zunächst verbundenen Einkommensreduzierung erfüllen kann, sei es durch vorherige Rücklagenbildung oder durch Kreditaufnahme!

Wenn es gesundheitliche Gründe gibt, die Erwerbstätigkeit aufzugeben, so wird dies anerkannt. Es muss dann ebenso ein arbeitsmedizinisches Gutachten im Rahmen eines gerichtlichen Verfahrens eingeholt werden, wie es der Fall ist, wenn der Unterhaltsberechtigte sich auf Arbeitsunfähigkeit beruft.

Wer seine Tätigkeit aus gesundheitlichen Gründen aufgeben oder reduzieren will, sollte rechtzeitig ärztliche Atteste einholen, um sich abzusichern.

Wird dem Unterhaltszahler vom Arbeitgeber z. B. wegen gesundheitlicher Beeinträchtigungen gekündigt, wird vielfach sogar gefordert, dass er sich dagegen beim Arbeitsgericht zur Wehr setzen muss.

Eine nur vorübergehende Verringerung der Leistungsfähigkeit führt in der Regel nicht zum Wegfall des Unterhalts. So muss z. B. eine dreimonatige Arbeitslosigkeit überbrückt werden.

Große Probleme gibt es häufig für selbständige Unterhaltspflichtige, wenn Umsätze und Gewinne zurückgehen. Grundsätzlich gilt ja ein Dreijahresschnitt. Ein schlechtes Jahr allein rechtfertigt in der Regel noch nicht eine Reduzierung des Unterhalts. Probleme haben in den letzten Jahren insbesondere Ärzte und Zahnärzte.

Die Beendigung der Berufstätigkeit wegen Rentenbeginn muss der unterhaltsberechtigte Ehegatte in aller Regel hinnehmen. Bei Regelungen über Altersteilzeit bzw. Vorruhestand besteht Streit. Es ist nicht automatisch der Fall, dass eine Vorruhestandsregelung und die damit verbundene Einkommensreduzierung vom anderen Ehegatten hingenommen werden muss.

9. Tatsächliche Beendigung der Unterhaltszahlungen

Es gibt unterhaltspflichtige Ehegatten, die ihre Berufstätigkeit aufgeben oder ins Ausland ziehen. Die Probleme, die sich daraus für die unterhaltsberechtigten Familienangehörigen ergeben, sind groß. Wenn der Schuldner kein pfändbares Vermögen oder Einkommen mehr hat, nützt der Unterhaltstitel nichts. Die Erfahrung zeigt, dass unterhaltspflichtige Ehegatten, die z. B. nach Südafrika ziehen, kaum greifbar sind.

Dass ein solches Verhalten unverantwortlich und für die persönlichen Beziehungen unter den Familienangehörigen in hohem Maße schädlich ist, liegt auf der Hand.

Für unterhaltspflichtige Ehegatten, die im Inland leben und

sich pfänden lassen, gelten die sog. *Schuldnerschutzvorschriften.*
Es verbleibt ihnen ein Existenzminimum bis zur Pfändungsfrei-
grenze.

10. Neues Unterhaltsrecht 2007/2008

Das neue Unterhaltsrecht bringt einige Änderungen, die für die
lange verheirateten Ehepaare von Bedeutung sind.

a) Vorrang von Kindern

Sollte der unterhaltspflichtige Ehemann mit einer anderen Frau
ein Kind haben, so führt der Vorrang des Kindesunterhalts dazu,
dass sich der Unterhalt der ersten Frau praktisch um die Hälfte
des Kindesunterhalts reduziert.

Es ist aber nicht das Kind allein, das hier zu einer Unterhaltskürzung führt, sondern die weitere Frage ist, ob die Mutter dieses weiteren Kindes im Zusammenhang mit dem kleinen Kind ebenfalls
Betreuungsunterhalt beanspruchen kann. Dies gilt sowohl in den
Fällen, in denen die Mutter des weiteren Kindes mit dem Ehemann
nicht verheiratet ist, als auch im Falle einer zweiten Ehe.

b) Berechnungsbeispiel bei zwei unterhaltsberechtigten Frauen

Ehemann M bezieht ein Erwerbseinkommen von € 2000,00, seine
1. Ehefrau von € 1000,00 und seine 2. Ehefrau € 500,00. Sowohl
Ehefrau 1 als auch Ehefrau 2 betreuen Kinder von M.

Nach Abzug des jeweiligen Erwerbsbonus von 10 % werden
angerechnet:

beim Ehemann € 2000,00 – € 200,00 = € 1800,00
bei Ehefrau Nr. 1: € 1000,00 – € 100,00 = € 900,00
bei Ehefrau Nr. 2: € 500,00 – € 50,00 = € 450,00

Der Gesamtbedarf Ehemann und Ehefrau 1 und 2 beträgt:
€ 1800,00 + € 900,00 + € 450,00 = € 3150,00

Nach dem Grundsatz der Dreiteilung betragen die Bedarfsbeträge:
Ehemann € 3150,00 : 3 = € 1050,00
Ehefrau Nr. 1: € 3150,00 : 3 = € 1050,00
Ehefrau Nr. 2: € 3150,00 : 3 = € 1050,00

Nach Abzug des Eigeneinkommens ergeben sich die Unterhaltsbeträge wie folgt:
Ehefrau Nr. 1: € 1050,00 – € 900,00 = € 150,00

Ingesamt hat Ehefrau Nr. 1 zur Verfügung:
Einkommen € 1000,00 + Unterhalt € 150,00 = € 1150,00

Ehefrau Nr. 2: € 1050,00 – € 450,00 = € 600,00
Insgesamt hat Ehefrau Nr. 2 zur Verfügung:
Einkommen € 500,00 + € 600,00 = € 1100,00

Dem Ehemann bleiben € 2000,00 – Unterhalt Ehefrau Nr. 1
€ 150,00 – Unterhalt Ehefrau Nr. 2 € 600,00 = € 1250,00.

Bisher war die erste Ehefrau gegenüber der zweiten Ehefrau bevorrechtigt. Nach der Neuregelung sind sie gleichrangig!

c) Befristung und Begrenzung des Ehegattenunterhalts
Nach den neuen Vorschriften gibt es zeitliche Begrenzungen des nachehelichen Unterhalts. Außerdem kann der Unterhalt der Höhe nach reduziert werden, insbesondere dann, wenn ehebedingte Nachteile fehlen.

Die Begrenzungsmöglichkeiten des Unterhalts hängen insbesondere von der Ehedauer ab und davon, inwieweit durch die Gestaltung der Ehe, vor allem durch Haushaltsführung und Kinderbetreuung, berufliche Nachteile eingetreten sind.

Nach der bisherigen Rechtsprechung des Bundesgerichtshofs galten derartige Beschränkungen in der Regel nur für relativ kurze Ehen, also für Ehen mit einer Ehedauer von bis zu 15 Jahren, in Ausnahmefällen auch darüber hinaus, insbesondere wenn beide Ehegatten berufstätig waren. In vielen Fällen war daher nach der alten Regelung lebenslanger Unterhalt zu zahlen.

Wie die künftige Rechtsprechung auf der Grundlage des geänderten Unterhaltsrechts sich entwickeln wird, ist noch nicht genau vorhersagbar. Von Folgendem kann ausgegangen werden:

Wenn die Ehefrau nach der Scheidung eine Ganztagsberufstätigkeit aufgenommen hat, die in etwa dem entspricht, was sie vor der Ehe verdient hat, dürfte der nacheheliche Aufstockungsunterhalt nicht bis zum Rentenalter weiterzuzahlen sein, sondern ist befristet auf einige Jahre. Außerdem werden die Gerichte die Möglichkeit nutzen, den Unterhalt zu reduzieren.

Hat die Ehefrau dagegen wegen jahrelanger Unterbrechung ihrer Berufslaufbahn durch Hausfrauentätigkeit und Kinderbetreuung nach der Trennung nur eine schlechter bezahlte Berufstätigkeit, wird sie den Aufstockungsunterhalt wohl unbefristet beanspruchen können. Kann die Ehefrau infolge Alter oder Krankheit keine Berufstätigkeit mehr ausüben, wird sie den vollen Unterhalt beanspruchen können. In diesen Fällen ändert sich voraussichtlich nichts im Vergleich zur bisherigen Rechtslage.

Getrenntlebensunterhalt und nachehelicher Unterhalt – Vereinbarungen anlässlich Trennung und Scheidung

1. Allgemeines zur vertraglichen Unterhaltsregelung

Das Gesetz sieht ausdrücklich vor, dass die Vereinbarungen über den Ehegattenunterhalt nach der Scheidung getroffen werden sollen. Grundsätzlich gilt ja, dass nach der Scheidung jeder Ehegatte für seinen Unterhalt eigenverantwortlich ist. Für den nachehelichen Unterhalt ist der Gestaltungsspielraum relativ weit, bis hin zum Unterhaltsverzicht.

Vereinbarungen über den Getrenntlebensunterhalt waren grundsätzlich formfrei, konnten also in Form eines schriftlichen Vertrages erfolgen. Vereinbarungen über den nachehelichen Unterhalt sind nach der Neuregelung des Unterhaltsrechts formbedürftig. Sie müssen also entweder vom Notar beurkundet oder bei Gericht protokolliert werden. Formzwang besteht ohnehin, wenn die Unterhaltsvereinbarung im Zusammenhang mit anderen formbedürftigen Regelungen getroffen wird, z.B. mit Regelungen über den Zugewinnausgleich oder der Übertragung von Grundstücken.

Dem Unterhaltsberechtigten ist zu empfehlen, die Unterhaltsvereinbarung titulieren zu lassen. Titulierung bedeutet, dass z.B. ein vollstreckbarer Schuldtitel in Form einer notariellen Urkunde erstellt wird oder dass bei Gericht eine Vereinbarung getroffen wird oder eventuell auch ein Urteil ergeht.

Für den Fall, dass eine Vereinbarung getroffen wird, ist es notwendig, dass die Bemessungsgrundlagen für die Unterhaltsregelung festgehalten werden, also insbesondere die beiderseitigen

Einkommensverhältnisse und alle sonstigen Umstände, die Grundlage der Unterhaltsregelung sind. Dies ist für eine eventuelle spätere Abänderbarkeit der Unterhaltsvereinbarung von Bedeutung.

2. Abänderbarkeit

Das Problem beim Unterhalt ist, dass sich die Verhältnisse, insbesondere die Einkommensverhältnisse, im Laufe der Jahre immer wieder ändern. Das Gesetz sieht vor, dass bei geänderten Verhältnissen Unterhaltsregelungen abgeändert werden können. Es muss sich allerdings um wesentliche Veränderungen handeln, also Veränderungen, bei denen sich der Unterhalt um zehn oder mehr Prozent verändert. Typische Fälle sind, dass der Unterhaltspflichtige nach Abschluss einer Unterhaltsvereinbarung seinen Arbeitsplatz und damit sein gesichertes Einkommen verliert. Es kommt auch vor, dass er in Vorruhestand tritt und eine Abfindung erhält.

Die Abänderung lässt sich auch im Klagewege durchsetzen. Es können aber nur Abänderungsgründe vorgetragen werden, die neu sind, die also beim Abschluss des gerichtlichen Verfahrens nicht vorgelegen haben (z. B. Krankheit, Arbeitslosigkeit usw.).

Um künftige Auseinandersetzungen zu vermeiden, kann in einer Vereinbarung über den nachehelichen Unterhalt das Abänderungsrecht ganz ausgeschlossen werden, oder es können Vereinbarungen über Abänderungsgründe getroffen werden.

Der Ausschluss der Abänderbarkeit kommt in Betracht

- bei einem zeitlich begrenzten Unterhalt, z. B. einer Befristung für zwei Jahre;

- bezüglich einzelner Teile des Unterhalts, z. B. bezüglich des Altersvorsorgeunterhalts;

- bei einem Wegfall der Verbindlichkeiten des Berechtigten und/ oder des Verpflichteten, die bei der Unterhaltsberechnung schon berücksichtigt wurden.

Modifizierungen der Abänderbarkeit wären beispielsweise:
Erst nach Ablauf eines bestimmten Zeitraums ist eine Abänderung möglich, z. B. nach fünf oder zehn Jahren oder im Falle des Rentenbeginns usw.

Typisch ist es, bestimmte Zeitpunkte für die Abänderung wie Rentenbeginn, Berufsaufgabe, Arbeitslosigkeit, Wegfall des Wohnvorteils oder Verkauf des Hauses festzulegen.

Typisch ist auch eine Anbindung an die Preissteigerungsrate, z. B. Abänderbarkeit, wenn die Preise um mehr als fünf Prozent gestiegen sind.

3. Vereinbarungen über den Getrenntlebensunterhalt

Vereinbarungen über den Getrenntlebensunterhalt sind nicht uneingeschränkt möglich. Die Höhe des Unterhaltsbedarfs des getrennt lebenden Ehegatten bestimmt sich nach den ehelichen Lebensverhältnissen. Es gibt aber eine Schutzvorschrift für den getrennt lebenden Ehegatten, der zum Zeitpunkt der Trennung einer Erwerbstätigkeit nicht nachgegangen ist. Die unterhaltsrechtlichen Leitlinien sehen vor, dass die Aufnahme einer Erwerbstätigkeit in der Regel erst nach einem Jahr erwartet werden kann. Je länger die Trennung dauert, desto mehr nähern sich die Voraussetzungen zur Aufnahme der Erwerbstätigkeit den Grundsätzen, die für den Unterhalt nach der Scheidung gelten.

In die Vereinbarung könnte z. B. aufgenommen werden, wie lange der volle Unterhalt bezahlt wird und ab wann die Ehefrau verpflichtet ist, eine Berufstätigkeit aufzunehmen.

Zu beachten ist, dass der Wohnvorteil beim Getrenntlebensunterhalt anders bemessen wird als beim nachehelichen Unterhalt: In der Trennungszeit hat der Ehegatte, der in der Wohnung oder im Haus zurückbleibt, von der alleinigen Nutzung in der Regel keinen wirtschaftlichen Vorteil. Für die Dauer der Trennungszeit wird daher nicht die ortsübliche Miete angesetzt, sondern die Kosten einer angemessenen Ersatzwohnung, in der Regel einer Zwei-Zimmer-Wohnung, die den Lebensverhältnissen entsprechen. Dies können 500 Euro bis 700 Euro sein. Auch insoweit kann sich eine Vereinbarung empfehlen, wenn bis auf weiteres eine Ehescheidung nicht beabsichtigt ist.

4. Vereinbarungen zum nachehelichen Unterhalt

a) Unterhaltsbedarf

Regelungen über den nachehelichen Unterhalt können den geschiedenen Ehegatten das weitere Leben sehr erleichtern. Es sollten die beiderseitigen Interessen aufeinander abgestimmt und ein fairer Ausgleich gefunden werden. Eine Regelung ist zu treffen, die der individuellen Interessenlage am besten gerecht wird und mit der die Ehegatten auch nach der Scheidung »leben« können.

b) Vereinbarungen über die Einkommensanrechnung bei beiden Ehegatten

Die künftigen Unterhaltsberechnungen werden sehr vereinfacht, wenn abgesehen vom Gehalt oder der Rente alle sonstigen Einkünfte aus der Unterhaltsberechnung herausgenommen werden, also Einkünfte aus Kapitalvermögen, Vermietung, Nebenbeschäftigungen, wissenschaftlicher Tätigkeit. Eine solche Regelung fördert die Bereitschaft beider Ehegatten, gesondert Einkünfte zu erzielen.

In ähnlicher Weise können Streitfragen vermieden werden, wenn geregelt ist, ob bestimmte Ausgaben angerechnet oder nicht angerechnet werden:

• Raten für Finanzierungsdarlehen, Autokredit;

• Unterhalt für volljährige Kinder bzw. für andere Angehörige;

• Prämien für Kapitallebensversicherungen und Rentenversicherungen;

• Vorsorgeaufwendungen z. B. bei Selbständigen 20 % des Gewinns und bei Angestellten 4 % des Bruttoeinkommens für eine Zusatzrente;

• Hauslasten (Zins und Tilgung, Grundsteuer, Brandversicherung usw.);

• Wohnwertanrechnung.

Lebt ein Ehegatte in einem Haus oder einer Wohnung, die im Eigentum beider Ehegatten steht, so ist das mietfreie Wohnen ein Gebrauchsvorteil. Abzuziehen sind allerdings Aufwendungen, insbesondere Zins- und Tilgungszahlungen, Grundbesitzabgaben und Gebäudeversicherungen.

c) Vereinbarungen über das Einkommen des Unterhaltspflichtigen

Festschreibung des Einkommens: Der Unterhaltspflichtige ist daran interessiert, dass der geschiedene Ehepartner an seiner künftigen beruflichen Entwicklung nicht mit der Unterhaltsquote beteiligt ist. Deshalb kann vereinbart werden, dass die Beteiligung an der Einkommensentwicklung in der Weise geregelt wird, dass eine Unterhaltserhöhung immer verlangt werden kann, wenn die Preissteigerungsrate, bezogen auf die Ehescheidung, um 5 % gestiegen ist.

d) Vereinbarung über das Einkommen des Unterhaltsberechtigten

Um dem Unterhaltsberechtigten einen Arbeitsanreiz zu schaffen, kann vereinbart werden, dass ein Teil des Einkommens für die Unterhaltsberechnung nicht berücksichtigt wird.

e) Konkrete Regelung des Unterhaltsbedarfs

Bei hohem Einkommen des Unterhaltspflichtigen ergibt sich der Ehegattenunterhaltsanspruch des Unterhaltsberechtigten nicht aus einer Quote aus dem Einkommen des Unterhaltsverpflichteten. Es gilt also nicht die $^3/_7$- oder 45 %-Quote. Vielmehr muss dann der Bedarf konkret ermittelt werden. Es muss eine Liste erstellt werden, in der alle Aufwendungen der Ehefrau für Wohnung, Urlaub, Friseur, Kosmetik, Theaterbesuche, Restaurantbesuche usw. aufgezählt werden. Hier könnte neben den Kosten für Miete der sonstige Bedarf z. B. mit 3000 bis 4000 Euro festgelegt werden, wozu noch der Krankenvorsorgeunterhalt und eventuell der Altersvorsorgeunterhalt kommen.

5. Krankenvorsorgeunterhalt

Zum Unterhalt gehören auch die Kosten einer angemessenen Krankenversorgung. Dies sollte in der Unterhaltsvereinbarung ausdrücklich geregelt werden. Andernfalls besteht die Gefahr, dass im Falle einer späteren Abänderung kein Krankenvorsorgeunterhalt mehr verlangt werden kann. Folgende Regelungen sind typisch:

• Bezahlung des Beitrags für eine private Krankenversicherung;

• Bezahlung des Beitrags für eine gesetzliche Krankenversicherung;

• bei gesetzlich Versicherten: Übernahme einer privaten Zusatzversicherung.

6. Altersvorsorgeunterhalt

Ab Zustellung des Scheidungsantrags kann Altersvorsorgeunterhalt verlangt werden, da die Beteiligung an der Altersversorgung des anderen Ehegatten entfällt. Die Höhe richtet sich nach dem Ausgangsunterhalt und nach der Bremer Tabelle. Auch hier gilt: Wird der Altersvorsorgeunterhalt in der Unterhaltsvereinbarung vergessen, kann dies später häufig nicht mehr nachgeholt werden.

Bei einem Unterhalt von 1000 Euro beträgt der Altersvorsorgeunterhalt ca. 220 Euro. Wird Altersvorsorgeunterhalt bezahlt, reduziert sich allerdings der verbleibende Unterhalt um die Hälfte, also um 110 Euro.

Es könnte daher auch vereinbart werden, dass die Ehefrau auf

Altersvorsorgeunterhalt verzichtet und zum Ausgleich der Ehemann die laufende Unterhaltspauschale z.B. um 100 Euro erhöht.

7. Gewinnbeteiligung und Tantiemen

Gewinnbeteiligungen, Tantiemen und andere Sonderzuwendungen schwanken häufig stark. Es bietet sich daher an, sie jeweils dann unterhaltsrechtlich auszugleichen, wenn sie ausbezahlt werden, und zwar in der Weise, dass der Unterhaltsberechtigte dann z.B. 45% oder 42% als einmalige Unterhaltszahlung erhält.

8. Schwankende Einkünfte bei Selbständigen

Hier führt die Bindung eines Unterhalts an den Dreijahresschnitt oft zu unbilligen Ergebnissen und zu mangelnder Flexibilität. Eine zeitnahe Anpassung könnte gerechter sein. Folgende Vereinbarung kann Sinn machen: Es wird ein bestimmter Gewinn für die Unterhaltsberechnung zugrunde gelegt. Sollte sich der Gewinn um mehr als 15% ändern, kann der jeweils betroffene Ehegatte eine Abänderung und Neuberechnung verlangen. Die Abrechnung findet jeweils am 30.6. des Folgejahrs statt.

9. Steuerliche Regelungen

Trennung und Scheidung haben zusätzliche Kosten zur Folge. Deshalb ist es besonders wichtig, dass staatliche Vergünstigungen in Anspruch genommen und die jeweils beste steuerliche Gestaltung gewählt wird. Ehegatten sollten erkennen, dass ihr gemeinsames Interesse darauf gerichtet ist, das Familieneinkommen so hoch wie möglich zu gestalten.

In der Regel ist die gemeinsame Veranlagung, das Ehegattensplitting, die günstigste Regelung.

Die gemeinsame Veranlagung ist so lange möglich, als die Ehegatten nicht während des ganzen Jahres dauernd getrennt leben. Ein Versöhnungsversuch unterbricht das steuerliche Getrenntleben und ermöglicht, in dem betreffenden Jahr noch die gemeinsame Veranlagung durchzuführen (siehe auch das Kapitel »Optimale Steuerliche Gestaltung bei Trennung und Scheidung«, S. 307 f.). Übrigens wird das Trennungsjahr im Sinne des Scheidungsrechts durch einen solchen Versöhnungsversuch nicht unterbrochen.

Sollte das Ehegattensplitting nicht mehr möglich sein, muss das begrenzte Realsplitting durchgeführt werden, sofern Ehegattenunterhalt bezahlt wird. Damit lassen sich die Nachteile der getrennten Veranlagung teilweise ausgleichen.

Es gehört zu einer fairen Scheidung, dass die Ehegatten eine Vereinbarung über das begrenzte Realsplitting treffen. Der unterhaltsberechtigte Ehegatte verpflichtet sich, die Anlage U zu unterzeichnen. Steuernachteile des unterhaltsberechtigten Ehegatten sollten hälftig geteilt werden, um Unterhaltsneuberechnungen zu vermeiden. Desgleichen sollten die Steuervorteile des Unterhaltspflichtigen beiden Ehegatten zugutekommen.

Es liegt im Interesse des Unterhaltsberechtigten, dass der Unterhaltspflichtige das Realsplitting sofort in Anspruch nimmt, wenn sich seine Steuerklasse von einem Jahr zum anderen ändert, also von der günstigen Steuerklasse III in die ungünstige Steuerklasse I, indem rechtzeitig Antrag auf Lohnsteuerermäßigung gestellt wird.

10. Steuervorteile bei Unterhaltsabfindungen

Oft wird der nacheheliche Unterhalt durch eine Abfindung ausgeglichen. Um in diesem Zusammenhang Steuervorteile auszuschöpfen, gibt es die Möglichkeit, die Abfindungszahlungen auf mehrere Jahre zu verteilen. Dann können in jedem Jahr maximal 13 805 Euro an Steuervorteilen in Anspruch genommen werden. Es gibt aber auch die Möglichkeit, durch eine entsprechende Vertragsgestaltung die Zahlung als Darlehen zu leisten und die Steuervorteile gleichwohl auf mehrere Jahre aufzuteilen. (Vgl. dazu die Broschüre des Vereins Humane Trennung und Scheidung »Begrenztes Realsplitting – Steuervorteile für Ehegattenunterhaltszahler«.)

11. Unterhaltsverzicht

Das Gesetz sieht ausdrücklich vor, dass im Rahmen einer Vereinbarung auch auf nachehelichen Unterhalt vollständig verzichtet werden kann.

Bei Beamten oder Rentnern bzw. bei kurz bevorstehendem Renteneintritt können allerdings Nachteile entstehen. Bei Beamten kann der Unterhaltsverzicht zum Verlust des Ortszuschlages führen. Wenn aufgrund eines Unterhaltsverzichts kein Unterhalt mehr geleistet wird, ist eine Rückgängigmachung des Versorgungsausgleichs aufgrund der Härteregelung des § 5 VAHRG nicht mehr möglich! Aus diesem Grunde sollte erst ab dem Beginn des Rentenbezuges der Ehefrau auf Unterhalt verzichtet und bis dahin ein, wenn auch nur geringer Unterhalt bezahlt werden. Auf diese Weise kann der Unterhaltspflichtige sich seine volle Pension sichern und wird die Kürzung bis zum Rentenbeginn der Ehefrau hinausgeschoben.

Im Rahmen der Scheidung kann auch vereinbart werden, dass beide Ehegatten keinen Ehegattenunterhalt geltend machen. Damit sind eventuelle Unterhaltsansprüche nicht auf Dauer ausgeschlossen.

Ob überhaupt und in welchen Fällen eine Verzichtserklärung abgegeben werden soll, muss im Einzelfall sorgfältig überlegt werden.

Folgen des Unterhaltsverzichts: Der völlige Unterhaltsverzicht bewirkt, dass der Unterhaltsberechtigte auch bei Arbeitslosigkeit, Berufsunfähigkeit oder in anderen Fällen nicht mehr auf den geschiedenen Ehegatten zurückgreifen kann.

12. Unwirksamkeit des Verzichts

Die Grenzen des Verzichts ergeben sich aus § 138 Abs. 1 BGB bei Sittenwidrigkeit des Verzichts und aus dem Grundsatz von Treu und Glauben.

Der Unterhaltsverzicht ist sittenwidrig, wenn die Eheleute dadurch bewusst eine Unterstützungsbedürftigkeit des Verzichtenden zu Lasten der Sozialhilfe herbeiführen oder wenn klar ist, dass der Unterhaltsberechtigte in Not gerät, insbesondere auch im Alter.

Sind beide Ehegatten bei Abschluss der Vereinbarung erwerbstätig, stellt sich die Frage der Sittenwidrigkeit des Unterhaltsverzichts nicht.

Ausnahmsweise kann aber eine Berufung auf den Unterhaltsverzicht gegen Treu und Glauben verstoßen, wenn später Umstände eingetreten sind, mit denen man nicht gerechnet hat.

In aller Regel wird der Unterhaltsverzicht in Verbindung mit einer Abfindung oder einer anderen Form der Gegenleistung vereinbart.

13. Befristung

In der Praxis üblich ist, dass der Unterhalt zeitlich begrenzt wird, z. B. in Relation zur Ehedauer bis zur Aufnahme einer Erwerbstätigkeit, bis zum Rentenbeginn oder bei Vereinbarung einer Unterhaltsabfindung.

14. Unterhaltsabfindung

Auch Unterhaltsabfindungen sind Unterhaltszahlungen und können steuerlich im Rahmen des begrenzten Realsplittings geltend gemacht werden.

In der Praxis ist die Vereinbarung einer Unterhaltsabfindung sehr wichtig. Insbesondere bei Unterhaltspflichtigen, die Vermögen haben oder einen Kredit aufnehmen können, kann eine Abfindung Sinn machen. Der Vorteil für den unterhaltsberechtigten Ehegatten liegt darin, dass er den Abfindungsbetrag sicher erhält und ggf. das Kapital gut gebrauchen kann, um sich damit eine eigene Existenz aufzubauen oder eine Immobilie zu erwerben.

Die Vereinbarung einer Abfindung ist für beide Ehegatten mit der Ungewissheit behaftet, ob die Abfindung zu hoch oder zu niedrig ist. Der Unterhaltsberechtigte geht das Risiko ein, dass die Abfindung zu niedrig ausfällt. Der Unterhaltspflichtige riskiert, dass er zu viel leistet, wenn der Berechtigte dann sofort wieder heiratet oder verstirbt.

Die Höhe der Abfindung kann frei vereinbart werden mit der Grenze der Sittenwidrigkeit.

Die Höhe der Abfindung richtet sich in der Regel nach dem gegenwärtigen Unterhalt, wobei die Gerichte häufig dazu neigen, den fünf- bis siebenfachen Jahresbetrag des Unterhalts vorzuschlagen.

Grundlage der eigenen Berechnung der Abfindung sind typischerweise verschiedene Unterhaltszeiträume, z. B. bis zum Rentenbezug und für die Zeit nach dem Rentenbezug.

Faktoren, die die Abfindung reduzieren, sind:

- zu erwartende Erbschaften des Unterhaltsberechtigten;

- zu erwartende Aufnahme einer eheähnlichen Lebensgemeinschaft.

Auf die Abfindung wirken sich erhöhend aus:

- zu erwartende Erhöhung des eheprägenden Einkommens durch Beförderung;

- Wegfall von Belastungen wie Finanzierungsraten oder Kindesunterhalt.

Zahlung der Abfindung

Die Zahlung der Abfindung kann frei vereinbart werden. Es kann eine einmalige Zahlung geleistet oder Ratenzahlung vereinbart werden, wobei die Steuervorteile des begrenzten Realsplittings mit jährlich maximal 13 805 Euro zu berücksichtigen sind.

Anstelle einer Zahlung können auch Vermögenswerte übertragen werden, z. B. eine Immobilie oder eine Lebensversicherung. Ebenso ist die Verrechnung mit Gegenforderungen möglich und kann die Unterhaltsabfindung Bestandteil einer Paketlösung sein mit den Elementen Vermögensauseinandersetzung, Unterhalt und Versorgungsausgleich.

Zugewinnausgleich

Vorbemerkung:
Die Erfahrung zeigt, dass die Vorstellungen über Zugewinnausgleichsansprüche, die sich viele Ehegatten machen, mit der gesetzlichen Lage nicht übereinstimmen. Anders als bei der Auseinandersetzung einer Gesellschaft wird nicht so abgerechnet, dass jeder Ehegatte zunächst seine Einlage zurückbekommt und dann der restliche Gewinn verteilt wird. Insbesondere gibt es keinen Ausgleich für Verluste. Erfahrungsgemäß lassen sich Zugewinnausgleichsansprüche nicht ermitteln, ohne dass Rechtsanwälte eingeschaltet werden. Das Ergebnis ist dann oft ganz anders, als sich der Laie vorher vorgestellt hat.

Neben den unterhaltsrechtlichen Fragen spielt bei Trennung und Scheidung die Klärung der Vermögensverhältnisse beider Ehegatten und die Vermögensauseinandersetzung die wesentliche Rolle.

Bis zur Zustellung eines Scheidungsantrages kann jeder Ehegatte grundsätzlich über sein Vermögen frei disponieren. Jeder Ehegatte ist bis dahin aber auch an der Vermögensentwicklung des anderen Ehegatten im positiven wie im negativen Sinn beteiligt. Ab Zustellung des Scheidungsantrages entfällt die Beteiligung an der Vermögensentwicklung des anderen Ehegatten. Der Zugewinnausgleichsanspruch kann allerdings in Gefahr geraten, wenn beim anderen Ehegatten am Ende des Scheidungsverfahrens kein Vermögen mehr vorhanden ist. Dann kann und braucht auch kein Ausgleich mehr geleistet werden.

Nicht ohne Grund haben manche Ehegatten erhebliche Ängste im Zusammenhang mit dem Zugewinnausgleich, insbesondere die Besorgnis, dass der andere Ehegatte sein Vermögen verringert oder in Vermögensverfall gerät.

Manche Ehegatten sichern sich ihren Anspruch, indem sie vom Konto des anderen Ehegatten unter Verwendung einer Kontovollmacht oder vom gemeinsamen Konto Geld abheben. Dies ist grundsätzlich nach der Trennung unzulässig.

Die Regelung von Zugewinnausgleichsansprüchen bzw. die Auseinandersetzung des gemeinsamen Vermögens oder gemeinsamer Immobilien müssen nicht zwingend zusammen mit der Scheidung getroffen werden. Auf der anderen Seite führt eine frühzeitige Einigung über Zugewinnausgleichsansprüche bzw. eine faire Vermögensauseinandersetzung erfahrungsgemäß dazu, die persönlichen Beziehungen und das Wohlbefinden beider Ehegatten erheblich zu verbessern. Die Scheidung ist dann oft nur noch eine Formsache.

1. Vereinbarungsmöglichkeiten

Bereits vor einer Scheidung empfiehlt es sich, die Aufmerksamkeit auf denkbare Vereinbarungsmöglichkeiten zu richten. Insbesondere kann der Zugewinnausgleich vorab außergerichtlich geregelt werden.

Zunächst muss eine Zugewinnausgleichsberechnung durchgeführt werden. Daraus ergibt sich rein rechnerisch ein Anspruch eines Ehegatten gegen den anderen. Dann kann eine Vereinbarung darüber getroffen werden, wie der Zugewinnausgleich geleistet wird. Hier gibt es eine Reihe von Möglichkeiten.

Stundung und Ratenzahlung

Hier kann geregelt werden, wann die Ausgleichszahlung erfolgt. Auch das Gesetz sieht übrigens eine Stundung in § 1382 vor (mit Verzinsung).

Auch kann die Zahlung von Raten vereinbart werden.

Übertragung von Vermögenswerten

Der Zugewinnausgleich kann auch so aufgebracht werden, dass Vermögenswerte übertragen werden, z. B. die Abtretung einer Lebensversicherung oder die Übertragung einer Immobilie oder eines Aktiendepots. Dabei muss allerdings darauf geachtet werden, dass sich hier keine steuerpflichtigen Vorgänge ergeben, dass, insbesondere bei Immobilien, durch die Angabe des Wertes der Immobilie in der notariellen Urkunde keine Spekulationssteuer entsteht. Darüber sind inzwischen die Notare informiert.

Leistungen an gemeinschaftliches Kind

Es gibt auch die Möglichkeit, den Zugewinnausgleich direkt an ein gemeinsames Kind jetzt oder zu einem späteren Zeitpunkt zu zahlen.

Verrechnung mit Gegenforderungen

Die Zugewinnausgleichsforderung kann auch mit einer Unterhaltsabfindung oder dem kapitalisierten Versorgungsausgleich verrechnet werden.

2. Begriff des Zugewinnausgleichs

Zugewinnausgleich ist der Geldbetrag, den ein Ehegatte bei Auflösung bei der Scheidung an den anderen Ehegatten zu zahlen hat.

Der Zugewinnausgleich findet statt beim gesetzlichen Güterstand und gilt immer dann, wenn die Ehegatten keinen notariellen Ehevertrag geschlossen haben, in dem sie Gütertrennung oder Gütergemeinschaft vereinbart haben.

Übrigens ist die Gütertrennung nicht notwendig, um die Haftung für die Schulden des anderen Ehegatten auszuschließen. Auch bei der Zugewinngemeinschaft hat jeder Ehegatte sein eigenes Vermögen und haftet nicht für die Schulden des anderen.

3. Verfügungsbeschränkungen

Ohne Zustimmung des anderen Ehegatten kann ein Ehepartner über sein Vermögen *im Ganzen* nicht verfügen. Dies gilt insbesondere für den Verkauf von Immobilien. Dies gilt auch für eine evtl. Teilungsversteigerung bis zur Rechtskraft der Scheidung. Allerdings kann das Vormundschaftsgericht die Zustimmung des anderen Ehepartners ersetzen.

Außerdem kann ein Ehegatte nicht ohne Zustimmung des anderen über Hausratsgegenstände verfügen.

4. Gegenstände, die beim Zugewinn erfasst werden

Alle Vermögensgegenstände am Stichtag (Zustellung des Scheidungsantrages), die einen wirtschaftlichen Wert haben, werden berücksichtigt:

- Abfindungen
- Antiquitäten
- Bank- und Sparguthaben
- Bausparguthaben
- Firmenbeteiligungen
- Forderungen, die am Stichtag fällig und wirtschaftlich werthaltig sind, insbesondere Steuererstattungsansprüche, Darlehensforderungen
- Hausrat, soweit nach der Trennung angeschafft
- Hobbyausrüstungen und Kraftfahrzeuge, wenn sie nicht zum Hausrat gehören
- Lebensversicherungen (maßgeblich ist der Zeitwert)
- Unternehmen und Unternehmensbeteiligungen
- Wertpapierdepots
- Rechtsanwaltskanzlei, Arztpraxis, Versicherungsagentur

5. Begriff des Zugewinns

Zugewinn ist der Betrag, um den das Endvermögen eines Ehegatten sein Anfangsvermögen übersteigt.

a) Anfangsvermögen:
Anfangsvermögen sind die Gegenstände, die ein Ehegatte bei der Eheschließung besessen hat, wobei die Schulden abzuziehen sind.

Bei Überschuldung bei der Heirat wird das Anfangsvermögen mit null eingestellt.

Zum Anfangsvermögen gehören dieselben Vermögenswerte, die auch im Endvermögen erfasst sind; insbesondere Kraftfahrzeuge, Lebensversicherungen, Immobilien, Unternehmensbeteiligungen – jeweils nach Abzug der Schulden.

Hinzurechnung zum Anfangsvermögen

Hinzugerechnet wird alles, was der Ehegatte im Laufe der Ehe durch Schenkung, Erbschaft oder als Ausstattung erworben hat.

Schenkungen in diesem Sinne sind allerdings nicht Schenkungen eines Ehegatten an den anderen.

Zuwendungen seitens der Eltern

Geben die Eltern beiden Ehegatten Geld für den Hausbau (und nicht nur dem eigenen Kind), wird beim eigenen Kind der Hälftebetrag ins Anfangsvermögen eingestellt. Die Hälfte beim anderen Ehegatten wird nicht berücksichtigt.

Erbschaften

Häufig wird gesagt, dass Erbschaften nicht in den Zugewinn fallen würden. Dabei wird die Erbschaft mit dem Wert zum Zeitpunkt des Anfalls dem Anfangsvermögen hinzugerechnet. Zugleich wird sie auch im Endvermögen berücksichtigt, wenn sie noch vorhanden ist. Auf diese Weise wirkt sich eine positive oder negative Wertentwicklung sehr wohl auf den Zugewinn aus.

Wertermittlung beim Anfangsvermögen und Indexierung

Als Anfangsvermögenswert ist der Wert am Tag der Heirat maßgeblich, und zwar der Verkehrswert. Bei späteren Schenkungen und Erbschaften kommt es auf den Wert zum jeweiligen Erwerbszeitpunkt an. Alle Werte sind um die Inflationsrate zu bereinigen. Dies bedeutet: Ein Vermögensgegenstand, der im Jahr 1985 geerbt wurde und einen Wert von 100 000 Euro hatte, wird durch die Indexierung um 46 % auf 146 000 Euro erhöht.

b) Endvermögen

Dies besteht aus dem Aktivvermögen jedes Ehegatten am Tag der Zustellung des Scheidungsantrages, von dem alle Verbindlichkeiten abgezogen werden. Keine Rolle spielt es, mit welchem Geld z. B. ein Vermögenswert angeschafft wurde oder welcher Ehegatte dazu etwas beigetragen hat, dass z. B. am Ende ein Haus vorhanden ist. Maßgeblich ist bei allen Vermögensgegenständen stets der Verkehrswert.

6. Bewertung, Bewertungsfragen

Sowohl beim Endvermögen als auch beim Anfangsvermögen ist der Verkehrswert maßgeblich, der im Zweifel durch Sachverständige ermittelt werden muss. Dies gilt z. B. für das Auto, für Antiquitäten usw.

Immobilien

Siehe dazu auch das Kapitel »Immobilien in der Scheidung«, S. 258 f.

Erste Informationsquellen sind Zeitungsangebote. In der Regel kennen auch die ortsansässigen Makler die aktuellen Verkehrswerte. Kostengünstige Bewertungen lassen sich auch von den Sparkassen und Banken vor Ort erstellen.

Bewertungen von Unternehmen und Praxen

Hier können unter Umständen Experten der jeweiligen Kammer (Anwaltskammer, Ärztekammer) Informationen geben. Der Wert eines Unternehmens ist der Preis, der bei einem angenommenen Verkauf erzielt werden könnte.

Zu beachten ist, dass hiervon noch die Steuer abzuziehen ist, wenn ein Verkauf angefallen wäre (BGH FamRZ 1991, 43).

Bei Arztpraxen ändern sich die Gegebenheiten laufend, und der Wert hängt davon ab, ob für eine Kassenzulassung eine Vergütung bezahlt wird.

Bewertung von Kapitallebensversicherungen

Lebensversicherungen mit Kapitalwahlrecht unterliegen dem Zugewinnausgleich, während reine Rentenversicherungen ohne Kapitalwahlrecht in den Versorgungsausgleich fallen. Maßgeblich ist in aller Regel der sogenannte Zeitwert (= Fortführungswert, den die Gesellschaft auf Anfrage mitteilt). Dieser Wert ist regelmäßig höher als der Rückkaufswert, da kein Stornoabzug erfolgt und auch die Gewinnanteile im Zeitwert enthalten sind.

7. Bedeutung des Stichtages

Maßgebend für das Endvermögen ist der Tag, an dem ein Scheidungsantrag zugestellt wird. Der Briefträger vermerkt das Datum der Zustellung auf dem gelben Umschlag. Dieser Tag ist ein für alle Mal der Stichtag für die Berechnung des Zugewinnausgleichs.

Vermögensentwicklungen nach dem Stichtag beeinflussen den Zugewinnausgleich nicht mehr.

Nimmt der Antragsteller seinen Scheidungsantrag zurück und hat der andere Ehegatte keinen Antrag gestellt, entfällt der Stichtag. Dann muss durch einen neuen Scheidungsantrag der Stichtag noch einmal neu gesetzt werden.

Durch einen eigenen Antrag sollte der Antragsgegner dafür sorgen, dass er ebenfalls »Herr des Verfahrens« wird. Andernfalls könnte das ganze Scheidungsverfahren hinfällig werden, wenn der Antragsteller seinen Antrag zurücknimmt.

8. Maßnahmen vor Zustellung des Scheidungsantrages

Wer an eine Scheidung denkt, sollte vor dem Stichtag legale Möglichkeiten ausschöpfen, sein Endvermögen so niedrig wie möglich zu gestalten. z. B. durch

- Bezahlung ohnehin anstehender Rechnungen;

- Kauf von Gegenständen, die ohnehin gekauft werden sollen, z. B. Kleider, Hausratsgegenstände usw.;

- Bezahlung eines Vorschusses an den eigenen Anwalt;

- Leistung von Einkommensteuervorauszahlungen.

Wer vorhat, eine Praxis aufzumachen oder eine Firma zu gründen, sollte überlegen, ob er den Scheidungsantrag nicht vorher stellt.

Wer eine hohe Einkommensteuererstattung für das laufende Kalenderjahr erwartet, sollte den Antrag vor dem 31. Dezember stellen. Wer mit seinem Arbeitgeber über eine Abfindung verhandelt, sollte den Scheidungsantrag ebenfalls stellen, bevor ein entsprechender Vertrag abgeschlossen ist.

Weitere Hinweise dazu im Kapitel »Wirtschaftliche Vor- und Nachteile der Scheidung«, S. 318.

9. Auskunftspflicht

Verzeichnis der Aktiva und Passiva

Wenn ein Scheidungsantrag gestellt ist, kann jeder Ehegatte vom anderen Auskunft über den Bestand des Endvermögens verlangen; dann ist ein geordnetes Verzeichnis aller Aktiva und Passiva am Stichtag vorzulegen.

Bei Firmen und Immobilien müssen entsprechende Unterlagen wie Bilanzen oder Gewinn-und-Verlust-Rechnungen vorgelegt werden bzw. müssen Angaben über die Größe der Immobilien gemacht werden.

Der Auskunftsanspruch kann gerichtlich durchgesetzt werden. Im Rahmen der Scheidung kann im Verbund Stufenklage erhoben werden. Darunter versteht man die Klage auf Auskunft und Zahlung des sich aus der Auskunft ergebenden Zugewinnausgleichsanspruches.

10. Unbillige Ergebnisse

Die gesetzlichen Vorschriften sind sehr pauschal. Es wird nicht berücksichtigt, wie es zu einem Zugewinn kommt. Es wird immer nur nach dem Endvermögen am Stichtag gefragt und dies mit dem Anfangsvermögen einschließlich der späteren Schenkungen und Erbschaften verglichen.

11. Beispiel zur Berechnung des Zugewinnausgleichsanspruches

Zugewinnberechnung Ehemann

Endvermögen Ehemann 2007

Aktiva inkl. Grundstück	€ 600 000,00
– Passiva	€ 100 000,00
Endvermögen	**€ 500 000,00**

Anfangsvermögen Ehemann

Aktiva bei der Eheschließung 1972	€ 100 000,00
– Passiva	€ 20 000,00
Nettoanfangsvermögen	**€ 80 000,00**

Indexiertes Anfangsvermögen

€ 80 000,00 × 112 : 42,2 =	€ 212 322,00

Zugewinn Ehemann Endvermögen	€ 500 000,00
– Anfangsvermögen	€ 212 322,00
Zugewinn Ehemann	**€ 287 678,00**

Zugewinnberechnung Ehefrau

Endvermögen netto	€ 100 000,00
Anfangsvermögen	€ 0,00
Zugewinn	**€ 100 000,00**

Zugewinnausgleichsberechnung

Zugewinn Ehemann	€ 278 678,00
– Zugewinn Ehefrau	€ 100 000,00
Differenz der Zugewinne	€ 187 678,00

hiervon ½ **Zugewinnausgleichsanspruch**	**€ 93 839,00**

12. Zuwendungen der Eltern zum Hausbau

Sehr häufig kommt es vor, dass die Eltern eines Ehegatten einen größeren Betrag zum Hausbau beisteuern. In der Regel erfolgt die Zahlung an beide Ehegatten.

Nach der Rechtsprechung des Bundesgerichtshofs wird dann der Hälftebetrag nur im Anfangsvermögen des eigenen Kindes und nicht im Anfangsvermögen des »Schwiegerkindes« eingestellt.

Im Ergebnis bedeutet dies: Haben die Eltern z. B. zum Hausbau 200 000 Euro beigetragen, erhält das eigene Kind bei der Zugewinnausgleichsberechnung vom anderen Ehegatten ¼ davon zurück, also 50 000 Euro.

Erfolgte dagegen die Zahlung auf das Konto des eigenen Kindes, kommt die Zuwendung in voller Höhe dem eigenen Kind zugute.

13. Fälligkeit und Stundung

Die Ausgleichsforderung wird erst mit Rechtskraft der Scheidung fällig. Von diesem Zeitpunkt an sind dann Zinsen zu zahlen, und zwar 5 % über dem Basisdiskontsatz, derzeit insgesamt 8,62 %.

Vor Abschluss eines Scheidungsverfahrens besteht also keinerlei Zahlungsverpflichtung!

Auf Antrag kann das Familiengericht eine Ausgleichsforderung stunden, wenn dem Ausgleichspflichtigen die Zahlung nicht zugemutet werden kann. Dies kommt in der Praxis häufig vor, wenn zunächst z. B. das gemeinsame Haus verkauft werden muss. Das Gericht kann eine Verzinsung anordnen.

14. Vermögensverfall des Ausgleichspflichtigen

Gerät der Ausgleichspflichtige nach dem Stichtag in Vermögensverfall, so kann der andere Ehegatte u. U. seine Ansprüche verlieren. Die Höhe der Ausgleichsforderung wird nämlich durch den
Wert des Vermögens begrenzt, das nach Abzug der Schulden bei
Rechtskraft der Scheidung noch vorhanden ist.

15. Vorzeitiger Zugewinnausgleich

Wenn die Eheleute drei Jahre getrennt leben, kann vorzeitig das
Zugewinnausgleichsverfahren eingeleitet werden. Dann ist maßgeblicher Stichtag für die Berechnung der Tag der Klagezustel-
lung.

Auch in einigen anderen Fällen kann vorzeitiger Zugewinnausgleich gemäß § 1386 BGB gefordert werden:

- Der andere Ehegatte hat längere Zeit hindurch die wirtschaftlichen Verpflichtungen aus der Ehe schuldhaft nicht erfüllt;

- er hat sein Vermögen durch Schenkungen, Verschwendung
usw. vermindert;

- er weigert sich ohne Grund beharrlich (trotz mehrfacher Aufforderung), über den Bestand seines Vermögens Auskunft zu
erteilen.

16. Zugewinnausgleich im Scheidungsverbund

Das Gericht befasst sich mit dem Zugewinnausgleich nur, wenn ein Ehegatte einen entsprechenden Antrag stellt. In der Regel wird der Zugewinnausgleich außerhalb des Scheidungsverfahrens außergerichtlich geregelt.

Er kann auch erst nach Rechtskraft der Scheidung in einem gesonderten Prozess geklärt werden. Es kann verschiedene Gesichtspunkte geben, die dafür oder dagegen sprechen, den Zugewinnausgleich im Verbund zu regeln. Für die Einbeziehung des Zugewinnausgleichs in den Scheidungsverbund können die Anwalts-, Gerichts- und Sachverständigenkosten sprechen, die im Verbund in der Regel hälftig getragen werden. Wer außerhalb des Verbunds den Zugewinnausgleichsprozess führt und ihn verliert, muss demgegenüber wie bei jedem normalen Prozess alle Gerichts- und Sachverständigenkosten und die Kosten beider Anwälte tragen.

Die Ausgleichsforderung *verjährt* erst drei Jahre nach Rechtskraft der Scheidung.

17. Beweislastverteilung

Wer eine Ausgleichsforderung gegen den anderen Ehegatten geltend macht, ist für die Höhe des Endvermögens des anderen Ehegatten darlegungs- und beweispflichtig. Um hier Beweise zu erhalten, hat er den gesetzlichen Auskunftsanspruch. Außerdem ist der Anspruchsteller auch beweispflichtig für sein eigenes Endvermögen, insbesondere für seine Schulden.

Schließlich ist jeder Ehegatte darlegungs- und beweispflichtig im Hinblick auf sein Anfangsvermögen. Dies macht naturgemäß die größten Schwierigkeiten. Meist sind die Banken nicht bereit, z. B. Kontostände mitzuteilen, die länger als zehn Jahre zurückliegen.

18. Müssen Schenkungen zurückerstattet werden?

Sofern es keinen Zugewinnausgleich gibt, kann ausnahmsweise ein Ausgleich unter Billigkeitsgesichtspunkten nach den Regeln vom Wegfall der Geschäftsgrundlage gegeben sein, wenn die Beibehaltung der Zuwendung dem anderen nicht zumutbar ist. Dies ist z. B. der Fall, wenn ein Ehegatte dem anderen Geld für das Haus auf dessen Grundstück gegeben hat und es keinen Zugewinnausgleichsanspruch gibt.

Immobilien bei Trennung und Scheidung

Wenn sich Eheleute trennen, die Eigentümer einer Wohnung oder eines Hauses sind, hat die Frage, was mit dieser Immobilie geschehen soll, eine ganz besondere Bedeutung.

Trennung und Scheidung bedeuten allerdings keineswegs, dass gemeinsame Immobilien auseinandergesetzt werden müssen. Es kann vernünftige Gründe dafür geben, dass beide Eheleute Miteigentum behalten.

Wenn sich die Ehegatten nicht einigen können, ist das Familiengericht nicht dafür zuständig, die Auseinandersetzung durchführen. Dies kann allenfalls im Rahmen einer Teilungsversteigerung durch das Vollstreckungsgericht erreicht werden.

Wenn Kinder vorhanden sind, ist es oft sinnvoll, den Kindern das Wohnen im Haus weiter zu ermöglichen, bis sie erwachsen werden. Wenn beide Ehegatten weiter gemeinsam Eigentümer bleiben sollen, empfehlen sich vertragliche Regelungen.

Auch bei der Übertragung der Haushälfte von einem Ehegatten auf den anderen ist eine großzügige Lösung oft sinnvoll, evtl. in Verbindung mit einem Erbvertrag zugunsten der Kinder oder im Rahmen einer Paketlösung.

1. Eigentumslage

Eheleute sind nur dann Miteigentümer, wenn sie beide im Grundbuch eingetragen sind. Ist dagegen nur ein Ehegatte allein im Grundbuch eingetragen, führt die Ehe bzw. die Zugewinngemeinschaft nicht zu gemeinsamem Eigentum!

2. Ermittlung des Wertes des Hauses

Um zu einer Lösung zu kommen, ist zunächst der Wert des Hauses festzustellen.

Bei einem Einfamilienhaus ist der Sachwert maßgebend, der getrennt vom Bodenwert ermittelt wird. Hierunter fällt der Wert der baulichen Anlagen. Der Bodenwert wird im Vergleichswertverfahren ermittelt. Dabei kommt es auf die Veräußerungswerte ähnlicher Grundstücke in gleicher Lage zum Zeitpunkt des Stichtages an. Darüber führen die Gemeinden bzw. die Landratsämter Buch. Dort können beim Gutachterausschuss Richtwerte für die betreffenden Jahre und für vergleichbare Grundstücke erfragt werden.

Bei Eigentumswohnungen spielt der Ertragswert, also die Höhe der Miete, eine Rolle.

Am einfachsten und billigsten ist es, den Wert der Immobilie durch einen Makler feststellen zu lassen. Es kann sich empfehlen, nicht nur einen Makler, sondern zwei oder mehrere zu befragen, um einen Vergleich zu erhalten.

Bei unterschiedlichen Wertvorstellungen gibt es folgende Möglichkeiten:

- Sie beauftragen gemeinsam einen Schätzer, den die Bank vermittelt. Dies ist wesentlich kostengünstiger.

- Beide Ehegatten einigen sich auf ein Wertgutachten eines gerichtlich vereidigten Sachverständigen, das für beide verbindlich ist, und schließen insoweit einen Schiedsgutachtenvertrag ab.

- Sie vereinbaren, dass ein gerichtlich vereidigter Sachverständiger oder der Gutachterausschuss des Landkreises oder der Stadt gemeinsam beauftragt wird, ohne sich an das Gutachten zu binden.

3. Zugewinnausgleichsfragen

Sehr häufig spielt der Wert der Immobilie eine Rolle im Rahmen der Ermittlung von Zugewinnausgleichsansprüchen. Hier ist in der Regel die anwaltliche Beratung nicht zu vermeiden. Schwierig ist es insbesondere dann, wenn ein Ehegatte das Haus geerbt oder von den Eltern übertragen erhalten hat, wenn die Schwiegereltern Geld- oder Arbeitsleistungen für das Haus erbracht haben usw.

Hat ein Ehegatte das Haus in die Ehe eingebracht, wird es zum damaligen Wert ins Anfangsvermögen eingestellt, wobei dieser

Wert noch um die Preissteigerungsrate erhöht wird. Es ist also nicht so, wie Laien vielfach annehmen, dass eine mitgebrachte Immobilie überhaupt nicht in den Zugewinnausgleich fällt. Sie wird vielmehr zweimal eingestellt, einmal ins Anfangsvermögen mit dem damaligen Wert plus Inflationsrate und zum zweiten ins Endvermögen. So kann es sein, dass ein Wertzuwachs in der Ehe eingetreten ist oder auch eine Wertminderung.

4. Miteigentum am Haus wird behalten

Die Eheleute können vereinbaren, das Haus für eine bestimmte Zeitdauer gemeinsam zu behalten und es danach zu verkaufen. Eine solche Regelung wird oft getroffen, wenn ein Ehegatte, insbesondere auch mit gemeinsamen Kindern, weiter im Haus leben will. In einem solchen Fall ist zu regeln, wie die für das Haus anfallenden Kosten umgelegt werden, also wer Zins- und Tilgungsleistungen bezahlt, die verbrauchsunabhängigen Kosten wie Grundsteuer, Gebäudeversicherung und Gebäudehaftpflichtversicherung. Die persönlichen Verbrauchskosten trägt üblicherweise der Ehegatte, der im Haus wohnt. Der Ehegatte, der das Haus nutzt, bekommt entsprechend weniger Unterhalt oder zahlt eine Nutzungsentschädigung. Zu beachten ist auch, dass der im Haus verbleibende Ehegatte wie ein Mieter alleiniger Besitzer ist und der andere Ehegatte sich vorher anmelden sollte, wenn er das gemeinsame Haus betritt. Deshalb überlässt auch der Ehegatte, der ausgezogen ist, dem anderen sämtliche Hausschlüssel.

5. Auseinandersetzung von Hauseigentum

Gemeinschaftlicher Verkauf an einen Dritten

Die Eheleute können das Haus auf dem freien Markt gemeinschaftlich verkaufen und den Erlös teilen. Dabei sollten sie zusammenwirken, da Käufer erfahrungsgemäß Spannungen zwischen den Eheleuten erkennen und ausnützen. Die Beauftragung von Anwälten können sie sich sparen.

Verkauf eines Hälfteanteils an einen Dritten

Denkbar ist auch der Verkauf des Miteigentumsanteils eines Ehegatten an einen Dritten, z. B. die Eltern des anderen Ehegatten, die Kinder oder den neuen Lebenspartner.

Verkauf des Hälfteanteils an den anderen Ehegatten

In vielen Fällen wird diese Lösung den beiderseitigen Interessen am besten gerecht. Allerdings muss der Ehegatte, der den Anteil kaufen will, sich dies wirtschaftlich auch leisten können und insbesondere einen entsprechenden Kredit erhalten bzw. abzahlen können. In manchen Fällen helfen auch Eltern und Verwandte und gewähren zinsgünstige Darlehen. Wenn das Haus hoch belastet ist, ist der Nettowert für den Hälfteanteil relativ niedrig, die laufende monatliche Belastung unter Umständen aber sehr hoch.

In geeigneten Fällen kommt eine Verrechnung mit Gegenforderungen in Betracht. Dies ist z. B. der Fall, wenn die Ehefrau die Haushälfte übernimmt, aber gegen den Ehemann einen Ehegattenunterhaltsanspruch hat. Der Unterhaltsanspruch kann kapitalisiert werden, und die Abfindung kann gegengerechnet werden. Das Gleiche kann auch mit dem Versorgungsausgleich geschehen. Wenn die Ehefrau auf den Versorgungsausgleich ganz oder zum Teil verzichtet, lässt sich auch dieser Verzicht in einen Kapitalbetrag umrechnen, wobei in etwa gilt: 100 Euro zu übertragende monatliche Rentenanwartschaften entsprechen 22 000 Euro Kapitalbetrag.

Eine Verrechnung mit Gegenforderungen aus dem Zugewinnausgleich oder dem Versorgungsausgleich stellt oft die ideale Lösung dar und wird im Rahmen einer Paketlösung typischerweise getroffen.

Kombination mit Erbvertrag

Es gibt Fälle, in denen der Ehegatte, der den Hälfteanteil übernimmt, nicht den vollen Kaufpreis aufbringen kann. Dann einigt man sich oft unter zwei Bedingungen:

- Im Rahmen einer erbvertraglichen Regelung kommt das gemeinsame Haus am Ende den Kindern zugute, und

- wenn der übernehmende Ehegatte das Haus verkauft, muss er dem anderen den Nachlass bezahlen. Dieser Anspruch wird durch eine Grundschuld gesichert.

6. Zuweisung des Hauses an einen Ehegatten durch den Richter

Wenn sich die Ehegatten anlässlich der Scheidung nicht darüber einigen, wer im gemeinsamen Haus weiter wohnen bleibt, entscheidet auf Antrag der Richter über die Besitzverhältnisse. Diese Regelung betrifft nicht das Eigentum, sondern nur die Frage, wer im Haus wohnen bleiben soll. Bei seiner Ermessensentscheidung hat der Richter sämtliche Umstände des Einzelfalls zu berücksichtigen. Dabei spielen die wirtschaftlichen Verhältnisse der Eheleute, die Eigentumsverhältnisse, Alter, Gesundheit usw. eine Rolle. Außerdem muss der Richter dem Ehegatten, dem er das Haus zuweist, die Zahlung einer Nutzungsentschädigung oder Miete an den anderen Ehegatten auferlegen.

7. Übertragung auf gemeinsame Kinder

Eheleute können das Haus auch auf die Kinder übereignen. Dann wird in der Regel ein Nießbrauch für einen der Ehegatten bestellt.

8. Teilungsversteigerung

Ein Ehegatte kann den anderen nicht zwingen, das gemeinsame Haus an Dritte zu verkaufen. Wenn sich die Ehegatten gar nicht darüber einigen können, wie sie das gemeinsame Haus auseinandersetzen, verbleibt als letzte Möglichkeit die Teilungsversteigerung.

Antragsrecht

Jeder Ehegatte kann beantragen, dass die Teilungsversteigerung durchgeführt wird, auch dann, wenn der andere damit nicht einverstanden ist. Der Antrag ist beim Vollstreckungsgericht zu stellen. Nach Eingang des Antrags wird sofort im Grundbuch der Versteigerungsvermerk eingetragen.

Das Verfahren ist mit erheblichen Risiken verbunden. Dieses Verfahren unterscheidet sich auch wesentlich von anderen gerichtlichen Verfahren. Die Besonderheit ist allerdings, dass jeder Ehegatte beim zuständigen Rechtspfleger Antwort auf alle für ihn wichtigen Fragen erhalten kann. Dieses Auskunftsrecht sollte unbedingt in Anspruch genommen werden.

Das Teilungsversteigerungsverfahren ist ein Verfahren, das von Gesetzes wegen vorgesehen ist, um gemeinsames Miteigentum auseinanderzusetzen. Die Erfahrung zeigt allerdings: Die Durchführung eines Teilungsversteigerungsverfahrens kann zu sehr unbilligen Ergebnissen führen. Gemeinsames Vermögen kann verschleudert werden, oder ein Ehegatte kann auf Kosten des anderen Ehegatten ein Schnäppchen machen. Auf die persönlichen Beziehungen der Ehegatten kann sich dieses Verfahren sehr nachteilig auswirken.

9. Verkauf des Hauses bei Alleineigentum

Als Alleineigentümer kann ein Ehegatte grundsätzlich über sein Haus frei verfügen und es an einen Dritten veräußern. Zu prüfen ist aber, ob es sich dabei nicht um das Vermögen »im Ganzen« gemäß § 1365 BGB handelt. In diesem Fall ist die Zustimmung des anderen Ehegatten erforderlich. Wenn dieser nicht zustimmt und die Besorgnis hat, dass seine Belange, insbesondere Zugewinnausgleichsansprüche, gefährdet sind, kann er gegen den Verkauf des Hauses gerichtlich vorgehen und sogar eine einstweilige Verfügung erwirken.

Vermögensauseinandersetzung

Vorbemerkung:
Unter Vermögensauseinandersetzung versteht man die Aufteilung gemeinsamen Vermögens bzw. eventueller Schulden. Die Erfahrung zeigt, dass die Klärung der Probleme auf der Vermögensebene in vielen Fällen die persönlichen Beziehungen der Eheleute sehr entlastet. Dabei empfiehlt es sich, wie auch in anderen Bereichen, eine einvernehmliche Lösung zu finden und die Aufteilung so weit wie möglich selbst vorzunehmen. Vorab sei die Möglichkeit erwähnt, gemeinsame Vermögenswerte trotz Trennung und Scheidung auch in gemeinsamem Eigentum zu behalten.

Wichtig ist die Information, dass die Ehe als solche nur ausnahmsweise zu gemeinsamem Eigentum führt. Dies ist der Fall beim ehelichen Hausrat. Im Übrigen besteht aber auch beim Güterstand der Zugewinngemeinschaft faktisch Gütertrennung, d. h. dass jeder Ehegatte sein eigenes Vermögen hat. Zur Begründung gemeinsamen Vermögens und gemeinsamer Schulden sind entsprechende Verträge notwendig.

1. Bankkonten

Bei Trennung und Scheidung kommt es nicht selten vor, dass ein Ehepartner sämtliche Konten, auf die er Zugriff hat, »plündert«, um sich Vermögenswerte zu sichern. Wenn diese Abhebungen unrechtmäßig erfolgen, besteht Ersatzpflicht.

Einzelkonto

In der Regel hat der andere Ehegatte Kontovollmacht. Gegenüber der Bank gilt die Vollmacht auch nach Trennung und Scheidung weiter, solange sie nicht widerrufen ist. Im Verhältnis der Ehegatten untereinander ist die Vollmacht bei Trennung und Scheidung aber begrenzt. Sie reicht nur so weit, »wie gemeinschaftliche Lebensplanungen bestehen und daraus resultierende Bedürfnisse oder Verbindlichkeiten abzudecken sind«. Der Ehegatte, der nach der Trennung gegen den mutmaßlichen Willen des anderen Geld von dessen Konto unter Ausnutzung der Vollmacht abhebt, macht sich schadensersatzpflichtig und hat daneben eine Herausgabepflicht, auch wenn die Vollmacht nach außen noch besteht.

Dieser Grundsatz gilt auch für Verfügungen, die zwar noch vor dem endgültigen Auszug eines Ehegatten erfolgten, aber bereits zur Finanzierung der Trennung dienen sollen. Auch solche Entnahmen sind zurückzuerstatten.

Anders ist es z. B. dann, wenn es sich um das Gehaltskonto eines Alleinverdieners handelt und der andere Ehegatte aufgrund einer vor der Trennung erteilten Vollmacht weiterhin die für den *Unterhalt* der Restfamilie benötigten Beträge abhebt. Zurückzugeben sind nur solche Beträge, zu deren Abhebung kein Anlass besteht. Daraus folgt, dass der Ehegatte, der die Kontovollmacht hat, jedenfalls nach der Trennung nur die für den laufenden Unterhaltsbedarf notwendigen Beträge abheben darf. Hebt er mehr Geld ab, läuft er Gefahr, Ehegattenunterhaltsansprüche gemäß § 1579 BGB ganz oder teilweise zu verwirken.

Anlässlich der Trennung ist also an den Widerruf der Kontovollmacht zu denken.

Ob und inwieweit der andere Ehegatte darüber informiert wird, ist eine Frage des Einzelfalls. In der Regel erfordert es das Gebot der Höflichkeit, dem anderen Ehegatten den Widerruf der Kontovollmacht mitzuteilen.

Gemeinschaftskonto

Bei einem *Und-Konto* können beide Ehegatten nur gemeinsam verfügen. Beim *Oder-Konto* steht dagegen die Verfügungsbefugnis jedem Kontoinhaber allein zu. Wenn bei Trennung und Scheidung einer der beiden Kontoinhaber mehr als die Hälfte des Guthabens für sich verwendet, ist er ebenfalls grundsätzlich ausgleichspflichtig. Dies gilt auch dann, wenn das Guthaben auf dem gemeinsamen Konto überwiegend aus dem Arbeitseinkommen eines der Ehegatten stammt.

Während der intakten Ehe besteht die Ausgleichspflicht grundsätzlich nicht, es sei denn, ein Ehegatte nimmt missbräuchliche Verfügungen vor.

Für das Geld, das erst nach Scheitern der Ehe auf einem gemeinsamen Konto eingeht, ist anzunehmen, dass es dem Ehegatten zusteht, an den es überwiesen wurde.

Bei Oder-Konten kann eine einseitige Sperre eines Kontoinhabers die Verfügungsbefugnis des anderen in der Regel nicht berühren. Wer Angst hat, der andere Ehegatte könnte mehr als die Hälfte des Kontoguthabens abheben, sollte seinen eigenen Anteil selbst abheben.

Wenn die Gefahr besteht, dass der andere Ehegatte das Konto überzieht, sollte ggf. mit der Bank gesprochen und eine Reduzierung der Kreditlinie vereinbart werden.

Auch hier gilt: Wenn die Abhebungen rechtswidrig und möglicherweise strafbar sind, ist die Gefahr gegeben, dass der Ehegatte seine Ehegattenunterhaltsansprüche ganz oder teilweise verwirkt, dem hier ein Fehlverhalten vorgeworfen werden kann.

2. Sparbücher

Sparbücher werden häufig von einem Ehegatten auf den Namen des anderen oder auf den Namen eines gemeinsamen Kindes errichtet. Bei Sparbüchern kann dabei nicht ohne weiteres davon ausgegangen werden, dass Gläubiger der im Sparbuch verbrieften Forderung ausschließlich der jeweilige Kontoinhaber ist. Typisch ist, dass ein Sparkonto auf einen fremden Namen eröffnet wird, z. B. auf den Namen der Kinder. Entscheidend ist die jeweilige Willensrichtung desjenigen, der das Konto eröffnet hat. Diese Absicht kann aus dem Kontoeröffnungsantrag erschlossen werden, unter Umständen auch aus dem Besitz des Sparbuchs. Es empfiehlt sich daher, zuerst den Kontoeröffnungsantrag einzusehen.

3. Bausparverträge

Hat ein Ehegatte Leistungen auf den Bausparvertrag des anderen Ehegatten erbracht, liegt eine sogenannte ehebezogene Zuwendung vor. Eine solche Zuwendung wird beim Scheitern der Ehe in erster Linie im Rahmen des Zugewinnausgleichs ausgeglichen. Sollte es ausnahmsweise keine Zugewinnausgleichsansprüche geben, kann ein Anspruch auf Rückzahlung nach den Regeln des Wegfalls der Geschäftsgrundlage in Betracht kommen.

Bei gemeinsamen Bausparverträgen kann im Fall der Trennung ein Ehegatte vom anderen verlangen, dass dieser bei der Kündigung des Bausparvertrags und der Rückzahlung und Aufteilung des Bausparguthabens mitwirkt. Daneben ist auch eine Aufteilung des Bausparvertrags in zwei Bausparverträge möglich.

4. Wertpapierdepots

Grundsätzlich sind Wertpapierdepots genauso zu behandeln wie Geldkonten. In der Regel ist der Ehegatte Eigentümer der im Depot verwahrten Wertpapiere, auf dessen Namen das Depot lautet.

Beim Gemeinschaftsdepot sind die Eheleute der Bank gegenüber Gesamtgläubiger. Für die internen Eigentumsverhältnisse muss ermittelt werden, wer zum Zeitpunkt der Anschaffung Eigentümer werden sollte. Hat ein Ehegatte die Wertpapiere ausgesucht, von seinem Geld bezahlt und wollte er den späteren Erlös ausschließlich für sich verwenden, ist anzunehmen, dass er trotz des Gemeinschaftsdepots Alleineigentümer wurde.

Wurden die Wertpapiere dagegen für den gemeinsamen Lebensabend erworben bzw. für ein Familienheim, ist davon auszugehen, dass der Auftraggeber *Miteigentum* für den anderen Ehegatten erwerben wollte.

Die Aufteilung erfolgt dann durch Teilung in Natur oder durch Verkauf und Teilung des Erlöses.

5. Aufteilung von Miteigentum

Grundsätzlich haben beide Ehegatten getrenntes Vermögen, sowohl im gesetzlichen Güterstand der Zugewinngemeinschaft als auch in dem der Gütertrennung. Dennoch ist es aber möglich, dass sie Miteigentum begründen. Beim Hausrat ist dies normalerweise so, bei Immobilien ergibt es sich aus dem Grundbuch. Können sich die Ehegatten über die Auseinandersetzung des Miteigentums nicht einigen, so gibt es die Möglichkeit der Teilungsversteigerung.

6. Ausgleich gemeinsamer Schulden

Jeder Ehegatte haftet für die von ihm allein eingegangenen Verbindlichkeiten auch allein. Es ist also überflüssig, beim Notar Gütertrennung zu vereinbaren, um eine Mithaftung auszuschließen. Eine Mithaftung ist aber gegeben, wenn im Rahmen eines Kreditvertrags oder einer Bürgschaft eine vertragliche Haftung gegenüber der Bank übernommen wird. Es kann allerdings sein, dass eine solche Mithaftung für den Kredit des anderen Ehegatten ausnahmsweise sittenwidrig und damit nichtig ist. Dies ist der Fall, wenn z. B. die Ehefrau, die kein nennenswertes eigenes Einkommen hat, unter Ausnutzung ihrer Unerfahrenheit für einen größeren Geschäftskredit die Mithaftung übernimmt.

Auch dem Finanzamt gegenüber haften Eheleute bei Zusammenveranlagung von Gesetzes wegen als Gesamtschuldner gemäß § 44 AO. Jeder Ehegatte kann aber beim Finanzamt Aufteilung beantragen und damit die Mithaftung ausschließen (vgl. S. 307 ff.).

Auch aus einem Mietvertrag ergibt sich in der Regel eine gesamtschuldnerische Mithaftung, wenn der Vertrag von beiden Eheleuten unterzeichnet wurde.

Bei Trennung und Scheidung ist es wichtig, dass im Hinblick auf gemeinsame Schulden eine Regelung getroffen wird.

Auch wenn die Schulden nach außen hin gemeinsam sind, ist im Innenverhältnis zu entscheiden, wer die gemeinsamen Schulden im Verhältnis der Eheleute untereinander zu tragen hat. Es gibt den Grundsatz: Gemäß § 426 Abs. 1 BGB sind die Gesamtschuldner im Verhältnis zueinander zu *gleichen Anteilen* verpflichtet, »soweit nicht ein anderes bestimmt ist«. Ein anderer Maßstab kann sich aus sogenannten »stillschweigend geschlossenen Abreden« ergeben. Diese Abreden haben nicht den Charakter eines Vertrages, sondern werden anhand konkreter Umstände, insbesondere der Einkommensverhältnisse, ermittelt.

Für die Zeit bis zum Scheitern der Ehe gibt es in der Regel keinen Ausgleichsanspruch. Dies gilt insbesondere dann, wenn in einer Alleinverdienerehe der erwerbstätige Partner alle Verbindlichkeiten allein getragen hat. Wenn die Ehe gescheitert ist, entsteht dagegen grundsätzlich der Ausgleichsanspruch. Dies gilt nicht nur für Familienwohnheime, sondern auch für sonstige Darlehensschulden. Wer das im Miteigentum stehende Anwesen für sich allein als Wohnung oder Gewerbe nutzt, trägt allerdings auch die Lasten weiterhin allein. Der Umstand allein, dass ein Ehegatte nicht leistungsfähig ist, kann die Entstehung der Ausgleichspflicht nicht hindern.

Wurde eine Belastung ausschließlich im Interesse eines Ehegatten eingegangen, hat dieser nach Scheitern der Ehe die Belastungen allein zu tragen. Dies gilt vor allem für gemeinsame Schulden bei Hausgrundstücken, die im Alleineigentum eines Ehegatten stehen.

Rechnet ein Ehegatte bei der Ermittlung seines Zugewinns den gesamten Schuldbetrag zu den Verbindlichkeiten des Endvermögens, enthält dies die stillschweigende Zusicherung, dass diese Schulden im Innenverhältnis von ihm allein getragen werden sollen.

Da das Scheitern der Ehe häufig das Kriterium für den Ausgleichsanspruch ist, muss hier ein Stichtag festgelegt werden. Dies ist in der Regel der Tag, an dem der eine Ehegatte mit seinen persönlichen Sachen aus der gemeinsamen Wohnung ausgezogen ist. Steht damit die Trennung noch nicht eindeutig fest, ist auf den Tag abzustellen, an dem der Scheidungsantrag zugestellt wird.

Gesamtschuldnerausgleich und Unterhalt

Schuldet der ausgleichsberechtigte Ehegatte Unterhalt, gilt der Vorrang der Unterhaltsberechnung. Zins- und Tilgungszahlungen aus in der Ehe entstandenen Verbindlichkeiten werden dann vor der Unterhaltsberechnung vom Einkommen des Verpflichteten abgezogen und vermindern dadurch den geschuldeten Unterhalt. Damit wird der andere Ehegatte auf diesem indirekten Weg über die Unterhaltskürzung an der Tilgung der gemeinsamen Schulden beteiligt. Ein weiterer Ausgleich ist dann nicht mehr zulässig. Dies gilt für alle gemeinsamen Verbindlichkeiten.

7. Ansprüche aus Vermögensverwaltung

Jeder Ehegatte kann dem anderen sein Vermögen zur Verwaltung überlassen. Dies geschieht durch einen schuldrechtlichen Vertrag, der auch durch schlüssiges Verhalten zustande kommen kann.

Wer im Rahmen der ehelichen Lebensgemeinschaft dem Partner alle finanziellen Angelegenheiten überlässt, kann Schadenersatz, wenn kein Verwaltervertrag vorliegt, nur dann verlangen, wenn es gelingt, dem anderen Veruntreuung oder Unterschlagung nachzuweisen. Bleibt unklar, wo das Vermögen geblieben ist, schuldet der verwaltende Ehegatte keinen Ersatz. Bei einem förmlichen Verwaltervertrag kann es Ersatzansprüche geben.

8. Ausgleich von Mitarbeit im Geschäft oder Beruf des anderen Ehegatten

a) Ausgleich über die Ehegatten-Innengesellschaft

Arbeitet ein Ehegatte im Geschäftsbetrieb des anderen mit, so kann darin der stillschweigende Abschluss eines Gesellschaftsvertrags gesehen werden. Wird der Geschäftsbetrieb nach außen allein auf den Namen eines Ehegatten geführt, handelt es sich um eine Innen-Gesellschaft.

Haben die Ehegatten über Jahre hinweg planvoll und zielstrebig am Aufbau ihres Vermögens mitgearbeitet, um daraus weiteres Vermögen zu bilden und von den Erträgen zu leben, liegt die Annahme einer Ehegatten-Innengesellschaft zwischen Ehegatten nahe.

Erforderlich ist ein schlüssig geschlossener Vertrag. Maßgebend sind Planung, Umfang und Dauer der Vermögensbildung und Absprachen über die Verwendung und Wiederanlage des Vermögens.

Der mitarbeitende Ehegatte kann dann einen Ausgleichsanspruch haben, der auf Zahlung eines Auseinandersetzungsguthabens gerichtet ist.

Beim gesetzlichen Güterstand der Zugewinngemeinschaft kann eine Ehegatten-Innengesellschaft allerdings nur in seltenen Fällen angenommen werden, weil in der Regel schon die Vorschriften über den Zugewinnausgleich zu einem sachgerechten Ausgleich führen. Nur wenn feststeht, dass der güterrechtliche Ausgleich zu einem untragbaren Ergebnis führt, können die Regeln der Ehegatten-Innengesellschaft zum Zuge kommen.

b) Arbeitsvertrag

Unproblematisch sind die Fälle, in denen ein Ehegatte die Arbeitsleistung für den anderen im Rahmen eines Arbeitsvertrags erbringt. Dann richtet sich der Vergütungsanspruch nach den Vereinbarungen im Arbeitsvertrag.

c) Ausgleichsanspruch wegen Wegfalls der Geschäftsgrundlage

Typisch in der Praxis sind Fälle, in denen ein Ehegatte ohne Abschluss eines förmlichen Arbeitsvertrags mit festem Entgelt im Betrieb des anderen mitarbeitet, z. B. in der Arztpraxis, im Handwerksbetrieb oder im Ladengeschäft. Scheitert die Ehe, stellt sich die Frage nach einem Ausgleichsanspruch. Ein arbeitsrechtlicher Anspruch ist nicht gegeben. Ein Anspruch nach den Grundsätzen über den Wegfall der Geschäftsgrundlage kann gegeben sein. Dieser kommt jedoch nur dann in Betracht, wenn erhebliche Arbeitsleistungen vorliegen und eine angemessene Vergütung über den Zugewinnausgleich nicht in Betracht kommt. Weiter ist Voraussetzung, dass es sich nicht um Leistungen handelt, die im Rahmen der Unterhaltspflicht oder der gegenseitigen Beistandspflicht unter Eheleuten geschuldet sind. Außerdem muss die geleistete Arbeit zu einer *Vermögensmehrung* beim anderen Ehegatten geführt haben, die beim Scheitern der Ehe noch vorhanden sein muss.

9. Zuwendungen unter Ehegatten

Typisch sind Zuwendungen unter Ehegatten. Dafür kann es verschiedene Gründe geben. Ein Motiv ist, dadurch die wirtschaftliche Grundlage der Familie zu sichern oder das Familienheim zu finanzieren. Häufig ist ein Motiv für eine solche Zuwendung auch, das Vermögen für den Fall zu sichern, dass ein Ehegatte in wirtschaftliche Schwierigkeiten gerät. Wird das Vermögen rechtzeitig auf den anderen Ehegatten übertragen, gehen die Gläubiger leer aus. Typische Fälle sind:

- Ein Ehegatte gibt dem anderen Geld als Startkapital für ein Unternehmen. Ein Darlehensvertrag liegt in aller Regel nicht vor.

- Ein Ehegatte gibt dem anderen Geld zur Einzahlung auf einen Bausparvertrag.

• Beide Ehegatten erwerben mit wenig Eigenkapital ein Wohn-
  haus zum Miteigentum. Der alleinverdienende Ehegatte zahlt
  Zins und Tilgung, was bei dem anderen Ehegatten zu einer Vermögensbildung führt.

Man spricht von einer *ehebezogenen Zuwendung*, wenn im Vor-
dergrund der Zuwendung Sicherungs- und Ausgleichsbedürfnisse
im Rahmen der ehelichen Lebensgemeinschaft stehen. Die Zuwendung erfolgt um der Ehe willen und als Beitrag zur Verwirk-
lichung, Erhaltung, Ausgestaltung und Sicherung der ehelichen
Lebensgemeinschaft.

Derartige Zuwendungen der Ehegatten sind im Zweifel nicht
als Schenkung zu behandeln, für deren Widerruf andere, geson-
derte Vorschriften gelten.

Rückgewähr einer ehebezogenen Zuwendung

Bei Gütertrennung kann eine ehebezogene Zuwendung zurück-
verlangt werden, wenn nach den Regeln des Wegfalls der Geschäftsgrundlage infolge des Scheiterns der Ehe die Aufrecht-
erhaltung des durch die einseitige Zuwendung eines Ehegatten
geschaffenen Vermögenszustands ist, für den zuwendenden Ehegatten *unzumutbar* ist. Für die Frage der Unzumutbarkeit gelten
eher strenge Maßstäbe.

Beim gesetzlichen Güterstand gilt in der Regel der Vorrang des
Zugewinnausgleichsrechts, d. h., die güterrechtlichen Ausgleichs-
ansprüche haben Vorrang vor den Ansprüchen wegen Wegfalls
der Geschäftsgrundlage.

Typisch ist der Fall, dass ein Ehegatte dem anderen die Haushälfte zugewendet hat. Dann beträgt der Zugewinnausgleichsanspruch maximal die Hälfte dieser Zuwendung, so dass dem Empfänger der Zuwendung letztlich die andere Hälfte verbleibt. Dies

wird von den Gerichten nicht als unbillig angesehen. Im Übrigen gilt auch hier wie bei der Gütertrennung: Das Ergebnis, zu dem der Zugewinnausgleich unter Einbeziehung der Zuwendung führen würde, muss unangemessen und unzumutbar sein.

Der Ausgleich erfolgt in der Regel durch eine Geldzahlung, nicht etwa durch Rückgewähr des zugewendeten Gegenstandes. Die Gewähr des Ausgleichsanspruchs hängt von den besonderen Umständen des Einzelfalls ab:

- Art und Umfang der erbrachten Leistung;

- Höhe der dadurch bedingten und noch vorhandenen Vermögensmehrung;

- Einkommens- und Vermögensverhältnisse der Parteien;

- Dauer der Ehe bis zur Trennung;

- Alter der Parteien zum Zeitpunkt der Scheidung.

Allgemein kann gesagt werden, dass die Ermittlung und Durchsetzung dieser Ansprüche wesentlich schwieriger und oft auch arbeitsaufwendiger ist als die Ermittlung von Zugewinnausgleichsansprüchen, für die es klare gesetzliche Regelungen gibt.

Ehewohnung, Hausrat, Auto

I. Ehewohnung

Unter Ehewohnung sind die Räume zu verstehen, die die Ehegatten zum Wohnen benutzen oder gemeinsam bewohnt haben. Dies kann eine Wohnung, ein Haus oder ein Wohnwagen sein. Nicht unter Ehewohnung fallen Ferienwohnungen.

a) Zuweisung bei Trennung

Leben die Ehegatten getrennt, oder will einer von ihnen getrennt leben, so kann gemäß § 1361 b BGB ein Ehegatte verlangen, dass ihm der andere die Ehewohnung oder einen Teil vorläufig zur alleinigen Benutzung überlässt, soweit dies notwendig ist, um eine *unbillige Härte* zu vermeiden. Eine solche unbillige Härte setzt einiges voraus, z. B. körperliche Gewalt oder Randalieren unter Alkohol. Nur wenn keine weiteren Verletzungen und Drohungen zu befürchten sind, ist der Anspruch ausgeschlossen. Der Verletzer muss beweisen, dass er in Zukunft Wohlverhalten an den Tag legt. Er muss trotzdem ausziehen, wenn dem verletzten Ehegatten das weitere Zusammenleben wegen der Schwere der Verletzungen nicht mehr zugemutet werden kann. In Betracht kommen kann auch eine Teilung der Wohnung, insbesondere bei einem Haus. Sie kommt dann nicht in Betracht, wenn die Spannungen zwischen den Ehegatten so groß sind, dass ein erträgliches Miteinander in gemeinschaftlich zu benutzenden Räumen nicht mehr möglich ist.

Wer sich auf die unbillige Härte beruft, muss Zeit, Ort und Umstände der Vorfälle, auf denen die unbillige Härte beruht, genau bezeichnen und beweisen. Bei Verletzungen sind ärztliche Atteste vorzulegen. Die Wohnungszuweisung kann auch dann noch in Betracht kommen, wenn ein Ehegatte bereits ausgezogen ist, sofern sich diese Regelung als untragbar erwiesen hat. Der Ehegatte, der ausgezogen ist, muss allerdings innerhalb von sechs Monaten die Rückkehr betreiben. Die Eigentumsverhältnisse an der Ehewohnung sind bei dieser Entscheidung zu berücksichtigen. Wurde der Eigentümer der Wohnung verletzt, gelten weniger strenge Maßstäbe.

Einstweilige Anordnung

Ist ein Ehegatte verpflichtet, dem anderen die Ehewohnung oder einen Teil zur Benutzung zu überlassen, kann er vom anderen eine Vergütung für die Benutzung verlangen, soweit dies der Billigkeit entspricht. Dabei spielt die Frage des Ehegattenunterhalts eine Rolle. Wenn ein Unterhaltsanspruch besteht, hat der Unterhalt Vorrang.

Eine schnelle Regelung bei gravierenden Verletzungen kann herbeigeführt werden, wenn eine *einstweilige Anordnung* beantragt wird. Dann muss ein entsprechender Sachverhalt vorgetragen und durch eidesstattliche Versicherung glaubhaft gemacht werden.

Das Familiengericht bestimmt dann relativ schnell einen Termin zur mündlichen Verhandlung, und die Aussichten, dass in diesem Termin eine Regelung getroffen wird, sind sehr gut. Meist wird dann vereinbart, dass der betreffende Ehegatte auszieht.

Zusätzlich gibt es einen Rechtsschutz, wenn ein Ehegatte mit körperlicher Gewalt gegen den anderen vorgeht, nach dem *Gewaltschutzgesetz*. Dann kann sogar die Polizei einen Platzverweis anordnen, und dieser wird sofort wirksam. Außerdem kann ebenfalls eine einstweilige Anordnung bei Gericht beantragt werden. Einem solchen Antrag wird in der Regel innerhalb von drei Tagen – meist ohne mündliche Verhandlung – stattgegeben.

b) Zuweisung der Ehewohnung bei der Scheidung

Hier spielt das Eigentum eine wesentliche Rolle.

Befindet sich die Ehewohnung in einem Haus, das einem Ehegatten allein gehört, so soll der Richter gemäß § 3 HausratsVO dem anderen Ehegatten (Nichteigentümer) die Wohnung nur zuweisen, wenn dies zur Vermeidung einer unbilligen Härte für den anderen Ehegatten notwendig ist. Dies wird z. B. angenommen, wenn im Haus die Praxis oder ein Gewerbebetrieb angesiedelt sind, die nicht verlegt werden können. In diesem Fall begründet der Richter zugunsten des betreffenden Ehegatten ein Mietverhältnis und setzt die Höhe der Miete fest. Entsprechende Grundsätze gelten auch, wenn ein Haus oder eine Wohnung im Miteigentum beider Parteien steht.

Handelt es sich bei der Wohnung um eine *Mietwohnung*, so kann der Richter im Rahmen des Scheidungsverfahrens nach billigem Ermessen bestimmen, dass das Mietverhältnis von einem Ehegatten allein fortgesetzt wird oder dass ein Ehegatte anstelle des anderen in das Mietverhältnis eintritt. Auf das Einverständnis des Vermieters kommt es dann nicht an.

Der Richter kann also im Weg eines Hoheitsaktes das Mietverhältnis neu regeln, und zwar auch mit Wirkung gegenüber dem Vermieter. Der Vermieter ist an diese Entscheidung gebunden. Er ist allerdings am Verfahren zu beteiligen, doch ist sein Widerspruch grundsätzlich unerheblich.

Oft liegt es im Interesse des ausziehenden Ehegatten, aus dem Mietverhältnis entlassen zu werden. Stimmt der Vermieter dem nicht zu, so kann im Rahmen der Scheidung beantragt werden, dass die Wohnung allein dem verbleibenden Ehegatten zugewiesen wird. Dann scheidet der Ausziehende aus dem Mietverhältnis aus und wird von seinen entsprechenden Verpflichtungen frei.

Der Ehegatte, der ausziehen muss und dem dadurch Kosten entstehen, kann vom Familienrichter unter Umständen eine Ausgleichszahlung zuerkannt erhalten, wenn ihm Kosten entstehen, wie z. B. für Umzug, Aufwendungen für die neue Wohnung oder erbrachte Investitionen in der alten Wohnung.

Die Zuweisung der Wohnung kann im Rahmen des Scheidungsverbundes, aber auch erst nach der Scheidung beantragt werden.

2. Hausrat

Zum Hausrat gehören alle Gegenstände, die nach den Lebensverhältnissen der Ehegatten für die Wohn- und Hauswirtschaft bestimmt sind: Wohnungseinrichtung, Geschirr, Wäsche, Radio- und Fernsehgeräte, Bücher, soweit nicht Fachbücher, Gartenmöbel, Musikinstrumente, Haustiere, Wohnwagen.

Ein Auto ist Hausrat, sofern es zum Einkaufen, Schulbesuch, zu Wochenendfahrten benutzt wird und nicht überwiegend für die beruflichen Zwecke eines Ehegatten.

Nicht zum Hausrat gehört, was zur Berufsausübung eines Ehegatten notwendig ist sowie Gegenstände, die zur Kapitalanlage und nicht für Haushaltszwecke angeschafft wurden wie z. B. Gemälde, kostbare Teppiche, Antiquitäten. Entscheidend sind aber der Lebenszuschnitt der Ehegatten und die Benutzung.

Nicht zum Hausrat gehören Gegenstände, die zum persönlichen Gebrauch für den Ehegatten bestimmt sind, wie Kleidung, Schmuck, Sammlungen.

Kein Hausrat sind eingebaute Gegenstände, die als Bestandteil des Hauses oder der Wohnung gedacht waren, wie Einbaumöbel. Bei Einbauküchen kommt es darauf an, ob sie ohne großen Kostenaufwand ausgebaut und woanders aufgestellt werden können. In diesem Fall gehören sie zum ehelichen Hausrat!

Leben die Ehegatten getrennt, so kann gemäß § 1361 a BGB jeder von ihnen die ihm gehörenden Hausratsgegenstände von dem anderen zur *vorläufigen Benutzung* herausverlangen. Hausratsgegenstände, die den Ehegatten gemeinsam gehören, werden zwischen ihnen aufgeteilt.

Der Ehegatte, dem für die Zeit der Trennung der dem anderen Ehegatten gehörende Pkw zum Gebrauch zugewiesen wird, ist als Halter verpflichtet, die Haftpflichtversicherung für das Fahrzeug abzuschließen.

Wenn ein Ehegatte auszieht und neuen Hausrat anschafft, sollte er die Hausratversicherung neu abschließen.

Gemeinsamer Hausrat

Grundsätzlich ist der während der Ehe angeschaffte Hausrat gemeinsam und steht im Eigentum beider Ehegatten. Dabei spielt es keine Rolle, welcher Güterstand besteht. Hier gilt die gesetzliche Vermutung, dass die Gegenstände gemeinsames Eigentum sind. Der gemeinsame Hausrat soll vom Richter gerecht und zweckmäßig verteilt werden. Wenn ein Ehegatte Alleineigentum behaupten will, dann trägt er hierfür die Beweislast. Keine Rolle spielt es in der Regel, wer die Hausratsgegenstände bezahlt hat. Das Gleiche gilt für geschenkte Gegenstände. Sie werden nach den Grundsätzen der Billigkeit verteilt (Familienandenken).

Hausrat als Alleineigentum

Im Alleineigentum eines Ehegatten stehender Hausrat verbleibt grundsätzlich beim Eigentümer. Dazu gehören auch Gegenstände, die als Ersatz für nicht mehr vorhandene oder wertlos gewordene Hausratsgegenstände eines Ehegatten später aus gemeinsamen Mitteln angeschafft worden sind. Nur ausnahmsweise können diese Gegenstände dem anderen Ehegatten zugewiesen werden, wenn dieser auf die Weiterbenutzung angewiesen ist.

Nach der Trennung angeschaffter Hausrat wird nicht nach der Hausratsverordnung aufgeteilt, sondern unterliegt dem Zugewinnausgleich.

Aufteilung des Hausrats

Grundsätzlich wird der Hausrat von den Ehegatten bzw. notfalls vom Richter in der Weise aufgeteilt, dass beide Ehegatten wertmäßig das Gleiche erhalten. Sie werden dann Alleineigentümer der zugeteilten Gegenstände.

Erhält ein Ehegatte mehr als der andere, kann dem anderen von Amts wegen eine Ausgleichszahlung zugebilligt werden.

Eigenmächtige Hausratsaufteilung

Es gibt Fälle, in denen dem ausziehenden Ehegatten zu empfehlen ist, seinen Teil des Hausrats beim Auszug gleich mitzunehmen. Dies schafft zwar Ärger, und es sollte sorgfältig überlegt werden, ob dadurch nicht das Scheidungsverfahren insgesamt belastet wird. Es gibt jedoch Fälle, in denen der zurückbleibende Ehegatte die in der Wohnung zurückgelassenen Hausratsgegenstände verkauft oder verschwinden lässt und damit die Hausratsaufteilung vereitelt.

Wer auszieht, sollte allerdings stets seine persönlichen Gegenstände, die nicht zum Hausrat gehören, mitnehmen.

Hausrat und Zugewinnausgleich

Der eheliche Hausrat ist nicht im Rahmen des Zugewinnausgleichs beim Endvermögen zu berücksichtigen. Hier ist die Verteilung nach der Hausratsverordnung vorrangig. Streit besteht darüber, ob der von einem Ehegatten in die Ehe eingebrachte

Hausrat in sein Anfangsvermögen zu rechnen ist, also seinen Zugewinn mindern würde. Die Gerichte entscheiden hier unterschiedlich. Teilweise wird der Hausrat zum Anfangsvermögen gerechnet, was für den jeweiligen Ehegatten vorteilhaft ist. Hat der andere Teil Hausrat allein oder zum überwiegenden Teil eingebracht, kann man ihm entgegenhalten, dass der Hausrat nicht zum Anfangsvermögen rechnen würde. Im Übrigen ist es in der Regel sehr schwierig, den Wert der mit in die Ehe gebrachten Hausratsgegenstände noch überzeugend darzulegen bzw. zu beweisen. In der Regel fällt daher der eingebrachte Hausrat bei der Zugewinnausgleichsberechnung »unter den Tisch«.

Einvernehmliche Hausratsverteilung

Zur Vorbereitung einer einvernehmlichen Hausratsverteilung sollte ein »Hausratsverzeichnis« erstellt werden. Jeder Ehegatte sollte die Liste unabhängig vom anderen erstellen und die aktuellen Zeitwerte eintragen. Dann sollten beide Ehegatten versuchen, anhand dieser Aufstellung eine wertmäßig gleiche und gerechte Aufteilung des Hausrats durchzuführen. Vielen Ehegatten gelingt dies allein, und gegebenenfalls kann ein neutraler Dritter (Mediator oder gemeinsamer Freund) eingeschaltet werden.

Es gibt noch besondere Methoden, um zu einer einvernehmlichen Aufteilung des Hausrats zu kommen:

Der gesamte Hausrat wird von einem der Ehegatten oder einem Dritten in zwei wertmäßig gleiche Teile aufgeteilt, und der andere hat dann ein Wahlrecht.

Eine andere Möglichkeit ist, dass nach der Aufteilung in zwei gleiche Teile das Los entscheidet.

3. Das Auto in der Scheidung

Bei Trennung und Scheidung von Ehepaaren spielt die Frage, wer das gemeinschaftliche Auto übernimmt bzw. wie die Autos aufgeteilt werden sollen, häufig eine große Rolle. Für die Frage der rechtlichen Zuordnung ist entscheidend, ob das Fahrzeug zum ehelichen Hausrat gehört oder nicht.

a) Hausrat oder Zugewinnausgleich

Nach der Rechtsprechung des Bundesgerichtshofs ist ein Personenkraftfahrzeug nur ausnahmsweise und nur dann Hausratsgegenstand, wenn es von den Ehegatten gemeinschaftlich zum Zwecke der Haushalts- und privaten Lebensführung genutzt wird, also zum Einkaufen und für gemeinsame Freizeitinteressen. Besitzt jeder Ehegatte ein Fahrzeug, fehlt es in der Regel an dieser Voraussetzung. Ist nur ein Fahrzeug vorhanden, kann dieses zum Hausrat gehören, auch wenn es von einem Ehegatten teilweise beruflich genutzt wird.

Gehört das Auto zum Hausrat, dann wird es zusammen mit den anderen Hausratsgegenständen aufgeteilt. Übrigens kann beim gesetzlichen Güterstand der Zugewinngemeinschaft ein Ehegatte nicht ohne Zustimmung des anderen über Hausratsgegenstände verfügen.

b) Nicht zum Hausrat gehörender PKW

Gehört der PKW einem Ehegatten allein, fällt er in sein Endvermögen und wird im Rahmen des Zugewinnausgleichs berücksichtigt. Maßgebend ist dann der Verkehrswert am Stichtag. Dieser Wert wird gegebenenfalls von einem Sachverständigen ermittelt.

Sind beide Ehegatten Miteigentümer eines nicht zum Hausrat gehörenden PKW, empfiehlt sich, wie bei anderen Gegenständen, entweder der Verkauf an Dritte und Aufteilung des Erlöses oder die Übernahme durch einen Ehegatten gegen Wertersatz.

4. Schadenfreiheitsrabatt

Häufig hat die Ehefrau jahrelang das Auto benutzt. Es war aber auf den Ehemann zugelassen und über ihn versichert. Bei einem günstigen Schadensverlauf ohne Verkehrsunfälle reduziert sich die Kfz-Haftpflichtversicherung erheblich, da sich der sogenannte Schadenfreiheitsrabatt auswirkt. Der Ehegatte, über den die Versicherung nicht gelaufen ist, ist bei Trennung sehr daran interessiert, den Schadenfreiheitsrabatt zu erhalten. Andernfalls müsste er, wenn er eine Kfz-Haftpflichtversicherung neu abschließt, zu den sehr ungünstigen Anfängertarifen einsteigen.

Der Schadenfreiheitsrabatt kann abgetreten werden. Der Übertragende verliert ihn dann allerdings. Eine freiwillige Übertragung ist möglich.

In letzter Zeit haben Gerichte entschieden, dass ein Anspruch auf die Übertragung des Schadenfreiheitsrabatts besteht (FamRZ 2007, Seite 146). Voraussetzung ist, dass der Anspruchsteller den PKW während der Ehe allein benutzt hat, was dieser im Zweifel zu beweisen hat.

Versorgungsausgleich

Vorbemerkung:

Bedeutung und Tragweite des Versorgungsausgleichs sind bei einer Scheidung für die Ehegatten erfahrungsgemäß sehr schwer zu überblicken.

Der Versorgungsausgleich kann im Rahmen einer Scheidungsvereinbarung, insbesondere einer Paketlösung, eine wichtige Rolle spielen.

In vielen Fällen ist allerdings die gesetzliche Regelung für beide Ehegatten passend, und es ist kein Bedarf gegeben, eine individuelle Vereinbarung zu treffen.

Vereinbarungen kommen in Frage, wenn eine Verrechnung des Versorgungsausgleichs mit Gegenforderungen aus Zugewinnausgleich und Unterhaltsabfindung Sinn macht.

Vorab wird auf Folgendes hingewiesen:

Der Versorgungsausgleich unterbleibt (zunächst), wenn der Ausgleichspflichtige zum Zeitpunkt der Rechtskraft der Scheidung bereits Rente bezieht (Rentnerprivileg).

Er unterbleibt ferner oder kann rückgängig gemacht werden, wenn der Ausgleichspflichtige Ehegattenunterhalt zahlt.

2. Grundgedanke des Versorgungsausgleichs

Dem während der Ehe weniger oder nicht verdienenden Ehegatten, insbesondere der Hausfrau, soll ein gerechter Anteil der Altersversorgung zukommen.

Es werden die in der Ehezeit erworbenen Anwartschaften in der Weise ausgeglichen, dass dem Ehegatten ohne oder mit niedrigeren Anwartschaften als Ausgleich ein Anspruch auf die Hälfte des Wertunterschieds zusteht.

3. Gegenstand des Versorgungsausgleichs

Dem Versorgungsausgleich unterliegen:

- Renten- und Rentenanwartschaften aus der gesetzlichen Rentenversicherung;

- Anwartschaften auf Versorgung aus öffentlich-rechtlichen Dienstverhältnissen z. B. Beamtenpensionen;

- Betriebsrenten, Pensionskassen, Unterstützungskassen, Direktversicherungen durch den Arbeitgeber, soweit noch kein Kapitalwahlrecht ausgeübt worden ist;

- berufsständische Versorgungen, Versorgungen von Rechtsanwälten und Ärzten, Zusatzversorgungen im öffentlichen Dienst;

- Renten aus privaten Versicherungsverträgen.

Dem Versorgungsausgleich unterliegen nicht:

- Kapitallebensversicherungen bei privaten Versicherungsunternehmen, auch wenn sie mit einem Rentenwahlrecht gekoppelt sind.
  Sie gehören in den Zugewinnausgleich.

- Kapitallebensversicherungen mit Rentenwahlrecht fallen allerdings dann in den Versorgungsausgleich, wenn das Rentenwahlrecht bis zum Eintritt der Rechtshängigkeit des Scheidungsantrags ausgeübt worden ist.

• Private Rentenversicherungen unterliegen auch dann nicht dem Versorgungsausgleich, wenn bis zur Rechtskraft der Scheidung ein Kapitalwahlrecht ausgeübt worden ist.

Die maßgebliche Ehezeit endet mit dem Beginn des Monats, der der Zustellung des Scheidungsantrags vorausgeht.

4. Durchführung des Versorgungsausgleichs

Öffentlich-rechtlicher Versorgungsausgleich
Grundsätzlich wird der Wertausgleich so vollzogen, dass Rentenanwartschaften von einem Rentenkonto auf das andere umgebucht werden.

a) Rentensplitting
In den meisten Fällen werden Rentenanwartschaften vom Konto bei der gesetzlichen Versicherung abgebucht (Rentensplitting).

b) Quasi-Splitting
Beamtenpensionen werden entsprechend gekürzt und in gleicher Höhe Rentenanwartschaften auf einem Rentenkonto gutgeschrieben.

5. Einzahlungspflicht

Bei privaten Lebensversicherungen oder Betriebsrenten kann zur Begründung einer Anwartschaft vom Familiengericht angeordnet werden, dass der Ausgleichspflichtige Beiträge in die gesetzliche Rentenversicherung einzuzahlen hat. Dies ist aber nur möglich, wenn die Einzahlungsverpflichtung dem Ausgleichspflichtigen wirtschaftlich zumutbar ist, was in der Regel nicht der Fall ist.

Hier kommt auch eine Vereinbarung in Betracht, wonach anstelle einer unwirtschaftlichen Einzahlung in die gesetzliche Rentenversicherung eine Zahlung in eine private Rentenversicherung geleistet wird.

6. Schuldrechtlicher Versorgungsausgleich

Ein schuldrechtlicher Versorgungsausgleich findet nur auf Antrag statt, soweit der öffentlich rechtliche Versorgungsausgleich nicht möglich ist. Dies ist z. B. bei Betriebsrenten und bei privaten Rentenversicherungen der Fall.

Er findet ferner statt, wenn die Ehegatten dies vereinbart haben oder das Familiengericht dies bestimmt hat.

In der Praxis ist die Bedeutung des schuldrechtlichen Versorgungsausgleichs sehr groß. Der Berechtigte erhält einen unterhaltsähnlichen Anspruch auf eine monatliche Geldrente oder aber auf eine Abfindung.

Die Ausgleichsrente kann erst dann geltend gemacht werden, wenn beide Ehegatten eine Versorgung erlangt haben oder wenn der Ausgleichspflichtige in Rente ist und der andere das 65. Lebensjahr beendet hat.

Dann wird die tatsächliche Versorgung in voller Höhe aufgeteilt.

Wenn bei der Scheidung bereits beide Ehegatten in Rente sind, kann der Antrag auf schuldrechtlichen Versorgungsausgleich bereits im Scheidungsverbund gestellt werden.

Kommt der ausgleichsberechtigte Ehegatte erst später in Rente, muss er noch einmal beim Familiengericht einen Antrag auf Durchführung des schuldrechtlichen Versorgungsausgleichs stellen!

Tod des Ausgleichspflichtigen

Gemäss § 3a VAHRG hat der Ausgleichsberechtigte einen Anspruch auf Hinterbliebenenversorgung, wenn die Bedingungen des Versorgungsträgers einen solchen Anspruch vorsehen.

Dies ist bei den meisten Betriebsrenten der Fall (sogenannter verlängerter schuldrechtlicher Versorgungsausgleich).

Beim Tod des Unterhaltsberechtigten erlischt der Anspruch. Er geht nicht auf die Erben über.

Er erlischt aber auch nicht mit der Wiederverheiratung des Berechtigten. Dies gilt aber nicht für den verlängerten schuldrechtlichen Versorgungsausgleich. Dieser erlischt mit der Wiederverheiratung!

Im Rahmen einer Scheidung sollte der Ausgleichsberechtigte daher durch seinen Rechtsanwalt überprüfen lassen, ob die Satzung des Versorgungsträgers eine Witwen- bzw. Witwerversorgung vorsieht.

Der schuldrechtliche Versorgungsausgleich kommt wie gesagt erst zum Zuge, wenn der Ausgleichspflichtige bereits in Rente ist. Dann ist der Ausgleichsberechtigte auf Unterhaltsansprüche angewiesen.

7. Ausschluss oder Herabsetzung des Versorgungsausgleichs durch den Richter – grobe Unbilligkeit

- Wenn der ungekürzte Versorgungsausgleich zwischen Ehegatten, die bereits Altersversorgungen beziehen, zu einem Unterhaltsanspruch des Ausgleichspflichtigen gegen den Ausgleichsberechtigten führen würde oder

- wenn der Ausgleichsberechtigte aus übertragenen Anwartschaften keinerlei Nutzen ziehen kann oder

- wenn dem Ausgleichspflichtigen bei Durchführung des Versorgungsausgleichs nicht mehr der notwendige Eigenbedarf verbleibt, kann das Gericht den Versorgungsausgleich ganz oder teilweise ausschließen.

Ausnahmsweise kann auch schweres eheliches Fehlverhalten diese Konsequenzen haben. Nicht ausreichend sind Umstände, die zum Scheitern der Ehe geführt haben.

Gröbliche Verletzung der Unterhaltspflicht

Der Versorgungsausgleich findet nicht statt, wenn der Berechtigte während der Ehe längere Zeit hindurch seine Pflicht, zum Familienunterhalt beizutragen, gröblich verletzt hat. Dies ist z. B. dann der Fall, wenn der Ehemann einen unrentablen Verdienst nicht aufgibt und sich nicht um einen anderweitigen bemüht, es vielmehr der Frau überlässt, neben Kinderbetreuung und Haushaltsführung den Familienunterhalt sicherzustellen.

8. Scheidungsvereinbarung und Versorgungsausgleich

Ehegatten können im Zusammenhang mit der Scheidung eine Vereinbarung für den Versorgungsausgleich schließen. Dabei kann der Versorgungsausgleich vollständig ausgeschlossen oder modifiziert werden.

Eine solche Vereinbarung bedarf der Genehmigung des Familiengerichts. Die Genehmigung wird verweigert, wenn die vereinbarte Leistung nicht zur Sicherung des Berechtigten geeignet ist oder zu keinem nach Art und Höhe angemessenen Ausgleich unter den Ehegatten führt, wobei die Unterhaltsregelungen in die Vermögensauseinandersetzung einbezogen werden.

Die Vertragsfreiheit wird somit eingeschränkt. Der Staat hat ein Wächteramt im Hinblick auf die Altersversorgung.

Versorgungsausgleichsansprüche können durch verschiedene vermögenswerte Leistungen ausgeglichen werden:

- Zahlung eines Kapitalbetrags oder von Beiträgen in eine private Lebensversicherung, um vergleichbare Versorgungsanwartschaften zu begründen;

- Übertragung von Sachwerten, z.B. eine Eigentumswohnung, die zu einer gesicherten Rendite führen;

- Erhöhte Unterhaltsleistung, wenn sie abgesichert sind;

- Einkauf in die gesetzliche Rentenversicherung.

9. Rentnerprivileg

Wenn der Ausgleichspflichtige zum Zeitpunkt des Scheidungsurteils bereits Rente oder Pension bezieht, wird der Versorgungsausgleich nicht durchgeführt, solange der Ausgleichsberechtigte nicht ebenfalls Rente bezieht.

Steht der ausgleichspflichtige Ehegatte zur Zeit der Trennung kurz vor dem Eintritt des Rentenalters, sollte die Rechtskraft der Scheidung entsprechend hinausgeschoben werden.

10. Härtefallregelungen

a) Tod des Ausgleichsberechtigen

Hat der Ausgleichsberechtigte vor seinem Tod keine Leistungen bezogen, so wird der Versorgungsausgleich auf Antrag rückgängig gemacht. Hat der Ausgleichsberechtigte (oder seine Hinterbliebenen) aus dem Versorgungsausgleich insgesamt nicht mehr als zwei Jahresbeiträge aus der Rente bezogen (gemessen an der Höhe der letzten Rente), entfällt die Kürzung ebenfalls auf Antrag.

Im Falle des Todes des Ausgleichsberechtigten kann es sich u. U. empfehlen, dass Kinder auf ihre Halbwaisenrentenansprüche verzichten, damit die Kürzung rückgängig gemacht wird.

b) Unterhaltsfälle

Solange der Ausgleichsberechtigte Unterhaltsansprüche hat, kann der Versorgungsausgleich auf Antrag ebenfalls rückgängig gemacht werden.

Hier empfiehlt sich die Vereinbarung einer Unterhaltszahlung selbst dann, wenn die Eheleute auf Unterhalt verzichten wollen. In diesem Fall sollte der Unterhaltsverzicht erst greifen, wenn die ausgleichsberechtigte Ehefrau ihrerseits Rente bezieht.

11. Nachträgliche Abänderung

Auch nach Rechtskraft der Scheidung können fehlerhafte Entscheidungen zum Versorgungsausgleich wegen Mängeln im Verfahren und der Veränderung der Verhältnisse abgeändert werden, wenn eine Partei 55 Jahre alt geworden ist oder ein Rentenfall eintritt, sofern es sich um eine wesentliche Veränderung handelt.

Antragsberechtigt sind beide Parteien, die Hinterbliebenen und die Versorgungsträger.

Derartige Veränderungen der Verhältnisse können sich vor allem aus der Änderung der Rechtsprechung über die Anrechnung von Betriebsrenten ergeben.

12. Steuerliche Gesichtspunkte

Der ausgleichspflichtige Ehegatte hat die Möglichkeit, im Zusammenhang mit dem Versorgungsausgleich Steuern zu sparen.

Ausgleich gesetzlicher Anwartschaften – Abfindungen

Gleicht er nach Durchführung des Rentensplittings die Minderung seiner Anwartschaften durch zusätzliche Beiträge in die gesetzliche Rentenversicherung ganz oder teilweise aus, kann er diese Beiträge im Rahmen der Höchstbeträge nach § 10 Abs. 3 EStG als Sonderausgaben abziehen.

Gleicht ein Beamter nach Durchführung des Quasi-Splittings, also nach Kürzung seiner Pension, durch Zahlung an den Dienstherrn den Verlust wieder aus, kann er diese Zahlung in voller Höhe als Werbungskosten abziehen!

Das Gleiche gilt, wenn eine Abfindung bezahlt wird, um den Ausgleich von Betriebsrenten oder Beamtenpensionsanwartschaften zu vermeiden.

Auch diese Abfindungen sind im Jahr der Zahlung als Werbungskosten abzugsfähig.

Scheidungsvereinbarung

Die einvernehmliche Scheidung, also die Scheidung mit einer Scheidungsvereinbarung bei Gericht oder in Form einer notariellen Urkunde, ist am besten geeignet, die Folgen der Scheidung zu regeln.

Wie im zweiten Kapitel zur Trennung (S. 162 f.) dargelegt wurde, kann eine Trennungsvereinbarung helfen, kostspielige und nervenaufreibende Prozesse zu vermeiden. Ob die Vereinbarung »Trennungsvertrag« oder »Scheidungsvereinbarung« genannt wird, spielt keine Rolle. Entscheidend ist der Inhalt der Regelungen.

Im deutschen Recht gilt der Grundsatz der Vertragsfreiheit. Im Interesse der beteiligten Familienangehörigen lassen sich mit gutem Willen und entsprechendem Engagement, mit Fairness und Kreativität in vielen Fällen Regelungen finden, die zu einer Win-Win-Situation führen. Es gibt dann keinen Sieger und keinen Verlierer.

Die einvernehmliche Regelung materieller Fragen ist, wenn sie fair ist und von den Beteiligten akzeptiert wird, auch das Beste, was für die persönlichen Beziehungen und das Wohl der Nachscheidungsfamilie getan werden kann.

1. Wege zur Scheidungsvereinbarung

Neben der direkten Einigung zwischen den Parteien, ggf. mit Hilfe von Vermittlern aus dem Freundes- und Verwandtenkreis, kann auch der direkte Gang zum Notar hilfreich sein.

Wenn die Parteien nicht in der Lage sind, die Vereinbarungen selbst zu erarbeiten, können sie *einen* Rechtsanwalt oder auch zwei Rechtsanwälte beauftragen, eine Scheidungsvereinbarung auszuarbeiten.

Aktive Anwaltsmediation

Die Erfahrung hat gezeigt, dass bei Ehegatten die Beauftragung eines gemeinsamen Anwalts häufig zu einem befriedigenden Ergebnis führt. Ich gebrauche hierfür auch den Begriff »aktive Anwaltsmediation«.

In diesem Fall übernimmt der Anwalt eine aktive Rolle: gestaltend und schlichtend zugleich.

In der herkömmlichen Mediation hält sich der Mediator zurück, was die Inhalte der Vereinbarung anbetrifft. Er ist verantwortlich für die Kommunikation zwischen den Ehegatten, für die Ermittlung der Sachverhalte und dafür, dass die Ehegatten ihre Interessen herausarbeiten und miteinander kommunizieren.

Bei der aktiven Anwaltsmediation kommt hinzu, dass der gemeinsame Anwalt Vereinbarungsvorschläge für die verschiedenen Bereiche unterbreitet und ein Gesamtpaket entwirft, in dem die einzelnen Elemente aufeinander abgestimmt sind, z. B.:

- Abfindung des Unterhalts und Verrechnung mit Zugewinnausgleich;

- Übertragung einer Immobilie bei Verzicht auf Unterhalt und Zugewinnausgleich;

- großzügige Vermögensauseinandersetzung bei erbvertraglicher Bindung zugunsten der gemeinsamen Kinder.

Er unterstützt beide Ehegatten auch bei der Neustrukturierung des Vermögens und berät beim Aufbau der Altersversorgung.

2. Wesentliche Regelungspunkte der Scheidungsvereinbarung

a) Ehewohnung

Wie im Kapitel zum Thema Ehewohnung (S. 278 f.) dargelegt wurde, hat die Einigung in der Regel den Inhalt, dass die Ehewohnung einem Ehegatten zur alleinigen weiteren Nutzung überlassen wird. Beide Ehegatten wirken zusammen, dass der Ehegatte, der aus der Wohnung auszieht, aus dem Mietverhältnis entlassen wird. Sollte die Zustimmung des Vermieters nicht erreicht werden, muss mit Hilfe des Familiengerichts durchgesetzt werden, dass das Mietverhältnis nur mit dem Ehegatten fortgesetzt wird, der in der Wohnung bleibt. Zu regeln ist eventuell auch, wem das Kautionsguthaben zusteht.

b) Hausrat

In der Regel wird über den Hausrat keine Vereinbarung getroffen. Die Eheleute einigen sich formlos und teilen den Hausrat selbst auf. Wenn ein Ehegatte wertmäßig einen größeren Teil erhält, z. B. weil ein wertvolles Auto oder eine wertvolle Einbauküche zum Hausrat zählt, kann ein finanzieller Ausgleich vereinbart werden.

c) Ehegattenunterhalt

Wie im Einzelnen in den Kapiteln ab S. 198 dargelegt wurde, ist die Regelung des nachehelichen Unterhalts von ganz besonderer Bedeutung. Insbesondere die Möglichkeiten einer Unterhaltsabfindung bzw. Befristung spielen im Rahmen einer Paketlösung eine große Rolle.

d) Zugewinnausgleich/Vermögensauseinandersetzung

Die Regelung des Zugewinnausgleichs kann bereits bei der Trennung getroffen werden oder auch im Zusammenhang mit der

Scheidung. Häufig wird die Auseinandersetzung gemeinsamen Vermögens, insbesondere von Immobilien, mit dem Zugewinnausgleich verbunden.

Typisch sind folgende Regelungen:

»Zum Ausgleich des Zugewinns und zur Abgeltung aller Ansprüche bei der Auseinandersetzung des gemeinsamen Vermögens überträgt der eine Ehegatte an den anderen Ehegatten die Eigentumswohnung … oder die Anrechte aus der Lebensversicherung bei der …gesellschaft.«

Es kann auch sein, dass verschiedene Bereiche miteinander verrechnet werden:

Der Ehemann erhält für die Übertragung der Hälfte der Eigentumswohnung einen Betrag von 200 000 Euro. Die Ehefrau kann hiervon abziehen eine Unterhaltsabfindung von 100 000 Euro und für einen Teilverzicht auf den Versorgungsausgleich in Höhe von 300 Euro einen weiteren Betrag von 60 000 Euro. Den Rest von 40 000 Euro zahlt sie in monatlichen Raten von 400 Euro.

Typisch ist auch folgende Vereinbarung:

»Die Ehefrau schuldet dem Ehemann einen Zugewinnausgleich von 80 000 Euro. Für die Abfindung ihrer Ehegattenunterhaltsansprüche erhält sie einen Betrag von 50 000 Euro, die verrechnet werden. Für die restlichen 30 000 Euro verzichtet sie teilweise auf den Versorgungsausgleich in einem Umfang von 150 Euro monatlicher Anwartschaften.«

Versicherungen

1. Krankenversicherung

Krankenversicherung während des Getrenntlebens

Gesetzliche Krankenversicherung:
Während des Getrenntlebens kann der unterhaltsberechtigte Ehegatte kostenlos familienversichert sein, wenn er nicht selbst versicherungspflichtig beschäftigt ist. Die Grenze für das Einkommen des Ehegatten liegt bei derzeit 400 Euro.

Nicht hierzu gehört der Getrenntlebensunterhalt, es sei denn, dass die Ehegatten bereits das sogenannte begrenzte Realsplitting durchführen. In diesem Fall kann der Unterhaltszahler den Ehegattenunterhalt als Sonderausgaben steuerlich absetzen. Beim Empfänger stellen diese Unterhaltszahlungen dann einkommensteuerpflichtiges Einkommen dar, so dass sein Einkommen eventuell über die Grenze von 400 Euro hinausgeht. Dann muss der Unterhaltsberechtigte Versicherungsbeiträge zahlen und sich freiwillig in der gesetzlichen Krankenversicherung versichern lassen. Diese Nachteile muss ihm der andere Ehegatte ausgleichen.

Die Voraussetzungen einer beitragsfreien Familienversicherung werden von der Krankenkasse teils einmal jährlich, teils unregelmäßig überprüft. Hier wird das Einkommen der mitversicherten Angehörigen abgefragt. Die Angaben sind dann richtig und vollständig zu machen. Auch ist der Versicherte verpflichtet, von sich aus Änderungen der Verhältnisse der Krankenkasse mitzuteilen.

Die Trennung der Ehegatten hat auf das Versicherungsverhältnis bei einer *privaten Krankenversicherung* keine Auswirkungen.

Die Beihilfeberechtigung für Ehegatten von Beamten und Richtern wird von der Trennung nicht berührt. Solange eine Scheidung nicht rechtskräftig ist, bleibt die Beihilfeberechtigung mit 70 % bestehen. Voraussetzung ist aber, dass das Einkommen des Ehegatten eine bestimmte Einkommensgrenze nicht überschreitet.

Krankenversicherung nach rechtskräftiger Scheidung

Gesetzliche Krankenversicherung:
Mit Rechtskraft des Scheidungsurteils enden der Anspruch auf kostenlose Familienversicherung sowie die Beihilfeberechtigung bei Beamtenehegatten. Der unterhaltsberechtigte Ehegatte kann nach der Scheidung auch verlangen, dass ihm die Kosten einer angemessenen Krankenversicherung erstattet werden. Dieser sogenannte Krankenvorsorgeunterhalt ist neben dem laufenden Unterhalt zu bezahlen.

War der unterhaltsberechtigte Ehegatte kostenlos mitversichert, hat er nach der Scheidung die Möglichkeit, der gesetzlichen Krankenversicherung als freiwilliges Mitglied beizutreten. Dieses Beitrittsrecht sollte unbedingt wahrgenommen werden, da der freiwillige Beitritt von keiner Altersbeschränkung, z. B. 55 Jahre, abhängig ist, bestehende Erkrankungen keine Rolle spielen und keine Wartezeiten bestehen. Vielmehr beginnt die Mitgliedschaft mit dem Tag, der auf das Ende der Familienversicherung folgt.

Der Beitritt muss *innerhalb von drei Monate*n nach Beendigung der Familienversicherung gleich Rechtskraft der Scheidung der Krankenversicherung angezeigt werden. Falls diese Beitrittsfrist versäumt wird, hat der Versicherungsberechtigte erhebliche Nachteile zu tragen, die auch nach der Reform des Krankenversicherungsrechts nicht beseitigt sind.

Der Unterhaltsberechtigte kann wählen, welcher gesetzlichen Krankenkasse er freiwillig beitreten will, z. B. der Krankenkasse, bei der er mitversichert war, oder auch einer anderen, eventuell günstigeren gesetzlichen Krankenversicherung.

Die Höhe des Beitrags richtet sich dann nach der jeweiligen Satzung der gesetzlichen Krankenversicherung. In der Regel ist ein bestimmter Prozentsatz des Einkommens, zu dem auch Unterhaltsleistungen gehören, maßgeblich.

Nimmt der früher mitversicherte Ehegatte eine versicherungspflichtige Beschäftigung auf, ist er selbst gesetzlich pflicht- und nicht freiwillig versichert.

Fortführung der privaten Krankenversicherung

War der Ehegatte während der Ehe privat krankenversichert, so kann er beanspruchen, auch weiterhin privat versichert zu sein. Die Vorteile der privaten Krankenversicherung brauchen an dieser Stelle nicht im Einzelnen dargestellt werden, da das Zweiklassensystem bei der Krankenversicherung inzwischen jedem aufgrund eigener Erfahrung bewusst geworden ist.

Wird die bestehende private Krankenversicherung fortgeführt, hat die Scheidung keine Auswirkung auf das Versicherungsverhältnis und die Prämien. War nur der unterhaltpflichtige Ehegatte Versicherungsnehmer, so empfiehlt es sich, die Mitversicherung in eine Einzelversicherung zu ändern. Auf diese Weise werden die Bereiche der ehemaligen Ehepartner getrennt.

Nimmt der während der Ehe ausschließlich privat krankenversicherte Unterhaltsberechtigte nach der Scheidung eine versicherungspflichtige Beschäftigung auf, kann er beanspruchen, dass durch eine private Zusatzversicherung, z. B. für ambulante ärztliche und zahnärztliche Behandlung sowie Krankenhausaufenthalte, sein Versicherungsschutz verbessert wird.

Fortführung der privaten Zusatzversicherung

Waren die ehelichen Lebensverhältnisse dadurch gekennzeichnet, dass der unterhaltsberechtigte Ehegatte gesetzlich versichert war und zusätzlich eine private Krankenversicherung hatte, so kann er beanspruchen, dass er diesen besseren Versicherungsschutz auch nach der Scheidung aufrechterhält, und kann insoweit auch Vorsorgeunterhalt verlangen.

Beihilfeberechtigte Ehegatten

Mit Rechtskraft des Scheidungsurteils endet die Beihilfeberechtigung der Ehegatten. Während vorher ein 30 %iger privater Versicherungsschutz als Ergänzung zur Beihilfe ausreichend war, muss nun eine 100 %ige Krankenversicherung bedient werden, so dass Prämien bis zu 700 Euro anfallen. Dies sollten die Beamten-Ehepaare einkalkulieren, wenn sie an Scheidung denken. Ggf. kann die Rechtskraft der Scheidung hinausgezögert werden, um die Nachteile bei der privaten Krankenversicherung zu vermeiden.

3. Lebensversicherungen auf Rentenbasis

Reine Rentenversicherungen

Diese fallen in den Versorgungsausgleich. Dies gilt übrigens auch, wenn zwischen den Eheleuten der Versorgungsausgleich ausgeschlossen worden ist.

Bei Lebensversicherungen auf Kapitalbasis mit Rentenwahlrecht kommt es darauf an, ob das Rentenwahlrecht bis zum Eintritt der Rechtshängigkeit des Scheidungsantrags ausgeübt worden ist. Dann unterliegen sie dem Versorgungsausgleich.

Umgekehrt unterliegen Rentenversicherungen mit Kapitalwahlrecht nicht mehr dem Versorgungsausgleich, wenn vor
Rechtskraft der Scheidung das Kapitalwahlrecht ausgeübt worden ist.

4. Kapitallebensversicherungen

Sie werden mit dem Zeitwert gleich Fortführungswert in die Berechnung des Zugewinnausgleichs eingestellt. Maßgeblich ist,
wer Versicherungsnehmer ist.

Es stellt sich die Frage, wer bezugsberechtigt ist und ob im
Zuge der Trennung und Scheidung hier eine Änderung veranlasst
ist.

Wird der Ehegatte während der Ehe als Bezugsberechtigter einer Lebensversicherung angegeben, so kann der Versicherungsnehmer die Bezugsberechtigung bei Trennung und Scheidung
ändern.

Auch Direktversicherungen, die vom Arbeitgeber abgeschlossen wurden, sind beim Zugewinnausgleich zu berücksichtigen.

5. Risikolebensversicherungen

Bei einer Risikolebensversicherung wird kein Kapital gebildet.
Lediglich im Todesfall wird die vereinbarte Versicherungssumme
ausbezahlt. Die Beiträge sind entsprechend niedrig. Es kann Sinn
machen, eine derartige Versicherung noch abzuschließen. Durch
eine Risikolebensversicherung kann der Ehegattenunterhalt abgesichert werden, da dieser häufig aus dem Nachlass nicht gesichert ist, und kann z.B. die Bedienung von Immobiliendarlehen
abgesichert werden. Es kann im Interesse des Unterhaltsberech-

tigten liegen, notfalls selbst die Prämie für den Unterhaltspflichtigen zu tragen, um das Risiko des völligen Ausfalls des Unterhalts abzudecken.

6. Berufsunfähigkeitsversicherung bzw. Berufsunfähigkeitszusatzversicherung

Das Risiko, durch einen Unfall erwerbsunfähig zu werden, wird in der Regel durch eine relativ kostengünstige private Unfallversicherung abgedeckt.

Das krankheitsbedingte Risiko von Berufs- bzw. Erwerbsunfähigkeit kann durch eine Berufsunfähigkeitsversicherung bzw. durch eine Zusatzversicherung in Verbindung mit einer Lebensversicherung abgedeckt werden. Die gesetzliche Rentenversicherung bietet keinen ausreichenden Schutz. Bei Trennung und Scheidung sollte überprüft werden, ob hier ein Handlungsbedarf gegeben ist.

Es kann im Interesse des Ehegatten liegen, der vom Unterhalt des anderen abhängig ist, den Unterhalt durch eine derartige Versicherung abzusichern. Nach der Scheidung trägt der unterhaltsberechtigte Ehegatte sein künftiges Berufsunfähigkeitsrisiko selbst. Deswegen empfiehlt es sich eventuell, für dieses Risiko eine eigene Versicherung abzuschließen.

7. Hausratversicherung

Zieht ein Ehegatte aus der ehelichen Wohnung aus, so stellt sich die Frage, ob die Hausratsversicherung für die in der ehelichen Wohnung befindlichen Hausratsgegenstände wegfällt. Hier ist Beratung mit der Versicherungsgesellschaft angesagt. In der Regel bezieht sich die Hausratsversicherung nämlich nicht auf eine bestimmte Wohnung, sondern auf die Person des Versicherungsnehmers. Dann könnte es sein, dass der in der ehelichen Wohnung verbliebene Hausrat nicht mehr versichert ist.

8. Rechtsschutzversicherung

Wenn ein Ehegatte Versicherungsnehmer einer Rechtsschutzversicherung ist, ist der andere bis zur Rechtskraft der Scheidung mitversichert. Besteht Familienrechtsschutz, kann vom Versicherungsnehmer eine Kurzberatung in Anspruch genommen werden, und zwar auch in familien- und erbrechtlichen Fragen. Der mitversicherte Ehegatte kann allerdings für eine Beratung gegen den Versicherungsnehmer den Familienrechtsschutz nicht in Anspruch nehmen.

Für die Erstattung von Anwalts- und Gerichtskosten bei der Vertretung in familienrechtlichen Streitigkeiten wie Scheidung und Zugewinn kann bei keinem Versicherungsunternehmen eine Rechtsschutzversicherung abgeschlossen werden.

9. Private Haftpflichtversicherung

Während der Trennung besteht die Familienhaftpflichtversicherung fort. Diese endet jedoch mit Rechtskraft des Scheidungsurteils. Dann muss der Ehegatte, der nicht Versicherungsnehmer ist, ggf. eine eigene Privathaftpflichtversicherung abschließen.

10. Kfz-Versicherung

Hier interessiert das Thema Schadenfreiheitsrabatt. Sehr häufig hat die Ehefrau während der Ehe das auf den Namen des Mannes zugelassene und von diesem versicherte Auto jahrelang allein benutzt. Sie möchte bei der Scheidung eine Kfz-Haftpflichtversicherung nicht zum Eingangstarif abschließen. Eine Abtrennung des Schadenfreiheitsrabatts durch den Ehemann ist möglich.

Neuerdings gibt es auch einen einklagbaren Rechtsanspruch der Ehefrau auf Abtretung des Schadenfreiheitsrabatts.

Siehe dazu die Ausführungen auf S. 286.

Optimale steuerliche Gestaltung

Im Zusammenhang mit der Trennung stellen sich verschiedene steuerrechtliche Fragen, die erfahrungsgemäß zwischen den Ehegatten zusätzliche Konflikte auslösen. Hier sind einvernehmliche Lösungen ganz besonders wichtig, da die Ehegatten schließlich das gemeinsame Interesse haben, das Familieneinkommen möglichst hoch zu halten, zumal durch die Trennung ein zusätzlicher Mehrbedarf entsteht.

1. Die einzelnen Steuerklassen

In die Steuerklasse I werden Arbeitnehmer eingeordnet, die ledig sind, und die Steuerklasse ist zutreffend für dauernd getrennt Lebende sowie für Alleinstehende.

Die Steuerklasse II kann gewählt werden, wenn noch ein Kind im Haushalt lebt, das das 18. Lebensjahr nicht vollendet hat.

Die Steuerklasse III ist für die Arbeitnehmer zutreffend, die verheiratet sind und nicht dauernd getrennt leben.

Die Steuerklasse IV erhalten Arbeitnehmer, die verheiratet sind, wenn sie ebenfalls nicht dauernd getrennt leben.

Die Steuerklasse V erhält der Ehegatte, dessen Partner die günstige Steuerklasse III hat.

2. Gemeinsame Veranlagung von Ehegatten

Ehegatten können noch im Jahr der Trennung das Ehegattensplitting in Anspruch nehmen und die gemeinsame Veranlagung wählen.

Die gemeinsame Veranlagung bringt in der Regel gegenüber der getrennten Veranlagung einen ganz erheblichen Steuervorteil. Der Steuervorteil ist desto höher, je unterschiedlicher die Einkommenssituation ist. Wenn beide Ehegatten über ein etwa gleich hohes Einkommen verfügen, bringt das Ehegattensplitting keinen Vorteil. Bei unterschiedlichen Einkommensverhältnissen sollten die Vorteile des Ehegattensplittings auch im Falle einer Trennung der Eheleute so lange wie möglich und rechtlich zulässig in Anspruch genommen werden.

Die Voraussetzung des Ehegattensplittings ist, dass die Ehegatten im Veranlagungszeitraum, also einem Kalenderjahr, *nicht dauernd getrennt leben*. Es reicht z. B. aus, wenn die Ehegatten sich erst am 5. Januar trennen, um für das Folgejahr diesen Steuervorteil in Anspruch zu nehmen.

Wichtig ist auch, dass sich der Begriff des *dauernden Getrenntlebens* im Steuerrecht von dem Begriff des Getrenntlebens im Sinne des Ehescheidungsrechts unterscheidet. Im Scheidungsverfahren unterbricht ein Versöhnungsversuch die Trennungsfrist nicht. Ein Versöhnungsversuch macht es aber steuerrechtlich möglich, für den betreffenden Veranlagungszeitraum (Kalenderjahr) noch die gemeinsame Veranlagung zu wählen.

Kein Getrenntleben liegt auch vor, wenn die Eheleute in einer Wohnung getrennt von Tisch und Bett leben, aber noch gemeinsam wirtschaften. Dies nimmt man an, solange das Einkommen des Ehegatten oder der Ehegatten gemeinsam zur Deckung des Lebensbedarfs der Familie verwendet wird.

Machen beide Ehegatten in ihrer Steuererklärung, in der danach gefragt wird, ob sie »dauernd getrennt leben seit dem ...«, übereinstimmende Angaben, so wird das Finanzamt in der Regel nicht weiter nachfragen.

Werden dagegen unterschiedliche Angaben gemacht, so kann das Finanzamt Nachforschungen anstellen. Es hat allerdings nicht das Recht, die Scheidungsakten einzusehen.

3. Familienrechtliche Mitwirkungspflicht

Ist die Zusammenveranlagung günstiger als die getrennte Veranlagung, so sind die Eheleute einander zur Mitwirkung bei der Steuererklärung zum Zwecke der Gesamtveranlagung verpflichtet. Verfügt nur ein Ehegatte über Einkommen, so ist die Unterschrift des anderen Ehegatten unter die Steuererklärung allerdings entbehrlich.

Im Übrigen besteht eine einklagbare Verpflichtung zur Leistung der Unterschrift unter die gemeinsame Erklärung. Haben die Parteien vor der Trennung bewusst die Steuerklassen III (Ehemann) und V (Ehefrau) gewählt, kann nach einer Entscheidung des Bundesgerichtshofs die Ehefrau nicht verlangen, bei gemeinsamer Veranlagung so gestellt zu werden, wie sie bei getrennter Veranlagung stehen würde. Dann würde sie ja in der Regel die Lohnsteuer ganz oder teilweise zurückerhalten. Die Zustimmung zur Zusammenveranlagung kann auch nicht davon abhängig gemacht werden, dass der zu erwartende Steuervorteil hälftig geteilt wird.

Weigert sich der Ehegatte, obwohl er dazu verpflichtet ist, bei der gemeinsamen Steuererklärung mitzuwirken, kann dieser Anspruch auch gerichtlich durchgesetzt werden. Ein entsprechendes Urteil ersetzt dann die Unterschrift des Ehegatten.

Außerdem macht sich der Ehegatte schadensersatzpflichtig, der unberechtigterweise bei der Zusammenveranlagung nicht mitwirkt.

4. Haftung für Steuernachzahlungen

Zusammen veranlagte Ehegatten haften gemäß § 44 Abs. 1 AO für Steuernachzahlungen als Gesamtschuldner, d. h., jeder haftet für die gesamte Steuer. Jeder Ehegatte kann aber erreichen, dass seine Haftung auf den auf ihn entfallenden Anteil begrenzt wird, indem er beim Finanzamt einen Antrag auf Aufteilung nach § 268 AO stellt. Die Aufteilung erfolgt dann im Verhältnis der Nachzahlungsbeträge, die beide Ehegatten bezahlen müssten, wenn sie die Veranlagung getrennt durchführen würden.

5. Steuerliche Berücksichtigung von Ehegattenunterhaltszahlungen

Kommt eine Zusammenveranlagung nicht mehr in Betracht, gibt es die Möglichkeit, die Nachteile der Einzelveranlagung in erheblichem Umfang zu vermeiden. Ehegattenunterhaltszahlungen an den getrennt lebenden oder geschiedenen Ehegatten können als Sonderausgaben im Wege des sogenannten begrenzten Realsplittings steuermindernd geltend gemacht werden. Außerdem gibt es die Möglichkeit, den Unterhalt als außergewöhnliche Belastungen abzuziehen. Davon wird in der Praxis kaum Gebrauch gemacht. Grund ist, dass der Unterhaltsberechtigte kein oder nur ein geringes Einkommen haben darf.

Gemäß § 10 Abs. 1 Nr. 1 EStG können Unterhaltszahlungen an den geschiedenen oder dauernd getrennt lebenden Ehegatten bis zu 13 805 Euro pro Jahr abgezogen werden. Der Unterhaltsempfänger hat dann allerdings den Unterhalt zu versteuern. In der Regel ist die Steuerersparnis beim Unterhaltszahler sehr viel höher als der Nachteil beim Unterhaltsberechtigten.

Der Steuervorteil kann wie andere Steuervorteile rückwirkend im Rahmen der Einkommensteuererklärung geltend gemacht werden. Es ist aber auch möglich, wenn laufender Unterhalt bezahlt wird, im Voraus *Antrag auf Lohnsteuerermäßigung* zu stellen und einen entsprechenden Freibetrag in der Lohnsteuerkarte eintragen zu lassen. Dadurch reduziert sich die laufende Lohnsteuer sofort und erhöht sich das Nettoeinkommen.

Die Inanspruchnahme von Steuervorteilen ist ein wesentliches Element einer einvernehmlichen und fairen Scheidung. Beide Ehegatten haben das gemeinsame Interesse, das Familieneinkommen möglichst zu erhöhen, und sind deshalb gehalten, alle staatlichen Vergünstigungen in Anspruch zu nehmen.

Wenn der Unterhaltszahler wieder verheiratet ist, kann er in der neuen Ehe die Zusammenveranlagung wählen und zusätzlich wegen seiner Unterhaltszahlungen an den geschiedenen Ehegatten das begrenzte Realsplitting nutzen.

a) Zustimmung des Unterhaltsempfängers

Der Unterhaltsempfänger muss auf dem Formularsatz »Anlage U« seine Unterschrift leisten und dem begrenzten Realsplitting zustimmen. Die Zustimmung muss nicht jedes Jahr neu eingeholt werden, sondern sie gilt für die Folgejahre so lange fort, bis sie widerrufen wird. Der Antrag muss dagegen jedes Jahr neu gestellt und die Anlage U muss jedes Jahr neu beim Finanzamt eingereicht werden.

Unterhalt in diesem Sinne sind nicht nur die laufenden monatlichen Ehegattenunterhaltszahlungen, sondern auch Sonderzahlungen (allerdings nicht Kindesunterhaltsleistungen). Unterhalt in diesem Sinne ist auch die Erstattung der Einkommensteuer, die der unterhaltspflichtige an den unterhaltsberechtigten Ehegatten zahlen muss.

Auch Abfindungszahlungen auf den Ehegattenunterhalt sind Unterhaltsleistungen. Eine Unterhaltsleistung stellt es auch dar, wenn ein Ehegatte den anteiligen Kredit des anderen Ehegatten bedient.

Auch die unentgeltliche Überlassung einer im Mit- oder Alleineigentum des Unterhaltspflichtigen stehenden Wohnung zur (teilweisen) Erfüllung der Unterhaltsverpflichtung kann im Rahmen des Sonderausgabenabzugs berücksichtigt werden. In der Regel ist das Interesse beider Ehegatten darauf gerichtet, möglichst hohe Steuervorteile in Anspruch zu nehmen. Deshalb sollten alle Geld- und Sachleistungen, die bei großzügiger Betrachtungsweise als Ehegattenunterhalt angesehen werden können, im Rahmen des begrenzten Realsplittings abgesetzt werden.

Durchsetzung der Zustimmungsverpflichtung:
Der Unterhaltsempfänger ist verpflichtet, beim begrenzten Realsplitting mitzuwirken. der Unterhaltszahler kann diesen Anspruch auch gerichtlich durchsetzen durch Klage bei Gericht. Das Urteil ersetzt dann die Zustimmung.

Der Unterhaltsberechtigte hat keinen Anspruch auf direkte Beteiligung an der Steuerersparnis.

b) Obliegenheit des Unterhaltszahlers

Der Unterhaltszahler ist seinerseits verpflichtet, das begrenzte Realsplitting durchzuführen, um seine Leistungsfähigkeit zu erhöhen bzw. zu erhalten. Unterlässt er dies, so wird er unterhaltsrechtlich so behandelt, als hätte er die entsprechenden Steuervorteile. Sein Einkommen wird dann entsprechend erhöht.

Der Unterhaltspflichtige ist sogar gehalten, Antrag auf Lohnsteuerermäßigung zu stellen, um das laufende Einkommen zu erhöhen. Dies ist besonders wichtig, wenn sich zum Jahreswechsel die Steuerklassen ändern. Der Unterhaltspflichtige sollte rechtzeitig einen Freibetrag eintragen lassen, um den Nachteil der ungünstigen Steuerklasse I im Verhältnis zur Steuerklasse III in Grenzen zu halten.

c) zu ersetzende Nachteile

Der Unterhaltspflichtige hat dem anderen Ehegatten die steuerlichen Nachteile zu ersetzen, also die für den Unterhalt zu zahlende Einkommen- und Kirchensteuer. Es ist der Differenzbetrag jeweils zu ermitteln, wie viel Steuer der Unterhaltsberechtigte ohne Berücksichtigung der Unterhaltsbeträge hätte zahlen müssen und wie viel Steuer inklusive Unterhalt festgesetzt wird. Auch Steuervorauszahlungen, die das Finanzamt wegen der laufenden Unterhaltszahlungen vom Empfänger verlangt, sind zu erstatten.

Gegen den Steuererstattungsanspruch kann nicht mit anderen Forderungen aufgerechnet werden!

d) Wegfall der Familienversicherung

Das begrenzte Realsplitting kann dazu führen, dass das Einkommen des bisher kostenlos mitversicherten Ehegatten die 400-Euro-Grenze übersteigt. Dann entfällt das Recht zur Familienversicherung, und der Unterhaltsberechtigte muss sich selbst versichern.

Für eine freiwillige Versicherung sind dann bei der gesetzlichen Krankenversicherung Beiträge zu zahlen, deren Höhe sich nach dem Einkommen richtet.

Auch diese Krankenkassenbeiträge sind dem Unterhaltsberechtigten vom Unterhaltsverpflichteten als Nachteil zu ersetzen. Vor Durchführung des begrenzten Realsplittings ist daher immer zu prüfen, ob der Steuervorteil höher ist als die Nachteile (Steuer und Familienversicherung).

9. Steuerliche Berücksichtigung von Kosten, die mit der Scheidung zusammenhängen

a) Scheidungskosten

Nach der geänderten Rechtsprechung des Bundesfinanzhofs können nur noch die Kosten der Ehescheidung und der Regelung über den Versorgungsausgleich als außergewöhnliche Belastung geltend gemacht werden. Nicht mehr anerkannt werden Kosten im Zusammenhang mit dem Zugewinnausgleich, der Vermögensauseinandersetzung und dem nachehelichen Ehegattenunterhalt.

Wegen der für die außergewöhnlichen Belastungen gemäß § 33 e EStG zu berücksichtigenden zumutbaren Eigenbelastung müssen die Scheidungskosten möglichst in einem Jahr geltend gemacht und bezahlt werden.

b) Abfindungen im Rahmen des Versorgungsausgleichs

Ausgleichszahlungen, die ein zum Versorgungsausgleich verpflichteter Ehegatte mit dem anderen Ehegatten vereinbart und gezahlt hat, sind sofort als Werbungskosten abziehbar. Entschieden ist dies für Ansprüche aus Betriebsrenten und Pensionen von Beamten. Die Vereinbarung einer solchen Abfindung kann daher unter steuerlichen Gesichtspunkten sehr interessant sein, z. B. in dem Jahr, in dem der Ehegatte durch eine Abfindung steuerlich sonst sehr belastet wäre.

Erbrechtliche Tipps

1. Ehegattenerbrecht – Rechtslage

Die Höhe des gesetzlichen Erbteils bei Ehegatten hängt vom Güterstand ab und davon, ob noch andere gesetzliche Erben vorhanden sind. Beim Güterstand der Zugewinngemeinschaft beträgt der gesetzliche Erbteil des überlebenden Ehegatten neben Kindern ½. Gibt es keine Abkömmlinge, wird der überlebende Ehegatte Alleinerbe.

Bei Gütertrennung erbt der Ehegatte neben einem Kind des Erblassers die Hälfte, neben zwei Kindern ein Drittel.

Die Trennung verändert die erbrechtliche Situation nicht! Wer will, dass der andere Ehegatte nicht gesetzlicher Erbe wird, kann durch ein Testament eine andere Person als Erben einsetzen. Dann erhält der Ehegatte nur den Pflichtteil (die Hälfte des gesetzlichen Erbteils).

Häufig haben Ehegatten ein gemeinschaftliches Testament errichtet, in dem sie sich gegenseitig als alleinige Erben einsetzen, während nach dem Tod des Überlebenden ein Nacherbe (in der Regel Kinder) oder ein Schlusserbe den Nachlass erhalten soll.

Die Trennung ändert auch an der Wirksamkeit eines gemeinschaftlichen Testaments nichts. Eine einseitige Änderung ist nicht möglich.

Der überlebende Ehegatte erhält neben seinem gesetzlichen Erbteil alle Hausratsgegenstände und die Hochzeitsgeschenke.

2. Ehegattenerbrecht bei Trennung und Scheidung

Vor Einreichung und Zustellung des Scheidungsantrags ergeben sich erbrechtlich durch das Getrenntleben keine Konsequenzen.

Nach Zustellung des Scheidungsantrags entfällt das Ehegattenerbrecht des überlebenden Ehegatten gemäß § 1933 BGB dagegen völlig, wenn

- der Erblasser dem Scheidungsantrag des Ehegatten vor seinem Tod zugestimmt hat oder

- wenn der Erblasser selbst den Scheidungsantrag gestellt hat. Der Antrag muss begründet und dem anderen förmlich zugestellt worden sein.

Hat dagegen nur der überlebende Ehegatte die Scheidung eingereicht und stirbt der andere vor der Scheidung, bleibt das Erbrecht des Überlebenden bestehen.

Die Beantragung der Scheidung hat auch Auswirkungen auf eine testamentarische Erbfolge.

Grundsätzlich gilt, dass testamentarische Regelungen, letztwillige Verfügungen, gemeinschaftliche Testamente und Erbverträge dann unwirksam sind.

3. Erbeinsetzung trotz Scheidung

In der Praxis kann es sinnvoll sein, dass sich geschiedene Ehegatten trotz der Scheidung weiter in einem gemeinsamen Testament oder einem Erbvertrag als Erben einsetzen. Dies ist insbesondere dann zweckmäßig, wenn die Ehegatten Miteigentümer eines Hauses sind und bleiben wollen und vermeiden wollen, dass der

Überlebende sich mit anderen Miterben in einer Erbengemeinschaft befindet.

4. Tod des Unterhaltspflichtigen – Auswirkungen auf den Unterhalt

Haftung der Erben für Unterhaltsschulden des Erblassers gegenüber dem geschiedenen Ehegatten

Gemäß § 1586 BGB geht mit dem Tod des Unterhaltspflichtigen die Unterhaltspflicht gegenüber dessen geschiedenem Ehepartner auf die Erben als Nachlassverbindlichkeit über. Diese
Haftung ist allerdings beschränkt auf den fiktiven Pflichtteilsan-
spruch des Unterhaltsberechtigten, der ihm zugestanden hätte,
wenn seine Ehe statt durch Scheidung durch den Tod des Unterhaltspflichtigen aufgelöst worden wäre.

Dieser Pflichtteil beträgt allerdings nur 1/8 des Nettonachlass-
wertes!

Der Erblasser kann seine Erben vor diesen Unterhaltsforderungen schützen, wenn er mit dem geschiedenen Ehegatten einen
notariellen Erbverzichtsvertrag abschließt, was z. B. auch im Rahmen einer Scheidungsvereinbarung möglich ist. Der Verzichten-
de ist dann von der gesetzlichen Erbfolge ausgeschlossen und hat
auch kein Pflichtteilsrecht mehr. Gleiches gilt grundsätzlich,
wenn ein Pflichtteilverzicht vereinbart wurde.

5. Erbvertragliche Regelungen zugunsten der Kinder

Wenn die Ehegatten Vermögen haben, wollen sie dieses meist auf
die Kinder übertragen. Wenn sie diesen Gesichtspunkt in den Vor-
dergrund stellen, können sie es sich ersparen, über die Aufteilung

des Vermögens zu streiten. Wenn gewährleistet ist, dass im Todesfall die Kinder die während der Ehe geschaffenen gemeinsamen Vermögenswerte erben, erübrigt sich der Streit um den einen oder anderen Vermögensgegenstand.

Insbesondere bei gemeinsamen Immobilien sollten die Ehegatten im Rahmen der Vermögensauseinandersetzung erbrechtliche Regelungen treffen, die gewährleisten, dass im Todesfall die Kinder das während der Ehe geschaffene Vermögen erben.

Wirtschaftliche Vor- und Nachteile der Scheidung

Bevor die Scheidung beantragt wird, müssen verschiedene Vor- und Nachteile bedacht und gegeneinander abgewogen werden. Häufig ist es allerdings so, dass es keine gravierenden wirtschaftlichen Gesichtspunkte gibt, die für oder gegen eine Scheidung sprechen. Dann kann die Einreichung der Scheidung von den persönlichen Belangen abhängig gemacht werden. Wer sich hier unsicher ist, sollte gegebenenfalls allein oder gemeinsam mit dem Ehegatten eine Ehe- bzw. Trennungsberatung in Anspruch nehmen, wenn nicht sogar eine Psychotherapie zu empfehlen ist.

Auf der anderen Seite gibt es auch Fälle, in denen aus wirtschaftlichen Gründen Eile geboten ist oder in denen umgekehrt möglichst lange gewartet werden sollte, bis eine Scheidung beantragt wird, oder in denen von einer Scheidung ganz Abstand genommen werden sollte.

I. Wirtschaftliche Vorteile einer Scheidung

Nachehelicher Unterhalt

Der nacheheliche Unterhalt bestimmt sich, wie in den Unterhaltskapiteln aufgeführt ist, nach den ehelichen Lebensverhältnissen. Der Ehegatte, der einen wesentlichen Vermögenszufluss und damit eine Einkommenserhöhung erwartet und unterhaltspflichtig ist, z. B. durch Erbschaft, kann durch die Scheidung vermeiden, dass er diese Einkommenserhöhung mit dem anderen Ehegatten teilen muss.

Im Übrigen sind auch Zinseinkünfte aus dem Zugewinnausgleich, den der unterhaltspflichtige Ehegatte evtl. vom anderen Ehegatten erhält, nicht prägend und erhöhen den Unterhalt nicht.

Wird allerdings das gemeinsame Haus verkauft und der Erlös geteilt, sind derartige Zinseinkünfte bei beiden Ehegatten prägend und sollten allerdings sinnvollerweise im Rahmen einer Scheidungsvereinbarung herausgenommen werden.

Der Unterhaltspflichtige, der damit rechnet, durch einen Berufswechsel oder die Aufnahme einer selbständigen Tätigkeit sein Einkommen wesentlich zu erhöhen, sollte ebenfalls überlegen, ob er nicht die Scheidung beantragen soll.

Einsatzzeitpunkt

Durch die Einreichung der Scheidung wird der Einsatzzeitpunkt für den nachehelichen Unterhalt beeinflusst. Grundsätzlich ist die Rechtskraft der Scheidung hierfür maßgeblich. Rechnet der Unterhaltspflichtige damit, dass beim anderen Ehegatten Krankheit oder Arbeitslosigkeit drohen, würde dies für die Scheidung sprechen.

Hat der Unterhaltsberechtigte bei oder nach der Scheidung

durch eigene Erwerbstätigkeit seinen Unterhaltsbedarf gedeckt, trägt er das Risiko einer späteren Erkrankung oder der Arbeitslosigkeit selbst.

Kurze oder relativ kurze Ehedauer

Beim nachehelichen Unterhalt spielt oft auch die Dauer der Ehezeit eine Rolle. Bei einer relativ kurzen Ehedauer richtet sich die Dauer des nachehelichen Ehegattenunterhalts in der Regel nach der Ehezeit. Wartet der Unterhaltspflichtige jahrelang mit der Scheidung, zahlt er nach der Scheidung umso länger Unterhalt.

Zugewinnausgleich – Stichtag

Ein früher Scheidungsantrag ist für denjenigen Ehegatten günstig, dessen Vermögen sich durch eigene Leistungen oder durch Gründung einer Firma erhöht.

Ebenso spricht es für einen frühen Scheidungsantrag oder einen vorzeitigen Zugewinnausgleich, wenn Vermögensmanipulationen des anderen Ehegatten zu befürchten sind.

Versorgungsausgleich – Stichtag

Der Versorgungsausgleich umfasst nur Renten- und Versorgungsanwartschaften aus der Ehezeit. Diese endet mit Rechtshängigkeit der Scheidung. Der Partner, der laufend höhere Renten- und Versorgungsanrechte erwirbt, hat daher regelmäßig Interesse an einer früheren Scheidung.

Der ausgleichspflichtige Ehegatte hat auch die Möglichkeit, die Scheidung zu beantragen und damit den Ausgleichsanspruch des anderen Ehegatten sozusagen »einzufrieren«. Danach kann er das Scheidungsverfahren ruhen lassen, ohne dass sich an der Höhe des Versorgungsausgleichs noch einmal etwas ändert.

Erbrecht

Ein zugunsten des anderen Ehegatten errichtetes Testament wird durch die Trennung allein nicht ungültig. Das gesetzliche Ehegattenerbrecht entfällt bei Trennung nicht von selbst.

Wer nicht will, dass der andere Ehegatte erbberechtigt ist, muss einen begründeten Scheidungsantrag stellen. Erst dann entfällt mit Zustellung des Scheidungsantrags das gesetzliche Ehegattenerbrecht. Der Scheidungsantrag muss allerdings begründet sein. Wie auf S. 174 f. dargelegt ist, ist dies bei einer einvernehmlichen Scheidung der Fall, wenn beide Ehegatten seit einem Jahr getrennt leben und beide Ehegatten die Scheidung beantragt haben oder der Antragsgegner der Scheidung zustimmt.

Stets wird das Scheitern vermutet, wenn die Ehegatten seit drei Jahren getrennt leben.

Bei einem Getrenntleben von ein bis drei Jahren müssen gem. § 1565 BGB Tatsachen vorgetragen werden, aus denen sich zur Überzeugung des Gerichts die Zerrüttung der Ehe ergibt, sofern keine Zustimmung des anderen Ehegatten vorliegt.

Die gleichen Grundsätze gelten hinsichtlich der Wirksamkeit eines Testaments gem. § 2077 BGB. Es wird unwirksam, wenn die Scheidung beantragt wird.

2. Wirtschaftliche Nachteile einer Scheidung

Nachehelicher Unterhalt

Aus verschiedenen Gründen kann der nacheheliche Ehegattenunterhalt niedriger ausfallen als der Trennungsunterhalt. Wohnt der Unterhaltsberechtigte in einer eigenen oder einer gemeinsamen Immobilie, muss er sich nach der Scheidung den vollen Wohnwert anrechnen lassen, was in der Regel zu einer Reduzierung des Ehegattenunterhalts nach der Scheidung führt, während bis zur Scheidung in der Regel nur die Miete einer kleinen Ersatzwohnung, z. B. € 500 bis € 600, angesetzt werden.

In solchen Fällen empfiehlt sich eine Vereinbarung, wonach z. B. die unterhaltsberechtigte Ehefrau nicht den vollen Wohnwert angerechnet erhält, da sie sich sonst das weitere Wohnen im Haus nicht mehr leisten kann.

Der gleiche Nachteil trifft allerdings auch den Unterhaltspflichtigen, wenn er im Haus wohnen bleibt. Wegen des höheren Wohnwerts zahlt er nach der Scheidung einen höheren Unterhalt.

Zugewinnausgleich

Die Einreichung der Scheidung ist für denjenigen Ehegatten ungünstig, dessen Vermögen in absehbarer Zeit absinkt, weil er z. B. vom Vermögen lebt.

Im Rahmen einer Scheidung kommt es häufig vor, dass vorschnell im gemeinsamen Eigentum stehende Immobilien zu ungünstigen Konditionen verkauft werden. Es ist bei der Scheidung jedoch keineswegs zwingend, gemeinsames Vermögen auseinanderzusetzen.

Vielmehr kann gemeinsames Eigentum an Immobilien auch nach der Scheidung beibehalten werden.

Versorgungsausgleich

Die Höhe des Versorgungsausgleichs richtet sich nur nach den Anwartschaften während der Ehezeit. Deswegen hat in der Regel der Ehegatte mit dem niedrigeren Einkommen kein Interesse an einer baldigen Scheidung. Je länger die Ehe dauert, desto höher ist der Ausgleichsanspruch.

Der Unterhaltsberechtigte kann allerdings ab Zustellung des Scheidungsantrags auch Altersvorsorge-Unterhalt verlangen, um eine eigene Altersversorgung aufzubauen.

Bezieht der Ausgleichspflichtige bei Rechtskraft des Scheidungsurteils bereits eine Rente oder Pension, so wird der Ausgleich erst durchgeführt, wenn der andere Ehegatte seinerseits Rente bezieht (Rentnerprivileg). Der Ausgleichspflichtige, dessen Rentenbeginn bevorsteht, muss daher bei Scheidungsbeginn darauf achten, dass er erst dann rechtskräftig geschieden wird, wenn seinem Rentenantrag entsprochen wurde. Dies ist vor allem in den Fällen wichtig, in denen kein Ehegattenunterhalt bezahlt wird.

Ist der Ausgleichspflichtige auch unterhaltspflichtig, kann er beantragen, den Versorgungsausgleich rückgängig zu machen. Dann behält er die volle Rente, bis der andere Ehegatte seinerseits in Rente kommt!

Witwen- bzw. Witwerrente

Seit dem 1. Januar 1977 gibt es in der gesetzlichen Rentenversicherung für den geschiedenen Ehegatten keine Witwen- bzw. Witwerrente mehr.

Die Beteiligung an der Altersversorgung erfolgt im Falle einer Scheidung nur über den Versorgungsausgleich. Wenn der unterhaltspflichtige Ehegatte nach der rechtskräftigen Scheidung verstirbt, kann eine Versorgungslücke entstehen, da die Erben nur in eingeschränktem Umfang (mit 1/8 des Netto-Nachlasswertes) für den Unterhalt haften.

Erben sind häufig die gemeinsamen Kinder.

Bei älteren Ehepaaren kann dies der entscheidende Gesichtspunkt sein, der gegen die Scheidung spricht. Die Witwenrente bzw. Witwenpension kann 55 % der Rente des anderen Ehegatten ausmachen. Demgegenüber werden durch den Versorgungsausgleich wesentlich weniger Anwartschaften übertragen.

Waren die Ehegatten sehr lange verheiratet, und war die Ehefrau nicht berufstätig, ist der Unterschied nicht sehr groß. Es kommt hinzu, dass die Anwartschaften, die ein Ehegatte durch den Versorgungsausgleich erwirbt, sein Eigentum werden. Sie können auch einem künftigen Ehepartner zugutekommen, der daraus dann ebenfalls eine Witwen- oder Witwerrente erhalten kann.

Bei einer kurzen Ehedauer oder in den Fällen, in denen beide Ehegatten berufstätig waren, würde der Versorgungsausgleich sehr wenig bringen. Gegebenenfalls empfiehlt es sich, hier einen Rentenberater aufzusuchen.

Gesetzliche Krankenversicherung

Mit Rechtskraft der Scheidung entfällt die Möglichkeit der kostenlosen Mitversicherung. Ab diesem Zeitpunkt müssen von dem Ehegatten, der bisher nicht versicherungspflichtig beschäftigt war, Versicherungsbeiträge entrichtet werden, die der unterhaltspflichtige Ehegatte bezahlen muss. Die Höhe der Krankenversicherungsbeiträge richtet sich in der Regel nach dem Ehegattenunterhalt. Der Satz beträgt bis zu 15 %, je nach Krankenkasse.

Private Krankenversicherung

Wird die bestehende private Krankenversicherung fortgeführt, hat die Scheidung keine Auswirkungen auf das Versicherungsverhältnis und die Höhe der Prämien.

Eine gravierende Besonderheit besteht allerdings bei Ehegatten von Beamten, Richtern und Soldaten. Mit Rechtskraft der Ehescheidung endet die Beihilfeberechtigung der Ehefrau.

Dies hat zur Folge, dass nach der Scheidung die Kosten der privaten Krankenversicherung, wenn ein 100 %iger Versicherungsschutz notwendig wird, ganz erheblich steigen und die Höhe der Beiträge € 600 oder € 700 erreichen kann.

Bei Beamten-Ehepaaren mit bescheidenem Einkommen kann es daher sinnvoll sein, die Ehescheidung überhaupt nicht zum Abschluss zu bringen.

Steuerliche Aspekte

In der Regel bringt die gemeinsame Veranlagung nach § 26b EStG gegenüber der getrennten Veranlagung eine erhebliche Steuerentlastung (sog. Splittingtarif). Voraussetzung ist allerdings, dass beide Ehegatten im Inland oder in der europäischen Union leben und nicht während des gesamten Jahres dauernd getrennt gelebt haben.

Wenn das Ehegattensplitting nicht mehr durchführbar ist, ist stets zu prüfen, ob das »begrenzte Realsplitting« in Anspruch genommen werden kann, der steuerliche Abzug des Ehegattenunterhalts beim Unterhaltszahler (siehe dazu die Broschüren des Vereins Humane Trennung und Scheidung, »Begrenztes Realsplitting« und »Steuertipps bei Trennung und Scheidung«).

Erbrecht

Gegen die Beantragung der Scheidung kann der Verlust des Ehegattenerbrechts für den Antragsteller sprechen. Voraussetzung ist allerdings, dass der Scheidungsantrag begründet ist. Dies ist der Fall, wenn die Ehe zerrüttet ist.

Hat dagegen nur der überlebende Ehegatte die Scheidung eingereicht, und stirbt der andere vor der Scheidung, bleibt das Erbrecht des überlebenden Ehegatten bestehen.

Diese Grundsätze gelten gem. § 2077 BGB auch im Hinblick auf Testamente und Erbverträge.

Es kommt allerdings nicht selten vor, dass Ehegatten trotz Scheidung vereinbaren, dass der überlebende Ehegatte erbberechtigt bleibt. Dies empfiehlt sich insbesondere dann, wenn eine gemeinsame Immobilie auch nach der Scheidung nicht auseinandergesetzt werden soll, um zu vermeiden, dass der überlebende Ehegatte mit den Kindern in eine Erbengemeinschaft kommt.

Service-Teil:
Wo finde ich Hilfe und Beratung?

Wenn Ihre Ehe schlecht läuft und Sie sich mit dem Gedanken an Trennung und/oder Scheidung tragen, dann besprechen Sie das nicht bloß mit Freunden oder Verwandten. Holen Sie sich professionelle Hilfe und werden Sie sich erstmal klar darüber, ob eine Trennung wirklich der richtige Weg ist.

Ein Eheberater oder Psychologe findet mit Ihnen die richtige Lösung im Gespräch. Vielleicht stellt sich dabei auch heraus, dass Ihre verfahrene Beziehung eine neue Chance verdient. Seien Sie offen und prüfen Sie Ihre Gefühle und die Argumente, die für oder gegen eine Trennung sprechen.

Eheberatungsstellen gibt es überall und gewiss auch in Ihrer Nähe.

Sie werden von den Landkreisen oder Gemeinden und Städten betrieben, und eine Beratung ist in den meisten Fällen kostenlos oder zumindest sehr günstig.

Es gibt auch konfessionell gebundene Beratungen der Kirchen, die aber durchaus auch neutral beraten. Sie müssen nicht evangelischer oder katholischer Christ sein, um dort einen Gesprächspartner zu finden.

Die für Sie nächste oder beste Möglichkeit – vielleicht ist Ihnen ja auch Anonymität der nächsten größeren Stadt wichtig, wenn Sie auf dem Land leben – finden Sie im Internet oder im Telefonbuch bzw. bei der Telefonauskunft unter den Stichworten *Familienberatung, Familiennotruf, Familienministerium.*

Es gibt zum Beispiel in jeder größeren Stadt eine *pro familia-*

Beratungsstelle, es gibt *Eheberatungen der Landkreise*, die Sie beim zuständigen Landratsamt in Erfahrung bringen können oder auch in den *Stadtverwaltungen* größerer Städte.

Auch *Verbraucher-Zentralen* können weiterhelfen.

Es gibt auch Beratungsstellen *nur für Frauen*, in denen weitergehende Hilfe wie Unterkunft in Frauenhäusern usw. angeboten wird, um zunächst einmal eine Trennung finanziell zu bewerkstelligen.

In den größeren Beratungsstellen gibt es neben Therapeuten auch Juristen, die den rechtlichen und finanziellen Aspekt der Scheidung mit Ihnen besprechen.

Natürlich gibt es aber auch niedergelassene *Psychologen und Therapeuten*, die ihre Dienste allerdings nur gegen Honorar anbieten. Eventuell übernimmt sogar Ihre Krankenkasse die Kosten.

Literaturverzeichnis

Es gibt inzwischen eine schier unüberschaubare Menge von Ratgebern und Büchern zum Thema Trennung und Scheidung. Sie beleuchten jede Seite dieses Problems – finanziell, juristisch, menschlich.

Einige Bücher haben wir hier für Sie ausgewählt:

Lore Großhans: »Danke, dass Du mich verlassen hast«. Entdecken Sie Ihre Trennung als positive Wende in Ihrem Leben. Mosaik Verlag, München.

Bert Hellinger/Gabriele ten Hövel: »Anerkennen, was ist«. Gespräche über Verstrickung und Lösung. Goldmann Verlag, München 2001.
Hellinger, berühmt für seine »Familien-Aufstellungen«, bringt Beispiele aus seiner praktischen Erfahrung.

Eleonore Höfner: »Die Kunst der Ehezerrüttung«. Rowohlt Verlag, Reinbek bei Hamburg 2002.
Ein ironisches Handbuch der Psychotherapeutin, die auf Paartherapie spezialisiert ist und auf eine über zwanzigjährige Erfahrung mit ihrer Praxis in München zurückblicken kann. Den Titel ihres Buchs hat Dr. Höfner auch als Kabarett-Programm umgemünzt und tritt damit mehrmals im Jahr sehr erfolgreich in der Münchner Lach- und Schießgesellschaft auf.

Mathias Jung: »Trennung als Aufbruch«. Bleiben oder gehen? Ein Ratgeber aus der Praxis. dtv, München 2006.

Mira Kirshenbaum: »Ich will bleiben – Aber wie?« Ein Beziehungs-Check. Scherz Verlag, Frankfurt am Main 1999.

Dirk M. Sprünken und Hanns P. Faber: »Die schmutzigsten Scheidungstricks« … und wie man sich dagegen wehrt. C. H. Beck Verlag, München 2006.

Doris Wolf: »Wenn der Partner geht …«. Wege zur Bewältigung von Trennung und Scheidung. Pal Verlag, Mannheim 2001.

Rechtsratgeber

Siegrid Born und Nicole Würth: Scheidungsberater. Campus Verlag, Frankfurt am Main 2006.

Ulrike Haibach und Rudolf Haibach: Trennung und Scheidung: Ihre 200 wichtigsten Fragen an den Anwalt. Deutscher Anwaltverlag, Bonn 2005.

Bernd Jaquemoth: Unterhalt bei Trennung und Scheidung. ARD-Ratgeber Geld, Stiftung Warentest 2006.

Harro Graf von Luxburg/Bettina von Koenig: Trennung und Scheidung einvernehmlich gestalten – Rechtslage und Vereinbarungen. Bundesanzeiger Verlag, Köln 2008.

Scheidungsratgeber von Frauen für Frauen. Rowohlt Verlag, Reinbek bei Hamburg 2007.

Christoph Strecker: Versöhnliche Scheidung. Nomos Verlag, Baden-Baden 2006.

Verein Humane Trennung und Scheidung: Broschüren zu allen Scheidungsthemen, Verzeichnis bei VHTS, Postfach 15 21 03, 80052 München, Tel.: 530 95 39,
Homepage: www.vhts-muenchen.de

Holger Schlageter & Patrick Hinz

Love Academy

In 10 Schritten zu einer glücklichen Beziehung

Leider fällt die große Liebe nicht vom Himmel. Im Gegenteil. Der Weg zum Glück ist oft steinig, unwegsam und voller Fallen. Doch das muss nicht sein. Denn: Beziehung kann man lernen!

Schreiben Sie sich schnell ein an der Love Academy, Deutschlands ungewöhnlichster Universität, und besuchen Sie die außergewöhnlichen Vorlesungen von Holger Schlageter und Patrick Hinz. In zehn spannenden und witzigen Kapiteln zeigen die beiden Beziehungsexperten, wie Ihr unbewusstes Verhaltensmuster bei der Partnerwahl funktioniert, was Ihr »inneres Drehbuch« Ihnen insgeheim vorschreibt und wie Sie schließlich den Partner fürs Leben finden.

»Die perfekte Liebes-Lektüre.«
Freizeit Revue

Knaur Taschenbuch Verlag

Holger Schlageter & Patrick Hinz

Die liebe Familie

Wie sie uns prägt –
Wie sie uns nervt –
Warum wir sie trotzdem brauchen

Familie sein ist oftmals schwierig, aber wir alle haben eine. Und wir alle sind Kinder. Bereits in den ersten Lebensjahren prägen sich Charakter und Persönlichkeit eines Menschen aus und entfalten sich dann über das gesamte Leben hindurch – positiv wie negativ. Die Autoren untersuchen, ob sich das Erlebte im Erwachsenenleben relativiert und in welchem Maße uns unsere Vergangenheit beeinflusst, ob seelische Verletzungen heilen können und wie das gelingen kann. Zum Glück hört Prägung nie auf: Man kann andere Erfahrungen machen, umlernen und neu anfangen. Und dazu will dieses Buch Mut machen.

Knaur Taschenbuch Verlag